SUSTAINABLE INVESTING AND ENVIRONMENTAL MARKETS

可持续投资和环境市场

全新资产类别中的机遇

[美] 理查德·桑德尔
Richard Sandor
[美] 穆拉里·卡纳卡萨柏
Murali Kanakasabai
[美] 拉斐尔·马尔克斯
Rafael Marques
[美] 内森·克拉克
Nathan Clark
著

陈瑞 译

人民东方出版传媒
People's Oriental Publishing & Media
東方出版社
The Oriental Press

图书在版编目（CIP）数据

可持续投资和环境市场 / (美) 理查德·桑德尔等 著；陈瑞 译. — 北京：东方出版社，2016.9
书名原文：Sustainable Investing And Environmental Markets: Opportunities In A New Asset Class
ISBN 978-7-5060-9250-0

Ⅰ.①可… Ⅱ.①理… ②陈… Ⅲ.①金融投资—研究 Ⅳ.①F830.59

中国版本图书馆CIP数据核字（2016）第234082号

可持续投资和环境市场
（KECHIXU TOUZI HE HUANJING SHICHANG）

作　　者：［美］理查德·桑德尔　［美］穆拉里·卡纳卡萨柏
　　　　　［美］拉斐尔·马尔克斯　［美］内森·克拉克
译　　者：陈　瑞
责任编辑：郭　国
出　　版：东方出版社
发　　行：人民东方出版传媒有限公司
地　　址：北京市东城区东四十条113号
邮政编码：100007
印　　刷：三河市金泰源印务有限公司
版　　次：2016年10月第1版
印　　次：2016年10月第1次印刷
印　　数：1—5000册
开　　本：710毫米×1000毫米 1/16
印　　张：18.75
字　　数：267千字
书　　号：ISBN 978-7-5060-9250-0
定　　价：45.00元
发行电话：（010）85924663　85924644　85924641

FOREWORD

序

世界科学出版公司（World Scientific）对本书的出版值得称道；本书作者，环境市场的先驱理查德·桑德尔（Richard Sandor）博士和他的三位同事也令人赞许。因为本书对一类正日益扩张、快速发展的重要资产类别进行了精湛的、探索性的介绍，而这类资产却仍然被习惯性地忽视。

1999 年，我同保罗·霍肯（Paul Hawken）和 L. 亨特·洛文斯（L. Hunter Lovins）合著的《自然资本论》（*Natural Capitalism*）问了这样一个问题：如果资本化是资本的高效运用和重复投资，那么资本是什么？[①] 工业资本化主要同两类资本打交道——金融资本和实物资本（比如资金和实物）。它忽略了两种更有价值的资本——自然资本和人力资本（比如自然和人）。没有人类，就不会有经济；没有自然，就不会有人类。因此这样的忽略有时会带来严重的后果。如果你在投资时通盘考虑所有因素，高效地使用和投资于所有这四类资本，就不仅能赚取更大收益，带来更多好处，而且还能享受更多投资的乐趣，同时获得极大的竞争优势。本书的作者在此提供了重要的工具，通过对这些被遗漏的重要因素进行估值和投资可以抓住这些曾被我们忽视的机会。

我们熟知的环境市场已经在减轻环境问题外部性的负面影响方面发挥

① Paul Hawken, Amory B. Lovins and L. Hunter Lovins：*Natural Capitalism: Creating the Next Industrial Revolution* (Boston: Little Brown, 1999): free download (with a summary of the article from the Harvard Business Review) at www.natcap.org.

着作用，将环境因素货币化并开展交易——环境外部性的负面影响已经给社会成员的健康、财富、安全方面带来了难以估量的成本负担[①]，避免这些成本意义重大：空气污染已经导致5000万的中国北方居民人均寿命预期缩短5年，总计大约25亿年。[②]

高效节能的市场不如改善空气质量那么被大家所熟知，发展也不那么成熟，但减少能耗的市场其实更大有可为。[③]该市场有很高的利润空间主要是因为：①节约能源比购买新的资源成本更低；②随着新的一体化设计技术的出现，效率能产出递增而不是递减的收益。[④]节省下来的数量是惊人的：埃默里（Amory）和洛基（Rocky）在2011年出版的一本著作中详细阐述了美国如何能在只使用当今1/3的天然气消耗（不使用石油、煤炭及能源）的情况下，在2050年实现2.6倍于当前的产值——比用通常商业模型计算出的净现值要便宜5万亿美元（假设所有外部价值为0）。[⑤]这样一个将终端能效提高三倍和将可再生能源供给占比从1/10提升到3/4的过程势必将加强国家安全，且在此过程中无需任何新发明，也不需要国会通过任何新议案，而且完全可由逐利的市场化行为主导。

然而，该研究的骇人收益（比如将美国建筑的能效提高三到四倍将带来33%内部收益率，提升两倍也将带来21%的内部收益率）仅仅显示了私人内部成本和收益。这还没有算上提高能效所避免的环境、安全以及其他

① 参见hank@worldsteward.org。

② Yuyu Chen, Avraham Ebenstein, Michael Greenstone and Hongbin Li：“Evidence on the Impact of Sustained Exposure to Air Pollution on Life Expectancy from China’s Huai River Policy”，*Proceedings of the National Academy of Sciences* (8 July 2013)，www.pnas.org/content/early/2013/07/03/1300018110.

③ Amory B. Lovins：“Making Markets in Saved Resources”，In Festschrift for E.U. von Weizsacker, RMI Publication #E89-2725 (June 1989)，www.rmi.org/Knowledge-Center/Library/2013-19_MakingMarketsinResourceEfficiency.

④ Amory B. Lovins：“Integrative Design: A Disruptive Source of Expanding Returns to Investments in Energy Efficiency”，RMI Publication #X10-09 (2010)，www.rmi.org/rmi/Library/2010-09 IntegrativeDesign; Amory B. Lovins, Michael Bendewald,Michael Kinsley, Lionel Bony, Hutch Hutchinson, Alok Pradhan, Imran Sheikh and Zoe Acher：“Factor Ten Engineering Design Principles”，RMI Publication #X10-10 (2010)，www.rmi.org/rmi/Library/2010-10_10xEPrinciples.

⑤ Amory B. Lovins and Rocky Mountain Institute：*Reinventing Fire: Bold Business Solutions for the New Energy Era* (White River Junction, VT: Chelsea Green, 2011)，www.rmi.org/reinventingfire.

负面外部性（包括 82% ~ 86% 的化石碳排放量）。同时，这还能带来一些正面的外部性，比如被记录下来的改造房地产的附属收益增值常常是能源节约本身的一个，有时甚至是两个数量级。①

这样一来所有供能和节能的方法都可以公平竞争，高效节能市场的存在具有十分重要的地位和价值。但是他们仅仅抓住了资产的表面——以及财富创造的机遇。举例来说，《自然资本论》的第 13 章就列出了大约 20 种由我的团队在 20 世纪 80 年代提出的有关能源、水以及材料的节能方案。②其中的许多方法已经逐渐被采用。举例而言，大约美国 3/5 的电网现在让“负瓦”（节约能源消耗）和需求调整（改变消耗电力的时机）在仅有供给方的拍卖中正式竞争。在巨擘 PJM 能量库中，最近一次拍卖中 94% 的中标都来自需求方，因为负瓦比兆瓦（megawatts）的成本低。

在交通运输中，一些管辖区也开始在“负行程”（negatrips）和“负英里”（negamiles）技术上建立市场化运作，鼓励各种便利出行的技术与原地满足需求、打消出行的技术相竞争。这些市场甚至为房地产开发商提供奖励。“智能发展”（Smart-growth）或者“新城市主义”（newurbanist）模型创造或重建紧凑的、可步行的、多用途城市和村庄，帮助人们在自身住处即可满足多种需求，无需再移动至其他地方。这样的布局更理想和有价值，一般也能够增加开发者的利润。在水资源的利用上，采用高效节能技术也已经与增加供给的方案展开竞争；其他一些资源也有类似情形发生。

这些市场可以激发“经济型商业解决方案”（solutions economy business models）的产生，通常是租赁所需的服务而非出售某个生产服务的产品。经济型商业模型将供货商的利益同顾客的利益联系在一起——既奖励提供更多更好的服务，也奖励用更低成本提供更长久的服务。③

---

① Scott Muldavin：“Value Beyond Energy Cost Savings”(2010)，www.greenbuildingfc.com.

② Hawken et al.：*Natural Capitalism*, op. cit.—namely, Amory B. Lovins, Ernst U. von Weizsacker and L. Hunter Lovins：–*Factor Four: Doubling Wealth, Halving Resource Use* (London: Earthscan, 1987), pp. 164 – 176.

③ *Natural Capitalism*, op. cit., 第7章。

环境市场中蕴含着金融经济学的核心原则——这一点十分重要但经常被危险地忽视。举例而言，正在取代电力市场的小型、快速、模块化投资因其具有更低的金融风险，这些项目的价值比通常估值要高出一个数量级。[①] 一些传统的资本供给者仍持续追逐大型、缓慢、笨拙的项目。举例而言，价格较低的天然气现货仍吸引着巨大的投资，但这一产品既无法反映出伴随性风险和不确定性，也没有反映出天然气价格波动率的价值。（波动率可以从期权市场的跨式策略中发现，如果井口气的廉价导致液化天然气的出口扩大，石化生产者锚向更廉价的气体，以及下游瓶颈，那么波动率可能会上升。）仅仅算上价格波动的话大约会使相关气体价格翻倍；同价格恒定的无碳物理（高效节能和可再生能源）对冲公平比较，它正被日益赶超。金融分析师有义务警告那些忽视波动性的投资者——他们就类似于完全用垃圾债券而不用美国国债构建了一个债券投资组合，只考虑收益而没有考虑任何风险。分析师也可以建议那些坚持这些投资组合的投资者卖出资产组合。

除了开篇的这些战术，运用金融经济学对环境和资源及相关技术进行市场化运作的方法和策略甚至可以无限扩展。马里兰大学国际政策学院的环境经济学家和教授赫尔曼·戴利（Herman Daly），清晰地总结了第一次工业革命如何将人类社会的生产力提高了100倍，因为相对稀缺的人口限制了看似无限的自然资源的开采。如今的情况恰恰相反：人口充足但自然资源稀缺。因此，人口不再是我们奋力提高生产力的关键，自然资源才是。四条相互关联的自然资本化的原则为：①极大的资源生产力；②以自然本来的方式进行生产（闭合环路、没有浪费、没有污染）；③奖励企业向更为经济的商业模式转型；④把一些产生的利润再投资到这类供给紧缺的资

① Amory B. Lovins, E. Kyle Datta, Thomas Feiler, Karl R. Rabago, Joel N. Swisher, Andre Lehmann and Ken Wicker: *Small Is Profitable: The Hidden Economic Benefits of Making Electrical Resources the Right Size* (Snowmass, CO: Rocky Mountain Institute, 2002), www.smallisprofitable.org.

本中（自然和人力资本）——能够为所有人永久性地共同创造一个极低风险、可持续和报酬更丰厚的经济。

在当今这个肮脏、枯竭、危险的世界，环境市场无论对于短期的发展战术，还是长期的转型战略都是一把重要的钥匙。我为理查德·桑德尔（Richard Sandor）、内森·克拉克（Nathan Clark）、穆拉里·卡纳卡萨柏（Murali Kanakasabai）和拉斐尔·马尔克斯（Rafael Marques）鼓掌，他们为我们指了条明路，告诉我们该如何找到这把钥匙，如何使用它、转动它，让我们得以窥见这扇金门背后的宝藏。

埃默里·B. 洛文斯（Amory B. Lovins）

共同创始人，首席科学家

科罗拉多州老斯诺马斯

2014 年 10 月

PREFACE
前言

全球范围内 40% 的死亡源于环境因素，包括环境退化引起的副效应——疾病的增长。[①]没有企业、政府或者个人能免于环境的影响。然而，市场在减轻环境污染中所发挥的作用并没有被广泛地理解。合理设计的市场可以成为社会和环境转型中的有力中介。对于美国这一个国家而言，环境市场就拯救了数十万的生命，造福人类健康的价值多达数十亿美元。[②]除了拯救性命以外，这些市场也作为经济驱动力，制造出更多的工作机会，在充当创新催化剂的同时，改善了整体的生活质量。

过去 200 年的人口增长、工业化以及城镇化导致了环境的区域性、全国性乃至全球性的污染。化石燃料的燃烧导致了污染物的过度累积，引起了雾霾、酸雨和气候变化。全部人口——包括中国、印度、非洲和其余大量地区都面临难以获得干净的空气和水源的困境。

这个问题的源头在于缺乏这些宝贵大宗商品的所有权界定。公司的利益最大化模型仅仅考虑公司承担的直接成本，比如说空气和水污染相关的负面影响，并未考虑其溢出成本。因此，如果污染不能被法令控制或者内部定价（污染的社会和外部成本被纳入考量，以决定要生产多少的商品和

① "Pollution Causes 40% of Deaths Worldwide, Study Finds", *Science Daily* (14 August 2007), www.sciencedaily.com/releases/2007/08/070813162438.htm.

② Douglas A. Burns, Jason A. Lynch, Bernard J. Cosby, Mark E. Fenn and Jill S. Baron: "An Integrated Assessment", National Acid Precipitation Assessment Program Report to Congress,U.S. EPA Clean Air Markets Division (2011).

服务的情形）的话，商品和服务就会被过度地生产。[①]

这些溢出成本，叫作“负外部性”，可以通过法令限制排放，或者在商品和服务的制造中要求特定的改造。溢出成本或收益也可以通过税收或补贴的方式降低。除此之外，外部性也可以通过公共或私人企业创立排放限额或使用权限来减轻。这些产权叫作“限额”，公司如果超过排放最高限额，就需要购买额外的排放额度来遵守环境法的规定。相似的，减排量超过预期目标的公司可以卖出他们的排放额度，从而激励公司以最小的成本遵守规定。

产权的限额和可转移性被称作“总量控制和交易”。配额的可转移性导致市场给排放权设置了一个价格。如果这个价格高于降低和消除污染所需科技的价格，公司会选择安装相应的技术。如果情况相反，他们则会购买排放权。“总量控制和交易”的价格信号和灵活性造就了环境问题的最低成本解决方案，促进了创新。

早期项目的成果，比如逐渐淘汰含铅汽油，以及实质性消除酸雨，已经引起全球大范围内“总量控制和交易”的使用。这样的结果让一类新兴的资产应运而生——那就是环境资产——它正加入到股票、债券、房地产、外汇和有形商品等传统的资产类别中。

排放权市场已经运用到多种污染物和自然资源中，从硫和碳排放权（用来解决酸雨和全球变暖问题），到用水权和捕鱼权（用来解决干旱和海水资源枯竭问题）。接着，空气和水资源的商品化也被进一步扩展到灾难和气候风险上。最后，“可持续性股票”的商品化——即开展对环境有利和可持续性业务的公司股票被编成新的指数，为投资者提供新的方式参与到这些市场中来。

本书的目标在于给金融分析师、投资者和企业介绍这一新的资产类别。读者对它会产生兴趣是因为这一市场在造福社会和环境的同时，让他们获得收益或是降低成本。这是一个“盈利又行善”的新方法。

---

① The external (e.g., pollution) cost of a good is added to the internal, or ordinary, cost to arrive at the total, or social, cost. If the external cost is a positive number, this process makes the good more expensive. All other things being equal, if a good becomes more expensive, then the quantity demanded is lower, so the "right" amount to produce is also lower.

本书既是经济理论的反映，也是实践经验的总结。后面几个章节将覆盖三种宽泛的资产类别：空气和水、灾难和气候风险，以及可持续性资产，并阐述这些环境资产如何被纳入商品、固定收益和股权工具中。本书全面总结了这一新兴资产类别的现状，提供了一些见解，以及有关这一资产未来发展的预测。我们希望读者阅读本书后，能得到一些关于这类充满希望和具有颠覆性的环境资产的初步理解。

CONTENTS
目 录

第 1 章　环境资产的简要调研

环境资产不是明日的希望，而是今日的现实。当全球都聚焦于可持续发展时，这一新的资产种类定将会有更为显著的增长。[①] 环境资产的例子包括排放当地和一定区域内污染物的权利，比如二氧化硫（SO_2）和氧化亚氮（N_2O）；排放全球污染物的权利，比如二氧化碳；可再生能源信用额度；水质和水量权利；以及可持续发展公司的股票指数。这一新的资产类别显示了证券市场新兴领域的尝试，被称作“环境金融”。环境金融是运用经济激励、金融工具和市场机制实现理想的环境目标的艺术和科学。[②]

这一章的目标就在于为金融分析师、投资者以及公司高管介绍这一新的资产类别。读者会对这个产生兴趣应该有许多原因。从企业的角度，立足于今天的业务也必须要认识到新的企业风险并做好准备，其中就包括环境问题和资源稀缺带来的风险。这些环境风险包括与生产投入相关的因素（例如，对饮料公司所需的清洁水资源）、生产的副产品（比如说，化工加工产生的废水），以及企业社会责任。

除此以外，为了使企业更具竞争力，他们的管理层必须意识到环境市场所能提供的机遇。环境资产允许商业在追逐新的机会时，同时兼顾到企业的能源和环境目标。

---

① 最常用的“可持续发展”的定义出自于1987年布伦特兰报告“发展要满足当代需要，而又不损害下一代满足其需求的能力”，参见United Nations：“Report of theWorld Commission on Environment and Development: Our Common Future”，United Nations (1987)。布伦特兰委员会（世界环境与发展委员会）于1983由联合国建立。

② “环境金融”这一术语第一次出现在1992年哥伦比亚大学桑德尔授课的同名课程上。它帮助夯实了这个不断成长的新的学术领域的基础。这一术语也已经被其他学术课程、工业出版物和会议广泛使用。

同样的，金融分析师若要基于环境业绩、环境风险敞口，以及对环境机遇的反应来评估公司，也需要理解新兴的环境资产类别。投资组合经理也可能想要将这些新的资产纳入他们的资产组合中。

本章将提供环境使用权、固定收益证券以及权益类工具的概览。它为读者理解后面几章话题的详细讨论搭建一个框架。

环境资产崭露头角

“总量控制与交易”（cap-and-trade）这一创新概念的应用始于 1982 年含铅汽油的逐步淘汰。尽管这是一个较小的项目，但它获得了巨大的成功并且是重要的“概念验证”。淘汰含铅汽油的成功开启了美国最早的大规模环境市场，即美国环境保护署（Environmental Protection Agency，EPA）酸雨项目（Acid Rain Program）。该项目于 20 世纪 90 年代早期执行，运用“总量控制与交易”市场模型来降低电力电厂燃料燃烧的硫和氧化亚氮的排放。酸雨项目环境目标的实现花费了相对收益而言最小的成本。这一项目的执行伴随着碳排放权场外现货和远期市场的演进。众多的金融衍生品应运而生，包括期货、期权和互换。

值得一提的是，酸雨项目除了为排放权提供一个透明的价格，为受监管的实体达到环境指令的目标提供灵活性以外，还促进了企业家精神，创造了就业，为新技术提供了市场机遇。这些无形资产清晰展示了精心设计的环境市场可以实现的巨大社会效益。

酸雨市场让经济学家和政策制定者得以运用“总量控制与交易”的方法来攻克一个更大的问题：全球变暖。降低引发全球变暖的温室气体的全球和区域性指令是环境金融市场的早期催化剂。交易碳排放权的全球市场是“总量控制与交易”模型最大和最成功的应用。

同排放权市场的增长同步的，是来自投资者和公共利益集团的推动，要求企业披露更多环境信息。的确，关于气候变化责任的关注已经引起股权债券分析员以及公司主管的注意。这一趋势引起了环境金融全方位的增长。除了排放市场以外，我们现在有可再生能源证书、能源效率信用，以及一个发达的可持续性股票指数市场。企业对于如何使用更清洁和更可持续的能源来实现他们的能源需求也予以更大的关注，引发这方面的投资兴趣。其他新兴的环境市场——水、生物燃料以及生态系统——也同样大有可为。

下一部分将对环境资产类别进行概述，具体细节将在其他章节展开。

环境资产类别

环境资产类别包括通过环境和自然资源的商品化创造的证券或工具，比如排放权、水资源；特定环境属性货币化产生的工具，比如可再生能源和能源效率；股票指数，也称作“可持续性指数”，来反映相应成分股公司的总体环境表现。

二氧化硫和氮氧化物配额

燃烧煤炭时，四种主要的污染物排放到大气中——硫的氧化物、氮、汞和碳。前两类污染物同酸雨和霾相关。20 世纪 80 年代酸雨盛行激励了“总量控制与交易”机制的大范围运用，以解决这一突出的环境问题。这一范畴的排放产品包括二氧化硫（SO_2 或 SO_x）排放期货和期权合约以及氮氧化物（NO_2 或 NO_x）排放期货和期权合约。[①]

交易这些大宗商品的主要市场是洲际交易所（Intercontinental Exchange，ICE）和芝加哥商业交易所（Chicago Mercantile Exchange，CME）。这些合约的衍生合约包括某些特定年份二氧化硫和氮氧化物排放权，被称作特定年份排放权（vintages）。这些市场历史悠久，是现存的最早的排放权交易市场。市场参与者包括公共事业和工业企业、经纪商、投资银行以及投资经理。

二氧化碳配额

1997 年《京都议定书》展现了对排放权交易的支持和政治方面的支持，

① 第一个显示的符号是化学公式，第二个是在金融语境中用来指代这些物质的符号。

它建立了几种排放交易机制。接受协议的国家同意就温室气体减排达成具有法律约束力的承诺。欧盟实施了现行最大的温室气体交易市场，排放量每年超过 22 亿吨。另外，两个区域性项目正在美国运行：区域性温室气体行动以及加州“总量控制与交易”项目，也被称作 AB32（集会法案 32 号）。中国已经建立了 7 个碳交易试点市场以降低碳排放强度，而印度也即将建立市场来解决碳效率问题。

温室气体排放产品是各类温室气体强制和自愿减排项目的直接产物。这些市场是环境金融中最大的一种类别，我们将会在第 4 章详细展开。目前全球 10 个受监管的期货交易所提供温室气体的衍生产品。其中，最受欢迎的交易场所是洲际交易所，占到 85% 以上的场内交易量。ICE 目前为欧盟碳配额（European Union Allowances，EUA）、核证减排量（Certified Emission Reduction，CER）、减排量单位（Emission Rduction Units，ERU）提供期货和期权产品。ICE 的欧盟碳配额期货开始于 2012 年，持仓量在 2012 年 12 月[①]下降之前一度达到 560520 手，最高峰时达到 1226797 手（大约是 ICE 布伦特原油期货的 94%）。其他提供气候期货产品的重要交易所包括 CME、德国的欧洲能源交易所（European Energy Exchange，EEX），以及挪威的北欧电力交易所（Nord Pool）。除了基于排放权的衍生品，还出现了另一小类金融产品，包括场内交易的气候基金、碳和清洁能源指数，以及结构化金融工具。

可再生能源和能源效率资产

这一类别的环境金融将在第 5 章详细讨论，包括环境属性的交易。这样的可再生能源及能源效率市场代表了电力方面的创新——即能源特定的“清洁”属性被货币化了。

第一类是能源市场的一个有趣的创新——可再生能源证书（Renewable Energy Certificate，REC）。REC 又称为绿色证书、绿色标签、可交易可再生证书，代表了可再生能源项目所制造能源的环境属性，并且和电力本身分

① “布伦特”指的是布伦特原油，一种主要的轻原油交易类别。2012年，ICE布伦特原油成为了世界上最大交易量的原油期货合约。

开售卖。REC 的交易者可能是受监管的企业，它们需要按照规范要求在生产组合中包括一部分可再生能源；也可能是散户或者企业希望在它们的消费组合里囊括可再生能源。

全国和区域性 REC 市场已经在多国开展，包括美国、英国、澳大利亚。目前，美国大约 29 个州和哥伦比亚特区要求公共事业部门在它们的能源产出组合中包含一定比例的 REC。除此之外，REC 的自愿市场也由于散户对绿色能源的需求而增长。

第二类是通过能源效率信用发展的能源效率市场。能源效率信用（energy-efficiency credits）是一种可交易工具，保证一定数量的节能。这些信用通常是为了响应关于提升能源效率标准的政策指令。能源效率信用越来越多地被用作政策工具，以实现各个经济部门特定程度的能源效率。

印度的“执行、实现和交易”项目就是一个案例。它覆盖着不同领域的 478 座工厂。每家工厂在能源消费方面都被分配了特定的减排目标，同它的基准能耗量作比较（以 2007 年 4 月到 2010 年 3 月的能耗平均值为基准）。这一目标预计在 2015 年实现。在能源效率收益方面超出减排目标的工厂将得到节能证书（energy saving certificates，ESCerts）。那些未能实现节能目标的工厂可以从实现目标的工厂那里购买该证书或者缴纳罚金。这一项目预计会对温室气体排放和能源效率产生重大影响。

水资源

将水资源作为一类资产是由于水是人类赖以生存的根本需求，而全球的可用清洁水资源已逐渐枯竭。淡水资源只占到所有水资源的不到 1%，却需要被用来烹饪食物、制造能源以及应用于大多数的制造过程。第 6 章将讨论水资源这一环境资产。本章深入研究水质和水量问题以及这一资产相关的金融风险和机遇。水资源市场主要包括以下几类：

水数量资产。这些市场包括水源许可的交易，限定了某个时间供应某一数量的水资源。这样的许可在现有的水市场中是最为常见的。

水质量资产。这些市场包括交易各种营养物和其他导致水质量问题的污染物。最为常见的是农业污水排放，比如氮和磷，它们会污染当地的水资源。水质量交易旨在通过交易排放许可来降低营养物浓度，以限制水流域的营养物总量。

水温度资产。为了保护当地渔业资源而发展的美国西部水滨（河岸）水温度的监管就是一个创造性的区域市场。它的发展对于我们是一个很好的提醒，告诉我们通过合理设计的市场，很多环境目标都可以实现。①

灾难和气候事件资产

这类资产包括被设计用来管理天气风险和灾难风险，比如飓风和地震。相应产品包括基于天气状况的指数期货和期权合约以及保险产品。2010 年天气衍生品市场的价值为 118 亿美元，并以 20% 的增长率增长。几个国际化城市的活跃天气合约都在 CME 挂牌。这些市场将在第 7 章详细讨论。

专注于可持续发展的资产组合

传统的商业模型包含公司的经济效益和环境效益之间的权衡。换句话说，公司盈利的增长是以牺牲环境为代价的。然而，越来越多的研究建议，一个公司的环境效益可以提升长期的股东价值，因此它是公司未来经济效益的一个好的预测变量。

这一理念导致专注于可持续发展的资产组合、共同基金以及股票指数的兴起（将在第 8 章详细讨论）。关于碳排放、水资源使用以及能源效率的企业效益评级让资产组合经理得以有效地筛选公司的环境效益。这样的评级机构有 CERES（由加州能源局 California Resources Agency 开发）、碳信息披露项目（Carbon Disclosure Project，CDP），以及 CDP 水资源披露项目（CDP Water Disclosure Project）。

可持续发展路径同样也向共同基金的管理进军。采用可持续发展战略对于一些基金已变得普遍。举例而言，路博迈（纽伯格·巴曼）社会责任投资基金（Neuberger Berman Socially Responsible Investment Fund）筛选在环境方面表现领先的公司，直接替代能源基金则主要投资于发展可替代能源的公司的股票。专注于可持续发展的共同基金的另一战略是避免投资那些

① “水滨”指的是水陆中间地带，比如河岸。

制造的商品和服务会对社会产生负面影响的公司，比如酒精、烟草和兵器公司。最后，可持续发展相关的股票指数涌现，比如道琼斯可持续性指数，追踪在可持续发展方面领先的公司的财务业绩。这样的指数帮助金融分析师根据企业的可持续发展方面的表现来挑选公司，相信公司的长期回报和可持续性评级相关，并据此来评估风险。

表 1-1 给出了现有的环境市场的案例。这一表格列举了近年来这一相对新兴领域的大量金融创新。

表1-1　环境项目案例

种类/名称	地域	大宗商品	起始时间	价值（美元）	发展阶段
排放物					
SO_2交易项目	美国	SO_2	1990	290M[1]	成熟（但面临法律挑战）
区域性清洁空气激励市场（RECLAIM）	加州	SO_2和NO_2	1994	1.02B[2]	成熟
区域温室气体减排行动	美国东北部	CO_2	2003	249M[3]	成熟
欧盟排放交易机制（ETS）	欧盟	GHG	第一阶段：2005—2007,第二阶段：2008—2012	171.0B[4]	成熟
加州排放交易项目	加利福尼亚	CO_2	2013	2.5B ~ 7.5B[5]	初期
韩国排放交易机制	韩国	CO_2	2013—2015	–	提案
中国排放交易机制	中国	CO_2	2013	–	提案
排放相关市场					
森林砍伐和森林退化中减排	全球	抵消交易	2009	85M[6]	初期
核证减排（基本）	全球	抵消交易	1997	1B[7]	成熟
核证碳排放标准	全球	抵消交易	2007	1.7B	发达
能源效率/可再生燃料					
执行，实现和交易	印度	能源效率	2011	144M[8]	发达

续表

种类/名称	地域	大宗商品	起始时间	价值（美元）	发展阶段
CRC（碳减排承诺）	英国	能源效率	2007	68B[9]	成熟
能源效率机制					
可再生识别号码	美国	生物燃料	2005	8.7B[10]	成熟
水资源					
水数量交易	澳大利亚	水数量配额	1980—1990	1.67B[11]	成熟
水质量交易：切萨皮克湾营养物交易	宾夕法尼亚州	水质量信用	2010	45M ~ 300M[12]	初期
温度信用（例如温度TMDL［每日最大负荷量］）	俄勒冈州	水质量	2008	3.2M[13]	进行中
天气					
天气衍生品	全球	天气相关事件（例如CME飓风期货）	20世纪90年代后期	12B[14]	成熟
灾难债券	全球	灾难	20世纪90年代中期	15.6B[15]	成熟

[1]M表示Million，百万，下同。排放权市场的总价值截取2010年12月的平均名义价格（19美元/吨），可以用于2010年合规的排放权总量。资料来源：EPA 2010 Progress Report. Emission, Compliance and Market Analyses，http://www.epa.gov/airmarkets/progress/ARPCAIR downloads/ARPCAIR10 analyses.pdf。

[2]B表示Billion，十亿，下同。这一数据反映了自RECLAIM实施以来的交易量。资料来源：Annual RECLAIM Audit Report for 2011 Compliance Year（1 March 2013）。

[3]这一数据表明了2011年以美元计价的交易价值。资料来源：Molly Peters-Stanley and Katherine Hamilton：“Developing Dimension: State of the Voluntary Carbon Markets 2012”，*Ecosystem Marketplace and Bloomberg New Energy Finance* （May 2012）。

[4]这一数据反映了2011年EU ETS的交易总值。资料来源：“State and Trends of the Carbon Market 2012”，Carbon Finance at the World Bank（May 2012）。

[5]第一年项目估测（2012），预计到2020年市场价值将增长至219亿美元。资料来源:“Designing the Allocation Process for California’s Greenhouse Gas Emissions Trading Program: The Multi-Billion Dollar Question”，Next 10（December 2010）。

[6]David Diaz, Katherine Hamilton and Evan Johnson：“State of the Forest Carbon Markets 2011: From Canopy to Currency”，*Ecosystem Marketplace and Forest Trends* （September 2011）.

[7]“State and Trends of the Carbon Market 2011”，Carbon Finance at the World Bank（June 2011）.

[8]2015年的市场价值估计。

[9]下一个合规时间段（2013—2017年）要求英国将碳排放限制在27.82亿吨等量的二氧化碳排放，最低限价目前设定在每吨16镑，将两者相乘可以得出建议的市场规模。项目的细节可以查看www.gov.uk。资料来源: Edward Craft：“United Kingdom: In Counsel –The New CRC Energy Efficiency Scheme Order 2013”，*Mondaq*（May 2013），http://www.mondaq.com/x/238230/Energy+Law/In+Counsel+The+

New+CRC+Energy+Efficiency+Scheme+Order2013+。

[10]根据高盛的报告，大约150亿RIN于2012年发行，能源的可再生指数（renewable identification numbers，RIN）现在的价格大约是0.58美元/RIN，将两者相乘可以估计出市场规模。资料来源："Americas: Energy: Oil -Refining." Goldman Sachs Group（25 March 2013）。

[11]这一数据反映了澳大利亚2011—2012年水市场的总交易额。资料来源："AustralianWaterMarkets Report 2011—2012"，*Australian Government National Water Commission*（March 2013），http://nwc.gov.au/ data/assets/pdffile/29186/0008/Introduction.pdf。

[12]这一数字是每年该项目产值的估计值。资料来源：Cy Jones, Evan Branosky, Mindy Selman and Michelle Perez："How Nutrient Trading Could Help Restore the Chesapeake Bay"，*World Resources Institute*（February 2010）。

[13]这一数据反映了2008年的总交易值。资料来源：Tracy Stanton, Marta Echavarria, Katherine Hamilton and Caroline Ott："The State of Watershed Payments: An Emerging Marketplace"，*Ecosystem Marketplace and Forest Trends*（June 2010）。

[14]Price Waterhouse Coopers 2011 Weather Risk Derivative Survey. Prepared for the Weather Risk Management Association（May, 2011）.

[15]这一数据反映了2012年年底的金额总量。资料来源："Insurance-Linked Securities（ILS）Market Review 2012 and Outlook 2013"，*Munich Re*（2013），http://www.munichre.com/app_pages/www/@res/pdf/reinsurance/business/non-life/financial _risks/ils-market-review-2012-and-outlook-2013-en.pdf。

结论

环境市场的成长帮助企业将气候和环境风险及责任融入业务的资产负债表中。气候风险和污染不再是公司环境、健康和安全部门的专属权界，也同样关系到财务和会计部门。环境金融市场已经在帮助企业对冲和管理同环境法令相关的长期商业风险。另外，随着市场日益成熟，运用这些金融工具作为催化剂来实现环境可持续发展和社会发展的目标也带来了新的机遇。企业需要根据气候变化来调整它们的商业模型，而那些担心环境健康的人必须告知和激励全社会来适应更加有利于环境的生活。

但是这些环境市场为何如此繁荣？它们的繁荣是因为外部性的存在以及"总量控制与交易"在处理问题时的有效性。下一章将解释什么是外部性以及"总量控制与交易"如何运作。

第 2 章 市场失灵及政策应对

经济理论及概念有助于我们理解市场在解决污染问题中担当的角色。本章从市场失灵的角度分析环境问题，探索解决环境问题的几种方案，并通过案例更好地说明其中部分方案的优点；同时展示了市场的演进过程，并对环境市场进行了特别说明。尽管大多数人认为基于市场的解决方案优于政府指导和控制的方式，但对于采用市场机制还是税收和补贴机制的争论从未停止。

外部性、产权和市场缺陷

外部性是指企业的生产或经营活动对不相关的个体或组织造成额外的损害（负面）或收益（正面）的情况。在微观经济学中，环境污染是负外部性问题的常用案例。就社会该用何种方式妥善防止和治理环境污染这一问题，经济学家们一直争论不休。

产权界定不清是导致外部性问题的主要原因。彻底拥有资源将促使个体或公共实体对其进行妥善管理，因为资源价值的损益将直接对其造成影响。资源持有者将要求污染者赔偿其损害的资源价值；如果污染者拒不赔偿，资源持有者将拒绝其资源的使用。通过这一方式，资源可在一个纯粹的产权体系中被较好地保护。（当然，并不是所有资源都能被完全拥有，如空气，我们稍后会讨论。）需要重点说明的是，为获得满意效果也并不一定要进行产权私有化。只要产权的实现可被保障，同时具备维护资源的法律或经济上的私人动机，则可达到社会期望的效果。

因此，产权的清晰界定是我们解决外部性问题的核心。若污染者无需为生产活动中造成的污染向社会进行赔偿，他们就没有降低污染的动力，且会在其个人利益最大化的水平上进行排污。在缺乏外部性合理定价的情况下，生产活动的水平通常高于社会最优水平。生产者通过排污，以危害健康和恶化环境等形式将成本强加给社会。

举例有利于我们进一步理解。考虑一个工厂造成的空气污染和水污染。工厂私人利益最大化的行为可能对邻近地区的其他人造成负面影响。污染源附近的水质和空气质量恶化可进一步蔓延到周围的水域和大气中。类似的，在农场附近的养蜂人则可以带来正外部性，蜜蜂可帮助授粉，从而有助于增加附近农场谷物的产量。

所有的外部性问题都是某种形式的市场失灵。当价格机制无法有效体现生产或消费中所有的实际成本和收益时，便会出现市场失灵。一个以利益最大化为目标的理性个体，比如一家公司，仅会关注其自身成本和收益。但个体行为的实际结果可能对社会整体带来正外部性（收益）或负外部性（损失）的效果，同时个体无需为其承担相应责任。在这种情况下，个体的生产和消费水平将异于社会最优的生产和消费水平。我们可用一个简单的算数举例说明。

假定有一个工厂，建设在一个城镇和湖边，以燃烧化石燃料作为生产的能源。若化石燃料释放的二氧化硫排放到周围大气中，则可导致附近居民的呼吸系统疾病。同时，若工厂在生产制造过程中需要使用净水，则可能将含有毒化学物质的污水排放到湖中。表 2–1 展示了产品的产出、价格、总收益、总成本和由于空气污染和水资源污染所造成的社会损失的成本。

在这一案例中，对于工厂而言的利润最大化产量为 50 单位，工厂利润为 90 美元。对于周边城镇而言，这一产出的价值为 –10 美元（利润 – 污染的社会成本，即 90 美元 –100 美元）。为此 50 单位并非社会最优的产出水平。如果工厂需要为其污染付费，则工厂的最优产出为 40 单位，在这一数量下，工厂为污染付费后的利润最大。在这一案例中，市场无法为排污量定价的缺陷导致了不良的社会产出。

表2–1 个体最优与社会最优的差异

产品产出（个数）	产品价格（美元）	总收益（个数×单价,美元）	生产总成本（美元）	利润（收益–成本,美元）	排污量（吨）	污染的社会成本（美元）	为污染付费后的利润（美元）
10	10	100	60	40	20	30	10
20	10	200	150	50	40	40	10
30	10	300	240	60	60	45	15
40[1]	10	400	320	80	80	60	20
50[2]	10	500	410	90	100	100	−10
60	10	600	660	−60	120	180	−240

注：[1] 社会最优；[2]个体最优。

外部性问题的解决方案

这一简单示例让我们思考实现 40 单位社会最优产出的可能政策。为达到这一目标有三种政策工具：①指令和控制（command–and–control）；②补贴和 / 或税收（subsidies and/or taxes）；③总量控制与交易（cap–and–trade）。

指令和控制最基本的实现手段为立法限制企业的产出不得高于 40 单位，或当地环保部门可要求企业安置减排的技术设施。是否选择这一方案将取决于其交易成本，这一案例中，监管者将权衡强制执行这一要求的成本与这一要求给企业和社会带来的收益。

另一种方案是对每一单位产出或污染物排放量收税。在该例中，对每单位产出收取 1.08 美元的税款，将使利润最大化的产出成为 40 单位。表 2–2 展示了表 2–1 的案例对每一单位产出收税的情况。

若每一单位产出将带来 2 吨的排污，则以每吨 0.6 美元收税可达到同样的效果。表 2–3 则显示了向外部性效应本身征税的效果。

表2-2　向产出征税

产品产出（个数）	产品价格（美元）	总收益（个数×单价，美元）	税款（每个产出收取1.08美元税款，美元）	生产总成本（美元）	利润（收益-成本，美元）
10	10	100	11	60	29
20	10	200	22	150	28
30	10	300	32	240	28
40	10	400	43	320	37
50	10	500	54	410	36
60	10	600	65	660	-125

表2-3　向外部性效应征税

产品产出（个数）	产品价格（美元）	总收益（个数×单价，美元）	生产总成本（美元）	利润（收益-成本，美元）	排污量（吨）	排污税（每吨收取0.6美元税，美元）	为污染付费后的利润（美元）
10	10	100	60	40	20	12	28
20	10	200	150	50	40	24	26
30	10	300	240	60	60	36	24
40[1]	10	400	320	80	80	48	32
50[2]	10	500	410	90	100	60	30
60	10	600	660	-60	120	72	-132

注：[1] 社会最优；[2]个体最优。

最后，是总量控制和交易，这一机制在前言中简要介绍过。学术界和环保组织逐渐达成共识，认为在应对气候变化中，市场机制，如总量控制和交易，已成为一类较为可行的方式。环境市场和碳排放权市场为环境资产的买卖双方提供了新的机会。

总量控制和交易项目为排放总量设置了上限，并具体到企业层面。低减排成本的企业可以将排放降低到其限额以下，并可将多消减的排放量出售。高减排成本的企业可购买这些排放量以履行其对监管限额的承诺。这一市场有助于有限资源（如环境商品）的有效利用，同时为环境使用所形成的社会成本价值形成价格信号。假定制造商的工厂和城镇为两个拥有不同边际减排成本的独立实体，则以下案例同样可被应用到之前的情况中。附录 I 展示了总量控制和交易的排放权交易体系的本质。

排放权交易的概念起源于罗纳德·科斯（Ronald Coase）关于社会成本的理论[①]，并被约翰·H. 戴尔斯（John H. Dales）[②]所发展。但具有争论的是，通过明确界定产权，市场在确保产权被最有效利用中发挥了宝贵的作用。从经济效率角度出发，若不存在交易费用，配额的初始分配并不重要。[③]但可能存在收入分配的影响。相比指令和控制措施，此类基于市场的解决方案的成本更低，在指令和控制措施下，产权也常无法发挥其最大价值。附录 I 可以很好地展示基于市场的解决方案优于传统指令和控制措施之处。

本部分展示了总量控制和交易相比指令和控制的优势。尽管总量控制和交易、税收可在特定条件下达到同样的效果，本书的作者认为总量控制和交易是更好的选择。这些方案的优劣在美国乃至于全球范围内引起了广泛争论。需要强调的是，本书的目的是提醒金融人士市场在环保中的作用，同时让读者认识到这其中的机遇。为此，本书通过来自其他成熟市场的案例，阐释了市场发展的过程及其要素。

环境市场的演进

至此，本章已讨论了环境金融市场的经济理论基础，详尽解说了外部性、产权理论，以及市场失灵的概念。资源价格被认定为“0”的环境影响导致过度消费，进而发展为所谓“公地悲剧”的问题。另一方面，以市场为基础的解决方案，通过限制其使用，将环境视为真实的稀缺资源。类产权工具的使用，如排放配额和抵消量，为资源的有效利用提供了解决机制，同时绘出了此前不存在的市场价格。促进自然资源“商品化”的金融创新，

① Ronald Coase：“The Problem of Social Cost”，*Journal of Law & Economics*, Vol. 3(1960): 1 - 44.

② John H. Dales：*Pollution, Property and Prices* (Toronto: University of Toronto Press, 1968).

③ 这一理论被称为科斯定理（Coase theorem）。

创造了基于环境属性的一类新资产类别。排放权交易等基于市场的机制，作为改善环境的一种低成本方案被广泛接受。

审视其他“成熟”市场的历史发展，可有助于更好地理解环境市场的现状。环境市场目前正沿着其他成熟市场的类似发展轨迹前行。这将指导我们进一步认识这些新型环境市场，以及在这类市场中创造价值的基本原理。我们可从证券市场、商品市场和固定收益市场中发现多个案例。

历史先例告诉我们，市场的发展规律遵循一个简明的七阶段过程。成功的市场发展一般分为七个阶段，从新挑战的确认、试点交易计划的开展及交易过程的规范化，到期货及场外（over-the-counter，OTC）市场的形成。类似其他商品、证券及固定收益等先例，环境市场并不是自发形成的。相反，正如其他商品或服务，这是源于潜在或显性的需求，其顺利发展需要相应法律法规及制度等基础设施建设，最小化定价机制的使用成本则是其目标。一旦我们理解了发展的过程，完善环境市场的相关步骤则显而易见。我们可以从美国酸雨计划的二氧化硫交易，以及全球范围内的温室气体（greenhouse gas，GHG）排放权交易中，观察到这一七阶段过程。

市场发展的七个阶段

为了理解市场如何演变，我们用一个七阶段的过程，来帮助描述驱动市场发展的因素如何随时间变化，有时发展成更复杂高效的市场。

（1）结构性经济转变发生，创造对资本的需求。

（2）商品或证券统一标准的制定。

（3）法律法规的发展，为所有权提供凭证。

（4）非正式现货市场（即时交付市场）及远期市场（非标准化合约或未来交付）的发展，交易所有权的凭证。

（5）证券或商品交易所的诞生。

（6）具有法律基础的场内期货市场的诞生（未来在场内交易所及期权市场中交割的标准化合约），但无法保障商品和证券的未来交付。

（7）场外（OTC）市场的增值与分化。

重要的是，这七个阶段并非是市场必须依次经历的不可更改的进程。但这是一个研究分析框架，可较好地描述各阶段随时间的发展，部分情况下在场内交易所产生标准化现货和期货合约的过程。同样的，这并非是一个无懈可击的理论，而是对自然辩证法的突显。

七阶段过程的案例

这一部分将分析已有商品期货市场建立过程的案例，如代表商品市场的农产品期货，代表固定收益市场的抵押贷款支持证券的兴起，以及美国具有代表性的环境市场二氧化硫交易的启动。研究发现，尽管三个案例已较多元化，但都遵循了类似的市场演进模式。表 2–4 展示了三个案例在七阶段框架下的演化过程[①]。

表2–4　市场发展的七个阶段

阶段	市场		
	芝加哥商品交易所（CBOT）的农产品期货交易（1848年）	抵押贷款支持债券交易（1970年）	美国酸雨计划的二氧化硫交易（1990年）
（1）结构性经济转变	-英国谷物进口限制的取消（1846年） -克里米亚战争（1854—1856年）导致美国出口需求的增长 -美国人口增长进一步提升了需求—— 鼓励新增投资和扩大交易	20世纪60年代末、70年代初房地产融资需求与供给的差异扩大	-二氧化硫排放对人类健康及环境的影响引发的担忧持续上升 -1972—1990年美国环保支出提升了三倍 -寻找以最小代价解决二氧化硫问题的浓厚兴趣
（2）统一标准的制定	CBOT谷物测量及分级标准的制定	美国政府国民抵押协会（Ginnie Mae）抵押贷款转手证券的发行（1970年）	1990年《清洁空气修正案》（CAAA）定义了二氧化硫配额

① 这三个案例更详细的论述可参考以下书目，Richard L. Sandor, Eric C. Bettelheim and Ian R. Swingland：“Overview of a Free–Market Approach to Climate Change and Conservation”，*Phil Trans Roy Soc Land*, Vol. 360, No. 1797 (August 2002): 1607 – 1620。

续表

阶段	市场		
	芝加哥商品交易所（CBOT）的农产品期货交易（1848年）	抵押贷款支持债券交易（1970年）	美国酸雨计划的二氧化硫交易（1990年）
（3）法律法规的建设	“仓单”作为所有权凭证而发行，并在1895年获得了法律性支持	抵押贷款支持证券（转售证券和债券）作为金融产品被逐步接受	-二氧化硫配额 -美国环保局（EPA）的注册登记系统
（4）非正式现货市场的发展	基于“仓单”的交易的开始	非正式交易在政府支持机构和华尔街交易员、抵押贷款者及投资者之间发起	-20世纪70年代、80年代多个试点交易出现，以及90年代早期配额的私下买卖 -1993年及1994年的试拍卖
（5）正式交易所的诞生	CBOT获得执照（1859年）	1984年次级贷市场增强法案和1986年税收改革法案	CBOT每年举行年度拍卖（代表EPA）
（6）场内期货或期权市场	正规化期货交易的开始（1865年）	-CBOT引入美国政府国民抵押协会期货（1975年） -联邦家庭贷款抵押公司（Freddie Mac）担保抵押贷款证券（CMOs）发行（1983年）	开始使用期货，但尚未在正式框架中运行
（7）场外（OTC）市场的分化	期权（“权证”）及场外（投机商号，bucket shop）交易的启动（1879年）	抵押贷款支持证券市场中私人零售商的增加	非正式场外交易

在农产品案例中，刺激美国谷物产出的结构性变化，是由于克里米亚战争及英国谷物进口限制的取消。这是促使美国成为大型农产品出口国的主要因素。随着美国人口在独立战争后达到3.5亿，谷物的需求持续增长。将谷物从美国中西部地区向东部沿海主要人口密集区的运输及储存需要资金的支持。在当时出现了分散的袋装谷物实物交易，但需要个体进行检查。1848年，芝加哥商品交易所（Chicago Board of Trade，CBOT）的诞生为谷物的标准及分级规程开辟了先河，这项创新比政府标准的推出早了50年。最后，出现了一种被称为“仓单”的可交易法律文件，为持有情况提供了凭证，并促进了融资活动及所有权的转移。在1865年出现了期货交易，并随后在下一阶段中出现了期权交易。

在固定收益市场抵押贷款支持证券的发展中也可以发现类似的模式。

二战后美国的经济繁荣为加利福尼亚州的房地产创造了大量需求，为此需要东部地区的机构提供资金支持。尽管由联邦住宅管理局（Federal Housing Authority，FHA）和退伍军人管理局（Veterans Administration，VA）担保的标准化抵押贷款保障了这一区域内的资金流转，但仍是一个高度缺乏效率的市场。抵押贷款以个体为基础或小批量进行出售，而买方则需要获得每笔贷款的相应文件。1966 年及 1969 年的信贷危机，以及还贷期内本金和利息能否及时偿付的不确定性，促使了美国政府国民抵押协会（Government National Mortgage Association，GNMA）的诞生。从而使小额贷款“捆绑”形成证券成为可能，并由 FHA 或者 VA 进行抵押、美国政府作为后盾。这为所有权及其流转提供了有效且同质的凭证，最后主要在华尔街交易员和抵押贷款银行家中进一步演化为现货和远期市场。这一非正式合约发挥着交易所的功能，直到 1975 年世界上首个利率期货合约在芝加哥商品交易所诞生——基于 GNMA 抵押贷款工具。此后，金融期货被逐步接受，最后，到 20 世纪 80 年代，抵押贷款也被人们接受了。

这一模式同样出现在证券市场的演进中。需要注意的是，这些市场的形成历经了 16 世纪到 20 世纪的漫长时期，但仍遵循了同样的发展模式。现在我们将这一模型延伸到环境合约及其衍生品的发展中来。

美国二氧化硫（SO_2）市场的案例则具有独特的教育意义。美国电力企业对高硫煤的大量燃烧，导致了二氧化硫（SO_2）排放量的升高。伴随着发电量的增长，以硫化物排放形式的污染情况持续加重。这一污染在美国人口密集地区形成，并造成了居民呼吸道问题的大幅增加。此外，还导致了河流、水体及森林的酸化问题。意识到这一情况对人体健康及环境的危害后，立法者在 1970 年通过了《清洁空气法案》(Clean Air Act)，并在 1990 年进一步出台了《清洁空气修正案》(Clean Air Act Amendments，CAAA)。法案对这类排放作出了全面的限制性要求，并宣布在限制范围内，将向个体（主要为电力设施）发放排放权配额，并要求为这些配额建立相应交易体系。这便是结构性变化，即第 1 阶段，从而开启了酸雨信用额度市场的发展。CAAA 则进一步为市场的发展提供了如下三方面的基础。

（1）将环境产品标准化（具有法律授权可排放一吨二氧化硫的配额）；

（2）提供了金融工具发展必需的“所有权凭证”；

（3）建立了有效变更所有权的基础设施。

通过以上措施，CAAA 建立了同质化、标准化二氧化硫商品的基本要求。这便是市场发展的第二阶段。此外，为记录各排放单位的配额情况和实际排放水平信息，美国环保局（Environmental Protection Agency，EPA）建立了电子追踪系统。从而使企业可准确了解其配额情况及达成减排目标的进展情况，并知道配额是否富裕，或需要购买更多配额（第 3 阶段）。配额的私下买卖甚至早于 1995 年 CAAA 的强制要求（第 4 阶段）。1993 年，EPA 指定 CBOT 作为代表进行年度配额拍卖，场内交易由此开始，为市场提供了价格信号（第 5 阶段）①。

随后，2004 年 12 月，芝加哥气候期货交易所（Chicago Climate Futures Exchange）开始了二氧化硫期货的场内交易（第 6 阶段）。OTC 交易同样逐步兴起，主要集中于正式交易所中（第 7 阶段）②。

历史经验表明，市场演进包括的七阶段过程被证券、固定收益、实物商品和二氧化硫排放权交易市场一再重复。尽管二氧化硫总量控制和交易的减排项目十分成功，但在初始阶段也受到极大的质疑，正如其他市场中出现的质疑之声。硫化物交易的模型可以为温室气体提供很好的借鉴。为说明基于市场的机制日渐增强的重要性，下一部分将展示历史上，这类机制在完成环境目标的过程中起到的作用。

市场机制在环境问题上的早期应用

20 世纪 60 年代至 70 年代早期，美国联邦监管机构更为偏好指令和控

① 事实上，拍卖被设计为收入中性。收益被归还给参与的公用事业单位。

② 关于二氧化硫市场是如何演化的，尤其可以关注Paul L. Joscow, Richard Schmalensee and Elizabeth M. Bailey：“The Market for Sulfur Dioxide Emissions”，*The American Economic Review*, Vol. 88, No. 4 (September 1998): 669 - 685; Sandor, Bettelheim and Swingland (2002); and Robert N. Stavins：“Experience with Market-Based Environmental Policy Instruments”，In The Handbook of *Environmental Economics*, edited by Karl-Goran Maler and Jeffrey Vincent (Amsterdam: Elsevier, 2003), pp. 355 - 435。

制措施，正如1970年的《清洁空气法案》。监管者不仅提出了环境目标，同时对所有业内企业强制推行行业标准，而忽视了企业的履约成本。随着联邦污染防治法规的逐步建立，经济学家认为，相比传统的指令和控制措施，为环境污染界定产权是一种成本更低的方式。

美国环保局（EPA）在1974年采用“冲抵”（netting）的方式开始尝试排放权交易，“冲抵”政策允许同一企业中，来自某一排放源的排放增长量与来自另一排放源的排放消减量相抵消。在冲抵方式引入之前，《清洁空气法案》要求企业将所有新工厂注册为“新”排放源，其花费较高。在冲抵方式施行后，多个排放源可被视为一个大型排放源。根据哈恩（Hahn）和海斯特（Hester）[①]的研究，冲抵方式在1974—1984年中节约了总计5.25亿～120亿美元。1976年，在空气质量控制区域（Air Quality Control Regions）临近最后期限仍无法达到国家环境空气质量要求（National Ambient Air Quality Standards）的情况下，“冲抵”方式被EPA进一步推广。抵消机制在未达标地区的建筑类新固定排放源中进一步推广，允许其新增排放量可被原有排放源的减排量所抵消。截至1988年，已完成2000笔抵消交易。成本的节约难以量化，但这些交易的发生确实实现了其内在经济需求。

1979年，EPA鼓励企业使用“气泡”（bubbles）方式来减少监管成本。如一个工厂可能包括多个污染源，而气泡政策允许将来自多个企业的设施排放视为来自同一排放源的排放。通过这一措施，气泡政策本质上允许了气泡内工厂间潜在交易的产生。这一政策工具节约了4.35亿美元[②]。特别是在1979年，EPA引入了“结转”（banking）——借此政策，企业可存储或结转其排放权信用额度以供未来使用。

尽管上述措施的引入并未构成完整的交易体系，但他们共同铺就了1982年史上首个总量控制和交易体系的应用之路：含铅汽油的逐步淘汰。1982年，EPA在含铅的汽油厂之间建立了一个交易体系，总量限额为每加

---

① Robert W. Hahn and Gordon L. Hester：“Where Did All the Markets Go? An Analysis of EPA’s Emissions Trading Program”，*Yale Journal in Regulations*, Vol. 6, No. 1 (Winter, 1989):374.

② 同上。

仑 1.1 克铅。这一交易体系同样允许结转，为此炼油厂若超额达成脱铅目标，则可将铅用量权储备至未来使用。EPA 的研究表明，这一体系的运行每年节约了约 2.5 亿美元。

这一早期方案为二氧化硫（SO_2）和氮氧化物（NO_x）的交易铺就了前路，正如下一章所展示的。

第 3 章　以酸雨污染物排放权作为一种资产类别

“酸雨”是一个宽泛的概念，指的是从大气中沉淀的干湿混合物，其中含有高于常量的硝酸和硫酸。在美国，酸雨问题几乎已经根除。酸雨的致因——二氧化硫（SO_2）和氮氧化物（NO_x）排放物比 20 世纪 80 年代的排放量下降了 75%。[①] 除此以外，二氧化硫（SO_2）和氮氧化物（NO_x）的减排已经以最小的经济成本极大降低了肺病相关的保健开支，而肺病是 SO_2 和 NO_x 排放物对人类造成的主要危害。酸雨的消除帮助减少了雾霾，避免了对森林的损害，也降低了湖泊和河流的酸化。

这是如何实现的呢？答案就在于“总量控制和交易”模型，1990 年清洁空气补充法案启动了酸雨项目，首次给 SO_2 定价。通过这样做，减排的交易成本得以降低。这一项目的成功证明了总量控制和交易模型不仅仅在理论上有效合理，而且实践可行。它向我们提供了实证证据，有效地将总量控制和交易模型推广到其他污染物的治理中，比如 NO_x（它是酸雨和地面臭氧的主要原因），还有 CO_2（它是全球变暖的主要原因）。

给污染物定价对于私营领域和公共领域都大有裨益。SO_2 配额的价格信号给公共事业及工业企业提供了最具性价比的方法来实现它们的强制减排目标。有了这些价格信号的帮助，金融分析员得以估算减排 SO_2 的技术和相关公司的投资机会，比如投资者所有的公共事业，可以从增加低硫煤炭使用中获益的煤炭企业，以及控制污染技术的生产商。金融机构还可能从

---

① EPA：“Clean Air Interstate Rule, Acid Rain Program and Former NO_x Budget Trading Program 2011 Progress Report”，U.S. Environmental Protection Agency (November 2012)，http://www.epa.gov/airmarkets/progress/ARPCAIR11_01.html.

SO_2 配额的营销、融资、中介服务中寻求机会受益。

这一章将对酸雨项目进行简要介绍。酸雨有两种污染物，而本章的重点是主要的污染物 SO_2。SO_2 配额市场的主要推动力，以及处理这个市场的经验教训也可以用于 NO_x 市场。①

酸雨的致因以及公共政策回应

煤炭的燃烧发电导致二氧化硫和氮氧化物被排放到大气中。因为这些气体是酸雨的主要致因，危害湖泊和森林的酸雨、威胁人类健康的细小颗粒以及煤炭发电的排放物都构成了负面外部性。正如第 2 章指出的，在 20 世纪大部分时间，这一负面外部性并未被定价或是被法律严格限制；事实上，制造电力过程的外部性几乎完全被忽视了。因此，产生了大量的污染物。

20 世纪中叶以来日益增长的电力需求导致公共事业部门建造了新的燃烧煤炭的发电厂（即最廉价的电力来源），并且整体上燃烧了更多的煤炭来满足新的需求。在一些地区，比如美国的中西部，公共事业单位燃烧了异常大量的煤炭资源，因为发电厂就位于煤矿的附近。结果是，空气中 SO_2 和 NO_x 排放量大量增加。

由于地方法的限制，SO_2 的排放在地域上分布也更加广泛。这些在 20 世纪 70 年代试图减轻地方空气质量问题的法律，要求公共事业部门建造高大的烟囱。美国的公共事业部门在燃煤锅炉上建造了超过 429 个烟囱（其中很多高于 500 英尺②），于是风一吹，就将排放物带到了其他州。③因此，在 20 世纪 80 年代绝大多数的城市地区达到了 SO_2 的当地空气质量标准。但是，运用烟囱来解决当地的问题，导致更大范围区域的空气质量恶化。产生于煤炭厂、在高空中排放的 SO_2 飞跃上百公里，增加了酸雨。④这一情

① N_2O项目的完整描述，可查阅http://www.epa.gov/airmarkets/progsregs/nox/index.html。

② 1英尺约为0.305米。

③ James L. Regens and RobertW. Rycroft：*The Acid Rain Controversy* (Pittsburgh: University of Pittsburgh Press, 1988).

④ Dallas Burtraw and Sarah Jo Fueyo Szambelan：“U.S. Emissions Trading Markets for SO_2 and NO_x”，*Resources for the Future Discussion Paper* No. 09–40 (October 2009)，http://papers.ssrn.com/sol3/papers.cfm?abstract_id=1490037.

况引起了酸化的大幅加剧，尤其是在美国东部地区。

公众对环境问题的关心促使立法者通过了 1990 年的《清洁空气修正案》（CAAA）。CAAA 中的第四条促使美国 SO_2 配额交易的开启。酸雨项目要求电力公共事业单位将 SO_2 的排放降低到 1980 年 50% 的水平。对于整个电力板块而言，1980 年 SO_2 排放量大概是 1750 万吨，而减排目标大约是五年时间进一步减排大约 350 万吨，项目的第二阶段要求进一步减排 500 万吨。该法案要求美国环境署实行一个渐进的项目。

公用政策的实施效果

法案第四条成功降低了电力制造中 SO_2 和 NO_x 的排放（例如，酸雨项目覆盖的资源范围）。随后"总量控制与交易"项目补充进来，特别是 NO_x 预算交易项目和清洁空气州际规则（Clean Air Interstate Rule，CAIR）。这些努力的成果是 2010 年 SO_2 排放量降低至 520 万吨，比 1990 年的排放量降低了 67%，也低于 2010 年年初 895 万吨的排放总量限制。另一个成果是 2010 年 NO_x 的排放降低至 210 万吨，比 1990 的排放降低了 67%，也显著高于法案第四条的减排目标[①]。图 3-1 详细解释了相对控排目标而言的减排量。

酸雨项目下实现的减排目标及其子方案对于空气质量的显著改善、酸性沉淀物的减少，以及一些酸敏感湖泊、溪流的初期修复和可见度的提高（空气清晰度）都起到了很大的作用。根据一份提交给国会的《全国酸雨评价方案》报告估计，人类健康由于改善空气质量而获得的收益仅在 2010 年这一年就达到了 1700 亿 ~ 4300 亿美元。[②] 环境保护局估计，仅在 2010 年这一年，就从酸雨相关的疾病中拯救了 20000 ~ 50000 条生命。[③] 由于这一项目的成本预计在 1670 亿美元，因此它的净收益在 1670 亿 ~ 4270 亿美元

---

① U.S. EPA："Clean Air Interstate Rule"，op. cit.

② Douglas A. Burns, Jason A. Lynch, Bernard J. Cosby, Mark E. Fenn and Jill S. Baron："National Acid Precipitation Assessment Program Report to Congress 2011: An Integrated Assessment"，U.S. EPA Clean Air Markets Division (January 2012).

③ U.S. EPA："Highlights from the Clean Air Act 40th Anniversary Celebration"，U.S.Environmental Protection Agency (2010)，http://www.epa.gov/air/caa/40th highlights.html.

之间，对 GDP 和就业都有极大的贡献。此外，这些收益数据还没有考虑更为无形的收益，比如因为空气能见度增加和生态情况的改善而拯救的生命。

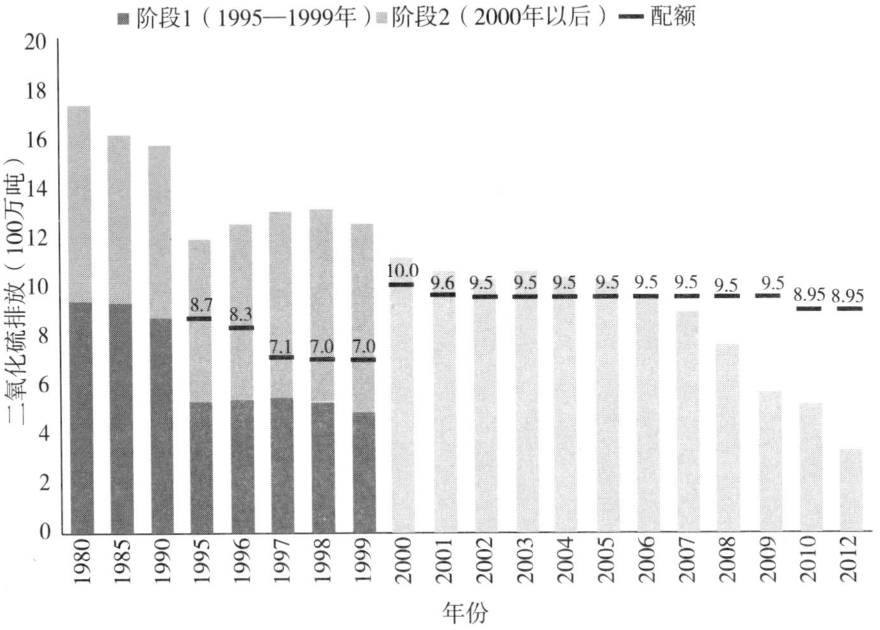

图3–1　酸雨项目的结果

资料来源：U.S. EPA："Clean Air Interstate Rule"，op. cit。

启动和执行酸雨项目

CAAA 中的二氧化硫减排法案同时起到了三个作用：①通过创造一个法律上认可的产权使得环境资产标准化（一个配额相当于排放一吨的二氧化硫）；②制造了"所有权凭证"；③建立了基础设施，使所有权可以有效转让。这些功能创造了一个市场的基础设施。

酸雨项目覆盖的大多数实体企业是发电厂（其中大多数是投资者所有的公共设施）。其中也有少量的其他实体，比如使用煤炭的大型工业生产商，比如英国石油公司（BP Amoco）和国际纸业（International Paper）。

法案要求 EPA 施行一个渐进的计划，首要目标就是 110 家大型排放工厂在 1995—1999 年的减排（其中包括超过 400 个消耗燃料的电厂单位）。2000 年开始，第二阶段的目标扩展到所有使用化石燃料、产量超过 25 兆瓦的电厂。最终，超过 3200 个单位受到监管。

发电厂被分配了一个存续期为 30 年的可交易配额，每一个配额价值一吨 SO_2。在通过 CAAA 的过程中，美国国会很大程度上将环境金融的经济理论编入了法案，这一理论我们在上一章阐述过。仅用了短短 15 页的篇幅，就详细阐述了排放的基准、排放目标以及这个项目包括的实体企业。突出的特征有以下几点：[①]

不同阶段和减排任务。CAAA 第四条设定了每年的 SO_2 减排目标，要求所有来源的排放加总要在 1980 年排放水平基础上降低 1000 万吨（其中来自电力厂的排放要比 1980 年降低 840 万吨）。为了实现这些减排目标，该法案制定了两个阶段的减排项目，第一阶段起始于 1995 年，第二阶段起始于 2000 年。

配额分配。第一阶段要求 100 家电力厂将它们的排放降低到排放率为 2.5 磅 SO_2/mmBTU ×（1985—1987 年平均燃油使用量）。[②] 第二阶段要求大约 2000 家公共事业单位将它们的排放量降低到 1.2 磅 SO_2 /mmBTU ×（1985—1987 年平均燃油使用量）。每一个配额许可一家电厂一年排放 1 吨 SO_2。

配额登记。受监管的实体企业需要将它们持有的配额在 EPA 管理的电子配额追踪系统中登记。配额登记使配额在账户之间的转让变得便捷化。配额被序列化，并且根据往年的情况进行指派，规定了第一年可以合规使用的额度。

年度调整（审核）。在给定年份每排放一吨 SO_2，一个配额就相应失效；也就是一个配额不再能够使用。配额可以被买卖，或者是囤积到后面的年度使用，每年年末，相关企业会获得一个 60 天的宽限期，确保它们有足够的配额来满足其过去一个年度的 SO_2 排放量。如果需要的话，它们可以在宽限期购买配额。它们也可以出售超出其实际排放的配额，或将它们存蓄

① U.S. EPA："Acid Rain Program"，U.S. EPA Clean Air Markets Division (25 July 2012)，http://www.epa.gov/airmarkets/progsregs/arp/basic.html.

② mmBTU = 百万倍英热单位（millions of British thermal units）。

到以后的年度使用。

配额交易。SO_2 配额交易可以使合规成本最小化，由于没有使用的配额可以出售给其他的项目参与者，这一系统鼓励了排放者将排污量降低到规定的水平以下。

灵活合规。每一个排污企业可以选择最有效的方法降低 SO_2 排放。可选方法有安装新的控制技术、改为使用低硫含量的燃料，或者是优化现有的控制机制。

严格监控。每一个排污企业都要持续测量和记录它的 SO_2、NO_x 和 CO_2 排放量，以及热输入、体积流量和不透明度。大多排放都被排放监控系统连续不断地测量。

自动处罚和执行。任何企业如果持有的配额不足以匹配它上一年的排放量，就需要对超出排放配额的量向 EPA 缴纳每吨 2000 美元的自动罚款。该企业也必须立即向 EPA 移交一定量的当年生效的配额，移交的配额量等同于超出排放的数量。

这一项目要求 EPA 对当年和 7 年远期的年度配额开展拍卖。拍卖的意图在于便利配额的市场交易，实现价格发现。这一机制包括在竞争性市场拍卖 2.8% 分配给公共事业单位的配额，并且将受益返还给每一家公共单位。

酸雨项目设定的清晰、透明的指导方针使 SO_2 的市场得以活跃并发展。事实上，在 EPA 的注册实行和生效前，远期和期权的场外交易就已经发生。在芝加哥期货交易所赢得了代表 EPA 执行碳配额现货和远期年度拍卖权的时候，有组织的场内交易便产生了。图 3–2 详细列出了这些年度拍卖中现货和远期配额的清算价。

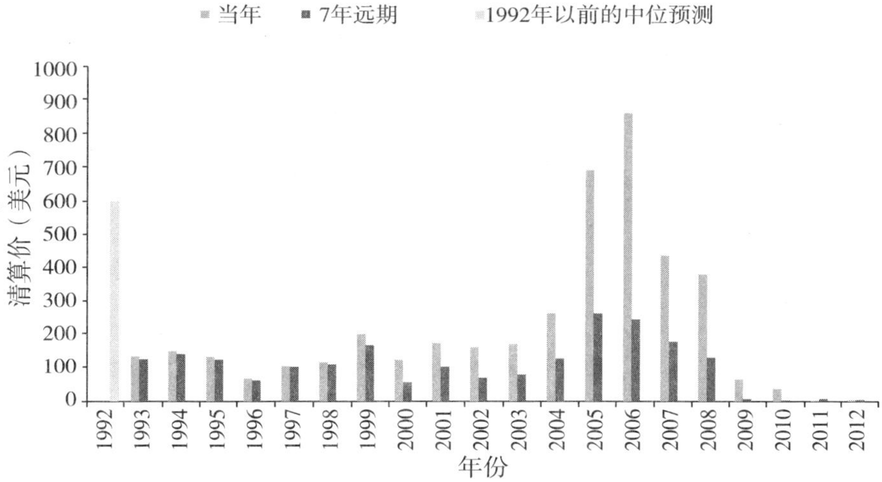

图3-2　二氧化硫现货和远期拍卖结果，1993—2012年

资料来源：U.S. EPA："Annual Auction"，U.S. EPA Clean Air Markets Division (26 March 2013), http://www.epa.gov/airmarkets/trading/auction.html。

酸雨项目的历史价格及其决定因素

流动性充足的市场和透明的价格让电厂常可以选择最佳的方式来遵守酸雨项目的监管要求。换句话说，工厂经营者可以将技术解决方案与配额价格的风险和成本加以比较。另外，SO_2 污染物的定价也给金融机构和做市商带来了巨大机遇。由于价格因素在这个项目里尤为重要，我们将大致介绍一下这个项目的历史价格以及价格是如何确定的。

最初的价格预测

专家估计，这些排放权将会有一个高溢价（一些初始的估计认为会高达每吨 1500 美元[①]）。1992 年之前对硫排放物预测价格的估计从 309 美元

① 1997年3月10日，环保署官员卡罗尔·布朗纳（Carol Browner）声称，"在1990酸雨项目的争论中，工业界最初估计，一吨SO_2的排放权成本为1500美元……如今，这些排放权正以少于100美元的价格出售"；见Commonwealth Club of California："New Initiatives in Environmental Protection"，*The Commonwealth* (*newsletter*) (31 March 1997)。

（国际资源数据）到 981 美元（美国煤矿工人联合会）[①]。表 3–1 提供了这些早期估测的一个总览。

表3–1　1992年之前对硫排放物预测价格的估计

资源	价格（美元/吨）
美国煤矿工人联合会	981
俄亥俄州煤炭开发公司	785
美国电力研究院	688
塞拉俱乐部	446
美国电力公司（AEP）	392
资源数据国际	309

资料来源: Hahn and May：“Behavior of the Allowance Market”，op. cit。

由于新项目的不确定性，不同研究预测的初始价格差异巨大，这一点从表 3–1 中可以看出。尽管通过安装脱硫装置实现 SO_2 减排的平均成本大约是每吨 600 美元，分析员对于这一价格预测的跨度却出乎意料的宽泛。脱硫装置是建在烟囱附近的“化工厂”。废气穿过石灰石混合物将硫除去。脱硫装置改造成本的不确定性是成本估计会如此之高的原因，并且极少人相信低硫煤炭会变得通用和相对廉价。[②]

如果配额价格低于脱硫技术的成本，那么就应该采用购买配额的方式实现减排要求。相反，如果配额价格高于脱硫技术成本，那么用户就应该安装脱硫装置。因此，在配额价格显著低于 600 美元的预测区间，购买配额更为合适。早期的场外交易的成交价格就在 180 ~ 300 美元之间。[③] 那些价格告诉我们，购买配额才是正确的投资决定。这一点长期而言是对的，

① Robert W. Hahn and Carol A. May：“The Behavior of the Allowance Market: Theory and Evidence”，*Electricity Journal*, Vol. 7 (March 1994): 2, 28 – 37.

② 来源于作者和布鲁斯·布莱恩（Bruce Braine）的交谈，布鲁斯是美国电力公司（AEP）的战略政策分析副总裁。

③ 第一笔公开交易是10000个单位的排放权以每单位265美元的价格由威斯康星光电公司卖给田纳西河谷局，参见Frank Edward Allen：“Tennessee Valley Authority is Buying Pollution Rights from Wisconsin Power”，*Wall Street Journal*(11 May 1992): A12。第二笔交易是25000个单位的排放权以每单位300美元的价格由美国铝公司(ALCOA)卖给俄亥俄爱迪生公司（Ohio Edison）；参见Joan E. Rigdon：“Alcoa Unit Arranges $7.5 Million Sale of Pollution Allowances to Ohio Edison”，*Wall Street Journal* (1 July 1992): A6。

但短期就可能是错的。1993 年第一次拍卖的现货市场清算价格就是 131 美元。价格持续下降，直至 1996 年 65 美元的低点。之后，价格直到 2003 年才上涨。

到 2004 年末，价格已经上涨到每吨 700 美元，主要是因为 CAIR 临近发布，而 CAIR 要求每吨排放都要交出额外的配额，因此将会显著降低 SO_2 的排放总量。这一价格上涨由于天然气和电力需求上涨引起的火力发电的需求增加而进一步加剧。项目之初这些资产的买家应当获利颇丰。

长期的价格决定机制

长期以来，这一资产的价格驱动要素有铁路的放松管制、粉河煤（Powder River Basin coal）的出现、脱硫和混合燃油技术、美国东部低硫煤炭采矿的进步、酸雨项目中囤积的配额，以及监管变化和立法不确定性的影响。

铁路放松管制和粉河河谷煤炭

铁路行业的放松管制对配额的持续低价起到了很大促进作用。从怀俄明州和蒙大拿州的粉河河谷到美国中西部的长途交通各大铁路的竞争尤为激烈。将低硫煤炭以低利率从粉河河谷（PRB）运到密西西比东部促使公共事业单位改进它们的锅炉，并将原用的高度和中度含硫的煤炭改为西部运来的低硫煤炭。这一选择并非总是二元的：东部烟煤和西部亚烟煤的混合也很常见。燃烧亚烟煤产生的 SO_2 和 NO_x 比烟煤要少。

努力寻找更便宜的减排方式也引发了更多的尝试来增加理解、提升混合燃料的使用，以及提高使用大量粉河煤而不导致更大的资本成本 / 电厂燃烧率的降低。这一能力，反过来也降低了减排的成本。

脱硫技术和燃料混合

新的排放控制设备的成本和效率对于保持排放配额在一个低的价格有很重要的作用。因为 SO_2 除尘器通常可以降低 90% 或更多的排放，因此每安装一个脱硫设备，就可以释放出极大数量的 SO_2 配额。①

① Chicago Climate Exchange: *The Sulfur Dioxide Emission Allowance Trading Program: Market Architecture, Market Dynamics and Pricing* (Chicago: Chicago Climate Exchange,2004), p.16.

脱硫技术在进步，而安装成本也逐渐降低，使得脱硫成为了更多工厂的经济性的选择。安装和运行脱硫设备的成本因不同工厂而有所区别，前期成本可达数亿美元。安装时间也从一年到三年不等。①

值得注意的是，对于安装脱硫设备成本的监管政策将在很大程度上影响工厂是否会选择这个合规的方法。国家公共事业监管措施如果会给予全额成本补偿，而安装和运营脱硫技术能提供足够的投资回报，一般能起到鼓励安装的效果。因此，这些措施降低了配额消费并可能增加可用供给。

东部低硫煤炭开采的效率提高

在20世纪90年代，无论是美国东部还是西部矿产，煤炭开采的生产力都极大提高。②这一改变使低硫煤炭的生产极大增长，并且价格降低。伴随着混合高低含硫燃料的技术水平的提高，公共事业单位也得以在更近的地方获得廉价的燃料。配额市场对于促使东部各州使用低硫燃煤、同西部生产商开展竞争具有积极的作用。

储存

酸雨项目为排污源提供了时间上的灵活性——储存配额。它给污染者以激励，比规定时间提前将排放量降低到允许的额度以下，使人类健康和环境收益可以提早实现。储存配额带来了流动性，为价格波动提供了缓冲，为不可预见的市场事件创造了安全机制。比如说，第一阶段耗时超过五年，规定了排污源减排量要低于规定量1050万吨以下，并且能够运用这些储备的配额来缓冲第二阶段总量的减少带来的影响。③

监管变化和立法不确定性

监管变化（比如收紧SO_2排放限制）和立法不确定性（比如立法主体的不作为，会导致强制执行的行为在法庭上被最终质疑）可以、也的确对

① Chicago Climate Exchange: *Sulfur Dioxide Emission Allowance Trading Program,* op.cit.

② U.S.EIA: "Annual Energy Review 2011", U.S.Energy Information Administration (September 2012), http://www.eia.gov/totalenergy/data/annual/pdf/aer. pdf.

③ Jeremy Schreifels and Sam Napolitano: "Efficient, Effective, and Credible Cap and Trade: Lessons Learned from the U.S. Acid Rain Program" (2007), http://www.caep.org.cn/english/paper/Lesson-from-U.S.-Emission-Trading-Program-Edited-by-Jeremy.pdf.

SO_2 的排放配额产生了短期和长期的影响。[①]

正如本书所阐述，排放市场是极度依赖政策发展的。虽然 CAAA 的立法催生了酸雨项目，监管不确定性和法庭争端目前已经极大地损害了酸雨项目中的总量控制与交易体系。

自从进入酸雨项目的第一个十年，很多要求收紧总量限额的提案被提出。比如，在 1997 年，(D, New York) 议员丹尼尔·P. 莫伊尼汉 (Daniel P. Moynihan) 提议法律规定的 SO_2 排放总量降低 50%。然后，2002 年，小布什 (George W. Bush) 提出了《清洁天空法案》(Clear Skies Act)，如果通过的话就要将 SO_2 排放总额进一步减少 65%。最终，2005 年，在没有国会行动的情况下，小布什政府颁布了 CAIR，建议采用一个更严格的 SO_2 排放总额限制——在 2003 年水平的基础上减少 70%。这些行动致使价格迅速上涨。

然而，2006 年，北卡罗来纳和其他一些州以及公共事业单位起诉了 EPA，认为 CAIR 下的跨州交易和 2003 年《清洁空气法案》(Clean Air Act) 的条款存在不一致的地方。2008 年 7 月，哥伦比亚特区巡回上诉法院 (the Circuit Court of Appeals for the District of Columbia) 对这一诉讼进行裁决，裁定彻底撤销 CAIR。这一规定从根本上动摇了 CAAA 驱动的总量控制和交易体系的核心原则。一天之内，SO_2(配额)的价格从 315 美元暴跌至 115 美元。无论是即将离职的小布什政府还是即将上任的奥巴马政府都对该裁决颇有质疑，而国会无法提供一个简单的立法修复。由于排放总量不像会有更加严格的规定，加上监管不确定性逐渐增加，SO_2 价格几近崩溃。2009 年 5 月这一不确定性将配额价格压低到 65 美元。在 EPA 拍卖中，未来可以使用的早年的排放配额以 6.65 美元的价格出售。

2010 年，奥巴马政府提议出台 CAIR 的替代政策。目标是限制 28 个州 SO_2 和 NO_x 的年排放额度。提案建议对各个州的电力厂建立排放总量限制，但不限制州际交易。这一提案最终以《跨州空气污染规则》(Cross-State Air Pollution Rule，CSAPR/"Caspar") 定案，允许跨州之间的交易，但仅仅

① 另一类监管效果来自于和其他污染物相关的监管变化。因为燃烧煤炭释放二氧化碳、二氧化硫、二氧化氮和汞，任何一个污染物的监管都会影响到其他污染物。

是两组不同的州之间的有限制的交易。这一法规也在法庭上受到质疑，在2012年8月，巡回法院又撤销了CSAPR，并命令EPA在审核CSAPR的同时，维持CAIR的有效性。2013年3月，奥巴马政府向最高法院申诉。

法院驳回了CSAPR，并且在2014年要求EPA制定一个替代性法规。这需要至少数年的时间，在过渡期间，CAIR依然有效。

实际上，进一步驱动SO_2减排的，是《汞及其有毒有害物质的排放标准》（Mercury and Air Toxics Standards，MATS），它限定了新开的电厂的排放量。[①]于是，CAIR便不再有约束效力。[②]

主权风险对环境资产价格的影响也不应被过于高估。这一反复出现的主题将在第4章中详细讨论。

短期价格决定因素

能够影响电力需求和电力供给构成的因素会影响到配额消费，并有可能会极大影响SO_2配额价格。公共事业单位可能会出于以下三个主要原因燃烧更多煤炭：气候、不同部门对电力的需求，以及竞争性燃料的价格。

季节性气候模式及自然灾害

电力生产总值的短期波动源于气候状况的变化（炎热的夏天，寒冷的冬天）以及经济行为，特别是工业生产行为。SO_2排放在夏季的时候是最大的，反映了空调的使用引起的系统性用电高峰。SO_2排放的第二大高峰期是冬季。这些特点清晰地显示出SO_2配额消费是由夏季和冬季天气的极端程度决定的。市场分析员在估测SO_2配额价格时，可能会将主要燃煤地区的采暖天数和制冷天数作为一个重要的因素考虑。另一个决定因素是降雨量的缺失，它会降低水电站的电力输出功率。

自然灾害，比如飓风，可能会损害生产和输送煤气的设施，从而使煤气价格升高。公共事业单位就会将煤气换作煤炭，从而增加了SO_2排放，增加了配额需求。

---

① U.S. EPA："Fact Sheet: Updates of the Limits for New Power Plants Under the Mercury and Air Toxics Standards (MATS)"，U.S. Environmental Protection Agency (28 March 2013)，http://www.epa.gov/mats/pdfs/20130328fs.pdf.

② 来自于作者同布鲁斯·布莱恩的访谈。

相互竞争的能量来源和燃料转换

在 SO_2 的例子中，几乎所有的配额消费都和煤炭发电生产法相关。随着天然气发电厂的增加，天然气对具有燃料转换能力的公共事业单位而言成为了更加简易可用的选择。2011 年开始天然气价格下降，鼓励了更多的发电机转向天然气发电厂，而不使用其他的电力生产源。

图 3–3 突出了一些短期和长期价格驱动因素对配额价格的影响。早期的配额价格较低就是高硫煤炭换成低硫煤炭，以及安装除尘设备的结果。后来的价格上涨则是工业活动增加以及“清洁天空声明”所导致的。同时，外部影响，比如飓风 Katrina和 Rita 以及火车出轨，也会导致价格飙升。而价格从峰值下降的趋势则主要是因为监管的不确定性。

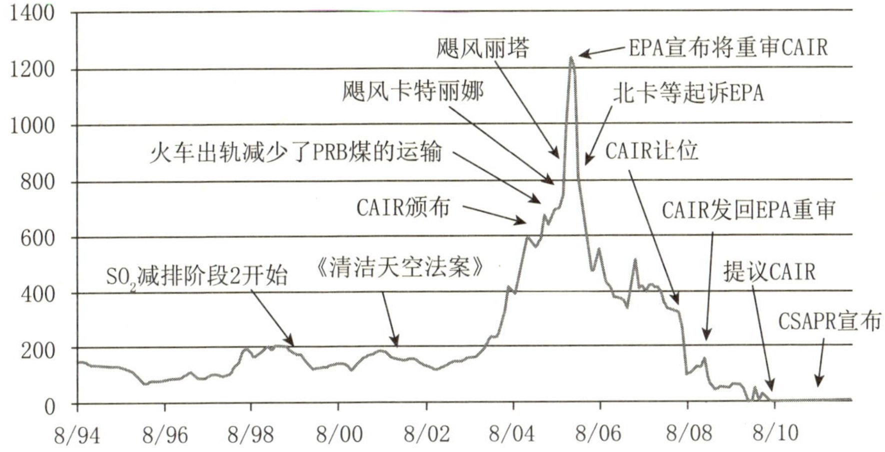

图3–3　天气、替代品以及监管对SO_2配额价格的影响，1994—2012年

注: PRB 指的是粉河河谷；CATR是《清洁空气运输规则》（Clean Air Transport Rule）。
资料来源: Data on spot prices compiled by Power & Energy Analytic Resources from Cantor Fitzgerald until 11 September 2001 and from ICAP United thereafter。

使用这一资产作为一种融资机制

除了 SO_2 配额现货价格中价格和技术选择的关系以外，这一市场还有一个长期的价格结构。在任何一天，未来一系列履约年度的价格都是可见的。这一关系被称为远期曲线。第一个在 EPA 注册的交易是一笔延续 30 年的配额。

由于脱硫装置很昂贵（需要花费 5000 万美元或更多），公共事业单位会借钱安装脱硫装置，再用未来出售排放配额的收入来偿付借款。接下来一个例子详细解释了将价格和技术因素纳入考虑之后的一种融资方式。同时，它也突出展示了最早期的时候 SO_2 市场中金融机构的参与情况。

1993 年，肯塔基州的 HMP&L 公司（Henderson Municipal Power & Light）以 2680 万美元出售了 15 万吨的二氧化硫排放配额给一家小型投资银行 CFP（Centre Financial Products）。[①] 这笔配额的出售代表着自 1992 年以来（至 1995 年）第三大 SO_2 交易。这是一笔特殊的交易，因为交易的收入被用来赞助和安装 1993 年 4 月策划的 HMP&L 公司的二号站工厂脱硫装置。脱硫装置估计要花费 4100 万美元。通过安装这些脱硫装置，HMP&L 公司得以将其硫排放物减少 95%。[②] 按照市场价格，出售配额的收入足以支付脱硫装置的花销。

1993 年 9 月，CFP 转而将原始的 15 万吨配额出售给 CP&L 公司（Carolina Power & Light）。CP&L 运用含硫量极低的煤炭开展生产。因此，对它而言，利用脱硫装置去除剩余的硫的边际成本要高于行业平均。1993 年，CP&L 估计成本大约为每吨 $SO_2$500 美元。相对的，1993 年 3 月，EPA 在 CBOT 拍卖的 150010 吨配额的均价为每吨 143 美元。此外，当时 CP&L 对于安装脱硫装置并没有多大兴趣，因为脱硫技术还在沿革过程中。[③]

CP&L 计划引入燃料替换和需求方管理来降低排放。但是，预计到可能会超出它的 EPA 排放配额。从 2000 到 2009 年，EPA 每年分配 143968 吨配额给 CP&L。根据 CP&L 估计，如果它不能够改变其运行系统的方式，在 2000 年它将会排放大约 23 万吨的二氧化硫，造成 8.6 万吨的缺口。因此，

---

① Clean Air Act Implementation: Hearings before the Subcommittee on Energy and Power of the Committee on Energy and Commerce, House of Representatives (29 September and 5 October 1994).

② Richard Sandor：*Good Derivatives: A Story of Financial and Environmental Innovation* (New York: John Wiley & Sons, 2012).

③ State of North Carolina Utilities Commission – Raleigh, Docket No. E-2, Sub 642.

CP&L必须降低其SO_2的排放或者购买额外的配额。

CP&L在1993年第一次从EPA拍卖会上购买85103吨配额额度，花费了1149万美元，每吨均价为135美元。由于需要额外配额，该公司2000年同CFP签订了一个正式协议，以4725万美元购买15万吨排放配额。[①]在八年中使用8%的市场利率，1993年该金额的折现价值是2756万美元。CP&L需要筹集额外的资本或者借款来支付SO_2配额费用，这对于CFP而言是一个问题。CFP不但需要保证CP&L资本扩张的利率，还需要保障配额的价格和数量。为了解决第一个问题，CFP同意将钱借给CP&L。解决第二个问题挑战更大。由于EPA注册在协议达成时还无法操作，CFP写下了协议以便在注册启动时合同能够收尾。

尽管配额的价格和数量是通过同另一家公共事业单位签订远期购买协议来敲定的，CFP仍然必须对冲利率风险。由于企业债不存在期货市场，CFP必须要使用CBOT提供的国债期货，这就导致了基差风险。为了降低这一风险，CFP决定要同时购买多国债期货合约的看跌期权。

这最后一步至关重要，因为CFP以同一价格买卖配额。利润就来自于CFP从CP&L处买债然后将其出售给保险公司的价格。因为在协议签订和协议敲定的时间间隔利率下降。这样一个结构的交易结果利润颇高，尽管CFP从配额买卖中的获利极少。

最后，CP&L保证未来配额会获得一个有利的价格，并以具有吸引力的利率资助交易。配额的卖家（HMP&L）也获得好处。买卖价格最终高于场外买价低于场外卖价。这一交易看似简单，但仔细检查会发现，配额市场不但是一个低成本的合规工具，也是一个融资工具。

这一资产的投资机会

SO_2总量控制和交易项目也制造了机遇。目前为止，我们聚焦于价格和

---

① “Execution of Proprietary Title IV Sulfur Dioxide Emission Allowances Purchase Agreement, Together with Note and Security Agreement”, Signed by Robert M. Williams.

配额，把它们作为一种资产类别，但其他相关的资产也许也能成为投资。

空气污染控制

正如之前提到的，最主要的脱硫装置是烟气脱硫（flue gas desulfurization，FGD），这组成了脱硫装置的主要部分。传统而言，烟气脱硫指的是除去大型燃煤电力锅炉 SO_2 排放的湿式除尘器。用 FGD 系统从制炼厂去除 SO_2 排放的做法日益普遍，包括冶炼厂、酸厂、炼油厂和纸浆造纸厂。

FGD 脱硫系统可以是干式也可以是湿式的。湿式脱硫利用液体将粉尘颗粒或气体从排气系统中除去。与此相反，干式脱硫不需要大量的水，而是通过喷洒化学物质来中和烟气。因此，干式脱硫一般而言不需要废水管理 / 处理。干式脱硫装置是最常被使用的控制公共和工业锅炉和焚化炉产生的 SO_2 和其他酸性气体的工具。①

对于煤炭厂排放的 NO_x，会在厂内安装选择性催化还原系统（selective catalytic reduction systems，SCR）。在 SCR 中，氨会同电厂的废气一起被注入一个含有催化剂的装置，以提高 NO_x 的去除效率。根据 EPA，SCR 可以实现多达 90% 的 NO_x 清除。SCR 和 SO_2 脱硫装置组合还可以实现高达 80% 的汞净化。②

如今，美国大量的电厂已经安装了脱硫装置，并提高了天然气的使用，空气污染控制装置方面的本地化机遇就比较有限。③ 下一个大有前途的污染控制装置机会蕴藏在亚洲新兴经济体中。比如中国和印度不仅在电力生产方面高度依赖于煤炭，也正在寻求进一步的排放控制政策出台。

---

① U.S. EPA：“Lesson 9: Flue Gas Desulfurization (Acid Gas Removal) Systems”，U.S. Environmental Protection Agency (2013)，http://yosemite.epa.gov/oaqps/eogtrain.nsf/b81bacb527b016d785256e4a004c0393/d4ec501f07c0e03a85256b6c-006caf64/FILE/si412c lesson9.pdf.

② “IPM Analysis of the Final Mercury and Air Toxics Standards (MATS). Documentation:Updates to EPA Base Case v4.10 MATS”(December 2011)，http://www.epa.gov/airmarket/progsregs/epa-ipm/toxics.html.

③ 在2007—2011年之间，美国燃煤电厂投资了超过300亿美元在FGD系统。除尘器被安装在34个州的大约110家燃煤厂中(大约 60%美国的火力发电能力);参见“U.S. Coal-Fired Power Plants Invested More than $30bn on Scrubbers in Four Years”，*Power Engineering* (25 March 2013)，http://www.power-eng.com/articles/2013/03/us-coal-fired-powerplants-invested-more-than-0bn-on-scrubbers-.html。

中国已经成为世界最大的 SO_2 排放国。2010 年，中国 SO_2 的排放绝对值达到了 3100 万吨，其中大约 66% 来自于工业。作为对比，美国 2010 年的 SO_2 排放量为 517 万吨（来自于电力生产），比 1980 年的 1750 万吨有了明显的下降。中国政府在十一五计划（2006—2010 年）中已经明确了减排目标，要在 2010 年实现在 2005 排放水平的基础上减排 10%。在十二五计划中，目标变成了 SO_2 减排 8%，NO_x 减排 10%。七个总量控制和交易试点已经为市场构建了一些知识基础，但在减排方面的实际效果仍不显著。如果想实现排放市场的收益，中国需要在排放检测、报告方面更加严苛，同时提高排放限制的强制措施和配额持有的要求。

这些气体排放正给中国带来毁灭性的社会影响。中国现有 16 ~ 20 个全球污染最为严重的城市。每年有大约 500000 人过早地死于呼吸疾病。和空气污染相关的医疗成本已经占到了中国国内生产总值的 4%。除此以外，环境问题不仅仅局限在中国境内。日本和韩国，已经很明显地受到酸雨的负面影响。这一污染也跨过太平洋，很可能造成了某些天美国加州高达 25% 的颗粒物污染。

一个简单的比较可能可以让人大概了解到中国正面临的酸雨问题的挑战具有多大规模。在美国，减排 900 万吨 SO_2 的价值大约为在医疗方面每年降低成本 1250 亿美元。由于中国当前的 SO_2 排放大约是 3100 万吨（或者说是 6 倍于美国电厂的排放量），并且中国的陆地面积和美国相当但人口是 4 倍，900 万吨 SO_2 减排可以有四倍于美国的价值，每年在医疗上的成本缩减可以达到 5000 亿美元。因此，1800 万吨的 SO_2 减排量可以避免超过 1 万亿规模的阻碍经济增长的国有负债。

即使没有法令，东亚的电厂今年也会在 FGD 上花费 48 亿美元，占到全球总开支的 63%。包括备用零件、升级设备、石灰和石灰岩等原料，2013 年全球能源领域 FGD 的支出超过 150 亿美元。[①] 东亚 FGD 的主要销路是中国的电厂。其中主要的是中国新设的电厂，也包括一些没安装 FGD

① “East Asia Will Spend $4.8 Billion on FGD This Year”，*Power Air Quality Insights*,No. 92 (31 January 2013)，http://www.mcilvainecompany.com/DecisionTree/subscriber/Tree/DescriptionTextLinks/Power%20Air%20Quality%20January%2031%202013.htm. 这个数字不包含石灰、石灰石之类的消耗或者维护费用。

的旧电厂的改装。中国和其他国家相比有最多的脱硫装置，同时也有更多数量的工厂尚未安装脱硫装置。中国在新的 FGD 系统上的花费将比全球所有其他国家加在一起还要大。[①]

金融领域

随着排放市场逐渐成熟，有组织的期货和期权交易所的增长将给投资者带来一些机会。投资者可以通过购买特定上市交易所的股权来参与排放权市场。排放者 / 使用者可以同样通过买卖 SO_2 现货和衍生品合约来参与该市场，并在该市场进行套保。

交易所提供了巨大的机遇。交易所的价值在于他们降低了买卖配额的交易成本并且使高效的风险转移成为了可能。[②] 金融市场参与者也面临更大机遇，比如投资银行、商业银行和经纪商。然而，美国的监管不确定性预示着大型金融机构参与排放市场的程度将减小。最近主要投资银行相关交易的关闭就是一个证据。[③]

前文有关金融机构和交易所参与美国酸雨项目的讨论可以给正在思考建立排放市场的新兴经济体一些启示。比如中国和印度，具有发展大规模排放市场的潜力。在其他一些区域，如果不存在对商业银行和投资银行交易行为的相关监管限制，它们也可以在排放权市场发挥一定的作用。在美国就是如此，金融机构在提供给初级市场流动性和效率方面扮演了重要的作用。

结论

尽管在写作本书时，SO_2 项目名义上还在运行，法律争论、监管不确定性以及交易方面的限制已经使市场活动实质上处于停滞状态。关于这一特定污染物，美国已经具有讽刺性地背弃了其最为成功的环境项目。由于

---

① 中国是最大的石灰石消费国和主要的石灰石生产商，保有大量的石灰石存量——2010年达19万吨，根据2010 U.S. Geological Survey，http://minerals.usgs.gov/minerals/pubs/country/2010/myb3-2010-ch.pdf。

② 预测表明，由于交易所的存在，酸雨项目的合规交易成本从5亿美元降低到了2000万美元。

③ “London Banks Quit Carbon Trading”，*Financial Times* (18 November 2003).

国会行动的缺失和特区巡回法院对法律的解释，美国已经还原到使用行政手段缓解环境变化的老路上。这一事件的转变导致极为分裂的排放权市场，也因此限制了公共事业单位减排的选择。

美国的酸雨项目——特别是配额交易——无论从经济还是环境角度来看都是一个极为成功的政策工具。尽管遇到一些监管上的挫折，酸雨项目记录了这一系统的成功运行。此外，它帮助建立了一套机构化的基础设施，包括合规工具、监控、金融、技术等方面，并成为了世界其他国家的效仿对象。它为创业者、交易所的投资者打开了一种金融方面的可能性，美国的污染控制企业也扩展到了其他地域的碳市场中（见第 4 章）。SO_2 和 NO_x 市场参与者的机遇将会在污染严重、制定环境监管措施的新兴经济体中出现。这将为这些市场参与者的产品、服务以及创新创造出更进一步的需求。

酸雨项目也激励了“总量控制和交易”这一理念的推广，用来应对环境变化带来的可见的威胁。另外，欧洲也以欧盟排放交易机制的形式运用了这一方法。

第 4 章　以温室气体排放权作为一种资产类别

自从 1896 年诺贝尔获奖者瑞典科学家斯万特·阿伦尼乌斯（Svante Arrhenius）根据大气中的 CO_2 量第一次预测出全球变暖的趋势，全球变暖的问题就有增无减。根据 CO_2 的浓度而不是实际温度来测量的全球变暖速度，已经从 1958 年的大约 316ppm 到如今的大约 400ppm。①

全球变暖可能是自然原因导致的，比如全球水循环、火山喷发，或者天然气溶胶和生物排放。但是有强烈的证据表明，生物燃料的燃烧、商品农业、森林退化，以及其他同工业化相关的人为原因导致 CO_2、沼气以及其他温室气体（GHG）排放在地球大气中急剧增长，从而推高了温度。②这些行为的影响颇为显著，事实上，最暖和的十年都是在 1998 年之后；2010 年是 1880 年数据监测以来最暖和的一年。

我们的观点是，目前关于全球变暖的争论和有关此事的政治态度并不相关，并不是无所作为的一个充分的借口。从一个纯粹风险管理的角度来看，当降低全球变暖威胁的机会存在，而成本又低于全球变暖可能带来的灾难性损失，我们必须考虑所有可能解决问题的办法。③

---

① 参照年度1958年非常重要，因为斯克瑞普斯海洋研究所（Scripps Institution of Oceanography）的查尔斯·凯林（Charles　Kneeling）定义了第一个大气中二氧化碳浓度的综合测量方法。测量整个星球的气温是很困难的，但有坚实的理论基础支持为什么地球表面的气温和空气中二氧化碳的浓度相关，参见政府间气候变化专门委员会（the Intergovernmental Panel on Climate Change），网址为www.ipcc.ch。

② 根据联合国气候变化公约框架的词汇表，温室气体是指吸收大气中吸收红外线辐射的所有气体，参见http://unfccc.int/resource/cd roms/na1/ghg inventories/english/8 glossary/Glossary.htm。

③ 这一观点和Richard A. Posner 的 *Catastrophe: Risk and Response* (Oxford, UK: Oxford University Press, 2004)中表达的观点相似。

我们第 3 章的重点——酸雨（主要是由 SO_2 和 NO_x 导致），但我们本章的重点——全球变暖的现象则是由众多污染物引起的。[①]此外，酸雨污染物是区域性污染物；也就是说，它的影响主要局限于所排放的区域（比如说，美国的东海岸）。全球变暖则是比酸雨大得多的问题，因为众所周知，它是由于大气中 CO_2 浓度的整体升高导致的。全球变暖的影响是多面的，所有的国家都以不同的方式受到影响。全球变暖可能引起气候突变，包括降水变化、洪水、信风流的变化，以及极端气候事件密度增加，比如飓风。这些事件可以通过影响农作物生产率、沙漠化（耕地退化为沙漠）、动物和人类健康以及海平面高度引起整个经济范围的影响。此外，和酸雨不同的是，全球变暖的影响是长期性的，它真的是一个代际性问题。

全球变暖的政策响应包括将化石燃料需求转向可再生能源并提高化石燃料效率的激励机制。政策措施的例子包括采用直接补贴来推动可再生能源使用，发布政策法令要求增加能源效率或者通过可再生资源生产一定比例的电能，以及对可再生能源生产采用优惠的电费。[②]同上一章对酸雨的讨论一致，我们将专注于使用市场化机制来减轻全球变暖的问题——具体说，就是总量控制和交易。

欧盟排放交易机制（The European Union Emissions Trading Scheme，EU ETS）是温室气体总量控制和交易模型最为大型和成功的运用。EU ETS 是一个包含欧盟 27 个成员国（EU-27）相关欧洲公司参与的碳排放权交易市场。它的目标是实现《京都议定书》（这将在后文详细讨论）和未来全球协议期望达成的温室气体减排目标。至今，EU ETS 已经让 EU-27 在 1990 年排放水平的基础上降低了 13% 的温室气体排放。目前，EU ETS 要求超过 1700 亿美元的市场规模，这基本上可以占到接近 75% 的全球碳交易总量。[③]EU ETS 是全球碳排放市场背后最主要的驱动力，它的成功已经引导

① 温室气体包括但不局限于水蒸气、二氧化碳、甲烷、一氧化二氮、含氯氟烃、臭氧、氢氟碳化物、全氟碳化合物、六氟化硫。

② 优惠电价提供特殊（更高）利率作为激励措施,以促进采用某个特定资源发电。

③ 市场规模数据来源于Carbon Finance at the World Bank：“State and Trends of the Carbon Market 2012”，Washington, DC (May 2012)，http://siteresources.worldbank.org/INTCARBONFINANCE/Resources/State_and_Trends_2012_Web_Optimized_19035_Cvr&Txt_LR.pdf。

EU 以外的国家采用相似的方法。

这一章的目的在于采用 EU ETS 机制来阐述“总量控制与交易”在降低温室气体排放中扮演的角色，这一讨论对于企业、投资者、金融分析师都很有意义。在限制温室气体排放的总量控制和交易系统下，企业面临新的挑战，必须要理解如何管理新的风险和机遇。金融分析师需要理解企业和所在领域面对的碳风险的特质。除此以外，分析师需要理解新的业务挑战、大宗商品风险和机遇，以及最重要的，由于排放权交易带来的交易机会。金融类、农业类和工业类公司和创业者在这一领域有重要的投资机遇。气候变化也会影响到保险行业、医疗行业、农业生产和资源紧缺。量化和理解气候变化风险的特性对于资产管理和资产组合配置都极为关键。

几类金融产品已经基于 EU ETS 诞生。另外，排放权交易也为金融机构提供了新的机遇，创造了场外市场和新的交易所。和 SO_2 配额相似的新的融资方式已经产生。这一章将为读者提供相关基础知识，帮助读者理解全球变暖相关的资产类别背后的驱动因素。

全球变暖：原因和公共政策回应

主要由于快速的工业化进程，地球大气的温室气体浓度从工业革命开始就一直稳定持续增长。图 4–1 显示了温室气体浓度增长与 19 世纪工业化的开端紧密相关。1958 年，来自斯克瑞普斯海洋研究所的查尔斯 · 凯林运用科学方法测量了地球大气中的 CO_2 水平。

图 4–2 中的凯林曲线就大致标示了每年化石燃料燃烧量的变化，这可以帮助世界将注意力放到全球变暖上来。2013 年 5 月的凯林曲线显示，大气中的 CO_2 浓度已经达到了 400ppm，是至少 300 万年以来的最高水平。[①] 绝大多数科学家相信，大气中 CO_2 水平这一稳定而令人担忧的增长主要是由人类活动导致的（即这一增长是“人为”的）。这正是我们讨论的核心。

① 参见 the Intergovernmental Panel on Climate Change publications， http:// www.ipcc.ch/publications and data/publications and data reports.shtml#.UZUeZUqfVKI。

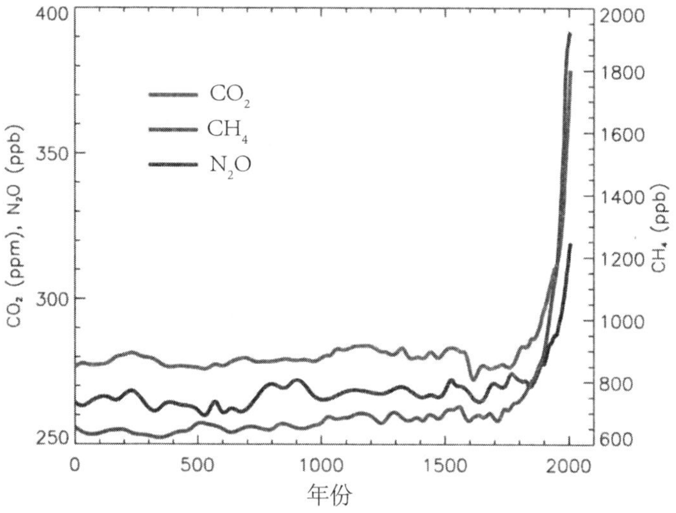

图4–1　温室气体历史浓度

注：1ppb为十亿分之一，1ppm为百万分之一。ppb和ppm都是浓度单位。

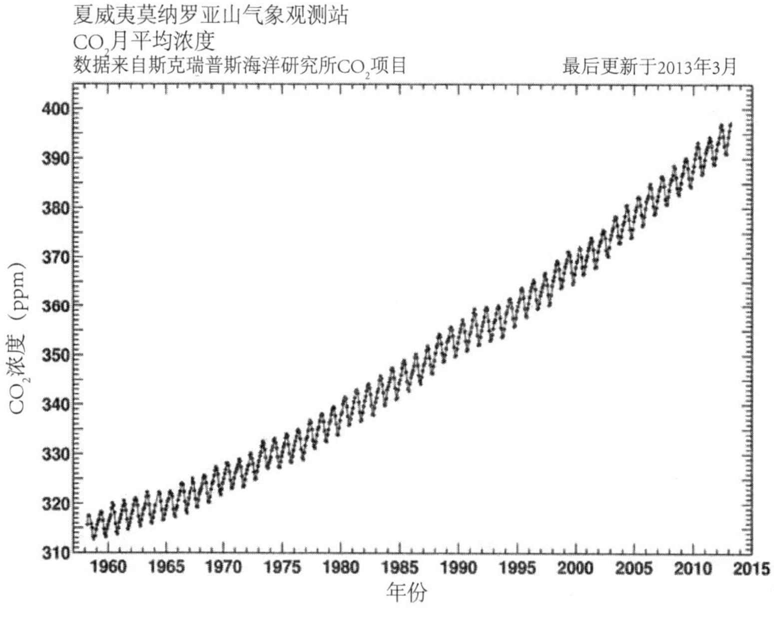

图4–2　衡量大气CO_2水平的凯林曲线，1958—2013年

注：数据在夏威夷的莫纳罗亚山气象观测站（Mauna Loa）测量，最后更新于2013年3月。

在历史上，欧洲、北美以及澳大利亚的发达国家都是温室气体排放的主要贡献者。美国直到近期都是温室气体排放量最大的国家，紧跟其后的是欧盟。而发展中国家的快速工业化进程带来的化石燃料的燃烧，正导致很多发展中国家排放的高速增长。2008 年，中国一跃成为最大的温室气体排放国，年度 CO_2 排放量达到 65 亿吨。[①] 印度（全球第二大人口的国家）也正经历温室气体排放的快速增长。

温室气体排放的来源包括电力公共事业、制造业，以及由于化石燃料燃烧或化学加工副产品而制造出这些污染物的工业企业。普遍认为导致全球变暖的主要污染物是二氧化碳，主要由电力生产、交通运输以及制造业中化石燃料的燃烧排放。其他因素包括垃圾填埋和农业释放的沼气（特别是来自牲畜消化系统的那些）、来自肥料中的氮氧化物、制冷和工业工程中使用的气体，以及本可以储存 CO_2 的森林的损耗。主要的温室气体以及它们的名称如下：[②]

- 二氧化碳（CO_2）
- 甲烷（CH_4）
- 氧化亚氮（N_2O）
- 六氟化硫（SF_6）
- 含氯氟烃（HCFCs）
- 全氟碳化合物（PFCs）

这六种温室气体各有不同的聚热能力，称作“全球升温潜力值”。举例而言，甲烷跟同等数量的二氧化碳相比，效力大概是二氧化碳的 26 倍。为了针对它们的全球升温潜力值进行测量并且将温室气体排放以标准形式表达出来，所有的六种气体的排放都以二氧化碳等值的方式表达。附录 II 详细阐述了这一机制以及它如何与排放权交易相联系。这些机制被详细阐述

① UN ESCAP：*Statistical Yearbook for Asia and the Pacific 2011*，UN Economic and Social Commission for Asia and the Pacific，http://www.unescap.org/stat/data/syb2011/II-Environment/Air-pollution-and-climate-change.asp.

② 一些名称并不是精确的化学公式，而是在环境金融和政策讨论中常用的术语。

出来，告诉我们不同源头带来的温室气体减排的潜在价值以及它们对市场供给和价格产生的影响。

关于气候变化的政策回应主要体现在1997年《京都议定书》(Kyoto Protocol)上，而其源头可以追溯到1992年里约热内卢的地球峰会(the Earth Summit)。地球峰会建立了《联合国气候变化框架公约》(United Nations Framework Convention on Climate Change, UNFCCC)，这也是后来《京都议定书》谈判和达成协议的基础。《京都议定书》2004年再次签署(美国并未签署)，设定的初期目标是在2008年到2012年之间将温室气体排放限定在1990年排放水平基础上下降5.2%。议定书包括从37个国家的工业、电力、制造业板块释放的六种温室气体以及所有排放物，并设定具有约束力的排放目标。签约的各国统一根据历史排放水平和经济发展阶段来决定各自的减排目标。《京都议定书》基于历史排放水平制定排放基准线的行动也和酸雨项目的流程相似。

重要的是，《京都议定书》提供了几种市场化的途径来满足制定的国家目标。《京都议定书》市场机制背后的想法是以最低成本灵活地实现每个国家目标，从而整体上全面实现温室气体减排目标。这些市场机制包括①排放权交易机制；②清洁发展机制，发达国家可以购买碳排放权，称作“核证减排量”(Certified Emission Reductions, CER)，这来自于在不承担温室气体减排承诺的发展中国家开展低碳投资；③联合履约机制，履行减排目标的发达国家能够通过它们之间的低碳排放项目赢得减排单位(emission-reduction units, ERU)。

在《京都议定书》下，欧盟作为一个整体要在1990年排放水平的基础上完成8%的减排目标。欧盟共同承担这一责任：其成员国重新分配它们的《京都议定书》减排承诺，并且启动各自的二氧化碳项目，以欧盟排放权交易机制(EU ETS)作为这一气候政策的核心。因此，一些国家的目标比较激进，另一些则选择了更为平缓的减排之路。有一些甚至可以增加排放量。例如，德国和澳大利亚统一将它们的排放量在1990年水平的基础上降低13% ~ 21%，而爱尔兰和希腊则被允许在1990年排放水平基础上增加 13% 的排放量。[1]芬兰和法国要将它们的排放量稳定保持在 1990 年的水平。《京都议定书》里“泡沫”的目的就在于帮助欧盟完成整体上 8% 的减排目标的同时，“尽可能降低对经济发展和就业的影响”。[2] EU ETS 的核心原则在欧洲委员会 2003 年 10 月 23 日的一项指令中设定。其他碳排放大国的政策制定者，比如中国和印度，可以从欧盟的实践模型中学习，通过在州际和省份之间使用“泡沫”来实现本国温室气体减排目标。

EU ETS 有三个实施阶段：

（1）初始实验阶段，通常被称作 EU ETS 第一阶段，运行时间为 2005—2007 年。

（2）EU ETS 第二阶段为 2008—2012 年，要求实现达成协议的《京都议定书》当期减排目标。

（3）EU ETS 目前实施到第三阶段，即 2013—2020 年。

这些阶段将在这章后面详细讨论。

基于《京都议定书》的机制背景，我们在下一节中将讨论 EU ETS 的实行效果。

公共政策回应的结果

EU ETS 不仅实现了其环境目标，并且有足够的理由相信它花费了最少的社会成本。这一结果由“总量控制和交易”市场机制促成，通过为排放权定价实现了减排目标的灵活性。比如酸雨项目，EU ETS（通过对污染物定价，制定一个减排目标，允许灵活地实现该目标）证明了总量控制和交易模型即使在多国治理多源全球污染物的情形中都卓有成效。

从环境的角度来看，该项目自 2005 年启动开始已经显著地降低了污

① 爱尔兰2008—2011年的平均排放量比基准年份高出11.5%，但是低于2008—2012年13%的分担责任目标，参见 http://www.eea.europa.eu/publications/ghg-trends-and-projections-2012。

② European Council：“Greenhouse Gas Emission Allowance Trading Scheme”，Directive 2003/87/EC of the European Parliament and of the Council (13 October 2003)，http://europa.eu/legislation_summaries/energy/european_energy_policy/l28012_en. htm.

染排放。欧洲环境署声称，不仅是公布的 EU-15（2004 年增加的 15 个欧盟成员国）正在努力实现它们 8% 的减排目标，并且他们已经超额完成了 4.9%，或者说是每年 21 亿 1 千万吨的排放量。欧洲政策研究中心确认 EU ETS 在第二阶段超额完成了减排目标，而超额完成可能是由于 2008 年末的经济衰退导致的。① 这些研究运用整个欧盟范围内的排放和 EU ETS 的部门排放数据，同经济数据一起，表明在减排目标完成的同时，排放密度也显著提高（排放密度指的是每单位产出或 GDP 对应的排放量）。其他关于 EU ETS 在欧盟减排中所扮演的特殊角色的估算指出，仅仅在 2008 这年欧盟的 3% 的减排中，就有 40% 是来自于这个项目。② 另外，这些可以观察出来的减排趋势在 2008 年之后仍一直延续。

注意到欧盟在 GDP 增长的情况下仍然实现了减排，这就意味着低碳经济发展是切实可行的。欧盟经济数据告诉我们，尽管欧盟经济产出已经恢复到 2007 年的水平，污染排放却显著低于 2007 年。同 1990 年相比，EU-27 污染排放下降了 17%，尽管 GDP 增长了超过 40%，制造业增长了 12%。关于对竞争力的影响，一份 2011 年的研究总结了超过 2000 家被 ETS③ 覆盖的欧洲公司的出版成果和数据，结论是尽管一些相关公司和领域表达了担忧，这一项目并未显著影响了收益、就业或者是附加价值。

欧盟排放交易机制

EU ETS 的基本结构和运营机制都同酸雨项目相似。EU ETS 通过分配和交易温室气体来运行，温室气体的排放权被称为 EU 排放权（EU Allowances，EUA）。每个 EUA 代表一吨二氧化碳或二氧化碳当量，它是欧盟排放权的一个交易单位。

---

① Anton Georgiev, Monica Alessi, Christian Egenhofer and Noriko Fujiwara："The EU Emissions Trading System and Climate Policy towards 2050: Real Incentives to Reduce Emissions and Drive Innovation?"，CEPS Special Reports and Climate Change (January 2011).

② "Emissions from EU ETS down 3% in 2008"，*New Carbon Finance* (16 February 2009).

③ C. Egenhofer et al.："The EU Emissions Trading System and Climate Policy towards 2050"，CEPS Special Report (2011).

EUA 作为一系列电子记录被保存在一个电子登记簿中，由欧盟委员会运营并监督。这些网络可访问的注册登记系统涵盖和追踪已发布 EUA 的转移，包括那些希望参与交易的非排放单位（及个人）持有的情况。注册登记系统也用来追踪和监控受监管企业的绑定合规目标和欧盟内部的装置。在每一年年末，欧洲委员会将受监管企业的实际排放量和它们交出的 EUA 相比较。不遵守合规规定的话，除了要交出规定的排放额度以外，还需要缴纳每吨 100 欧元的罚款。实际上，连“排放权”这个名词都是从酸雨项目中借鉴过来的。

然而，酸雨项目和 EU ETS 也有几点分歧值得我们注意。特别是欧盟成员国独立建立自己的 EUA 注册登记系统。这些登记系统再通过欧盟范围内的网络互相连接，以方便配额在不同登记簿之间转移。这个模型和酸雨项目模型不同，酸雨项目中有一个集中统一的登记注册系统来管理所有的配额转移。

建立多个登记注册系统是一项复杂的工程，也造成了早期 EU ETS 项目中一些运营低效和延迟的问题。在最初的时间里，各国建立登记注册系统也会存在一些主权风险问题，这在统一集中的注册系统中就不存在。在 EU ETS 的晚些阶段，一些欺诈交易和配额盗窃事件的发生也是集中统一的注册登记系统可能可以避免的。

EU ETS 是一个比酸雨项目更为复杂的系统工程。它涵盖多个国家以及来自多种领域的多种气体，而不仅仅是电力生产中排放的两种气体，并且它的执行需要通过国际协议而非国家环境保护指令实现。

实施日程安排

这一部分从本项目阶段一的突出部分开始，之后再集中讨论第二阶段及之后的内容。

阶段一

EU ETS 的阶段一开始于 2005 年，比《京都议定书》承诺的首个阶段提前了三年。阶段一被设定为一个“边做边学”的阶段，启动能力建设和基础设施构建的过程，为《京都议定书》的履约做准备。阶段一仅限于二氧化碳排放，欧盟范围内分配的整体排放权配额大致为每年 21 亿吨二氧化碳。

同计划的一样，阶段一让监管者和市场参与者都学到了很多。很多的机构建设，包括排放权交易的硬件设置就是在这一阶段完成的。这一阶段的价格波动反映了发展市场过程中的一些不确定性。在阶段一的早期，围绕欧盟国家的排放权分配的监管不确定性和俄罗斯的正式批准是价格风险的主要来源。阶段一中的两个设计缺陷显露出来，值得更深一步的阐述。

第一，2006 年的欧盟核证减排量表明，欧盟对于排放权存在过度分配的情况。在发展阶段一的时候，欧盟缺乏特定行业和企业过去的可靠排放数据。欧盟允许成员国基于污染者自身的估计来分配排放权，而非基于对过去排放量的核证数据。这一疏忽导致成员国都采用各自的规则来决定本国的排放权分配，并根据排放增长的乐观估计来发放排放权。

这一实践是本项目和酸雨项目的最大不同，酸雨项目是根据每个电力生产单位的历史排放决定分配的排放权配额。酸雨项目教会我们，可靠的测量和监测对于建立一个可行的排放权市场至关重要。

同排放权分配相关的另一个有争议的问题是排放权免费发放。一些批评家指出，这样的排放权分配将带来暴利，特别是在部分放松管制的电力行业。[①] 一份研究估计，阶段一在电力行业的暴利就达到 166 亿美元。[②] 然而，值得注意的是，这些问题不是整个欧盟范围内的而是国与国之间都有所差异的。总而言之，排放权配额的过度供给导致 2006 年 EU ETS 阶段一的配额价格急剧下跌。

在阶段一的后期，配额价格跌到几乎为零。这一结果就暴露出了第二个缺陷，即设计中的结构性错误。在设计 EU ETS 的市场框架时，在项目的阶段一（2005—2007 年）到阶段二（2007—2012 年）之间不允许储存和借贷 EUA。另外，由于这一规定是否会执行的不确定性，市场决定和价格波动会受到影响。按照规则，EU ETS 阶段一中保留在登记簿账户中的配额

---

① 批评家认为，放松监管的电力行业能够将排放权的成本传递给消费者获得暴利，尽管排放权是免费分发给它们的。

② A. Denny Ellerman, Frank J. Convery and Christian de Perthuis：*Pricing Carbon: The European Union Emissions Trading Scheme* (Cambridge, UK: Cambridge University Press, 2010).

在项目结束时会被取消。同预计的一样，任何相关企业持有的没有使用的阶段一配额到时候会一文不值。

这些价格敏感信息的发布也可以管理得更好。接近项目尾声的时候价格下降加剧，是因为配额过量的阶段一企业会将所有的配额存货卖出。加上 EU ETS 阶段一中的配额本来就存在过量分配的问题，阶段一的配额价格在接近尾声时会剧烈下降，就如图 4–3 中那样。

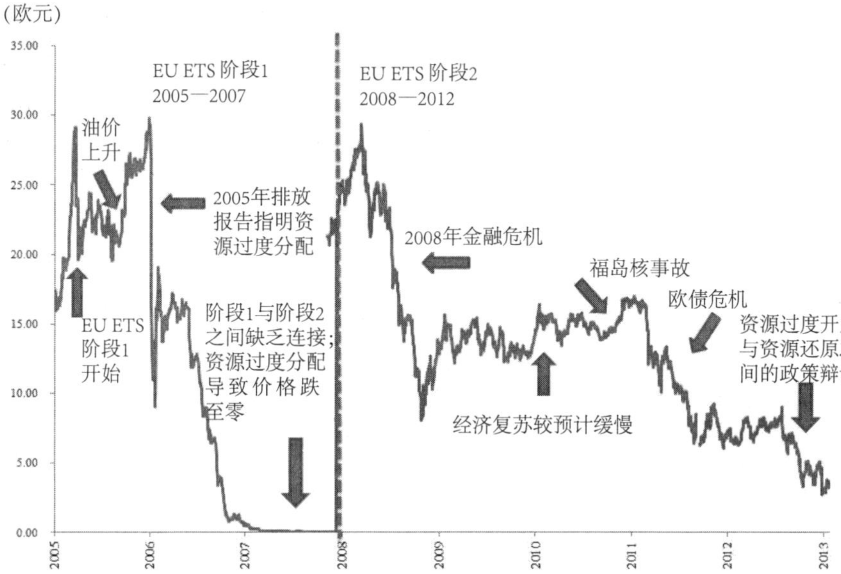

图4–3　EUA的历史价格和价格驱动因素，2005—2013年

资料来源：European Environment Agency Data and Maps，http://www.eea.europa.eu/data-and-maps。

对于这些预期内的价格变化，交易和市商群体做出及时反应并从套利机会中获益。一个精明的交易策略就是做空 2007 年排放权配额并做多 2008 年的排放权配额。这一交易成功获利，因为配额过量以及存储机制的缺失使 2007 年配额价格跌至零，而 2008 年的配额则不再存在同样的问题。

阶段二

这一阶段从 2008 年 1 月贯穿至 2012 年 12 月，刚好和《京都议定书》的首个履约阶段相一致。本阶段包括了《京都议定书》认定的全部六种温室气体（尽管 EU ETS 仍然主要关注 CO_2），并且试图将排放量在 1990 年的水平上降低 8%。2003 年 7 月，欧盟进一步采用了提议，将清洁发展机制（CDM）的抵消配额和联合履约机制（JI）同阶段二以及 EU ETS 的后续阶段相联系。在这一指令下，欧洲污染物排放者可以通过 CDM 和 JI 项目中获得的抵消额来补充它们的减碳措施，以特定的数额为上限。指令提出，这一联结的目的是通过引入多样的低成本合规的选择，实现全球温室气体减排的成本效率。

阶段三

EU ETS 现在正处于第三阶段，将从 2013 年一直延续到 2020 年。阶段三覆盖了 45% 的欧盟二氧化碳排放总量，涉及欧洲 31 个国家超过 11000 家电厂和制造厂。[①] 涉及的污染排放源包括电厂和其他燃烧设施，炼油厂，炼焦炉，钢铁厂，以及水泥、玻璃、石灰、砖、陶瓷、纸浆、纸张和纸板行业。此外，阶段三包括一个单独的排放交易项目，旨在降低航空业的二氧化碳排放。这一阶段的减排为每年 1.74%，即也意味着 2020 年阶段三尾声的时候，欧盟范围内的温室气体排放量将比 2005 年降低 21%。

第四个交易阶段估计是从 2021 年到 2028 年。图 4–4 显示了项目不同阶段的排放限额。

市场规模

按照每年配额量大约 20 亿 EUA，每一单位配额价格 6 美元计算，EUA 市场的整体名义价值大约为 128 亿美元。EUA 的交易量远超出每年的分配量，这就意味着市场规模是分配量的几倍。一部分原因是交易包括为了未来履约而开展的远期交易以及资产组合投资者、做市商、投机者开展的交易。因此，二级市场逐步成熟。2011 年，总计 79 亿的 EUA 被交易，代表的价值高达 1488 亿美元。

要正确认识这一数量，请思考一下 2011 年“碳作物”的价值超过了同期美国玉米、小麦、大豆的生产总值。[②] 图 4–5 展示了从 2006 年开始

---

① 参与EU ETS的国家是欧盟27国加上克罗地亚、冰岛、列支敦士登和挪威。

② 美国农业部作物的产值为：玉米769亿美元;小麦143亿美元;大豆385亿美元(资料来源：National Agricultural Statistics Service, U.S. Department of Agriculture)。

EU ETS 市场的历史增长情况。同分配相比，排放权的交易量巨幅增长。从 2008 年起，市场交易量每年都超过排放权的分配量。衍生品行业定义的成熟市场的一大特征就是增长的换手率。EU ETS 在 2011 年的交易量接近于四倍的排放权分配量。

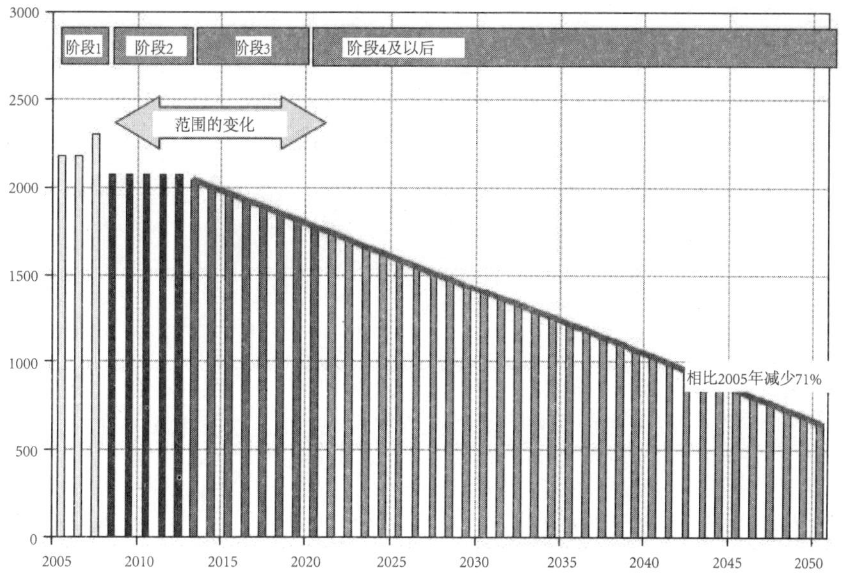

图4-4　EU ETS不同阶段的限额，2005—2050年

EU ETS 市场颇具流动性，这对于降低交易成本和改善市场效率都极为重要。有组织的交易所创造的经济价值在于通过价格的透明度来缩小买卖价差。进一步需要阐述的就是，最初的 EU ETS 买卖价差在 0.20 ~ 0.25 欧元。至 2010 年底，这一价差缩小到了 0.02 欧元，为欧盟节省了超过 10 亿欧元的价值。

交易 EUA 排放权可以通过多种途径，包括双边交易、现货市场，以及期货和期权市场。大约十个受监管的大宗商品期货交易所提供套期保值产品来管理 EU ETS 的风险。最小的一个部分是现货市场，大约有 28 亿美元的交易额，代表了大约 2% 的欧盟交易总量。EUA 期货价值为 1308 亿美元，占据了全部 EUA 交易的 88%，是该市场中最大的一部分。期权市场的交易额大约为 142 亿美元，占据了 10% 的 EUA 交易量。

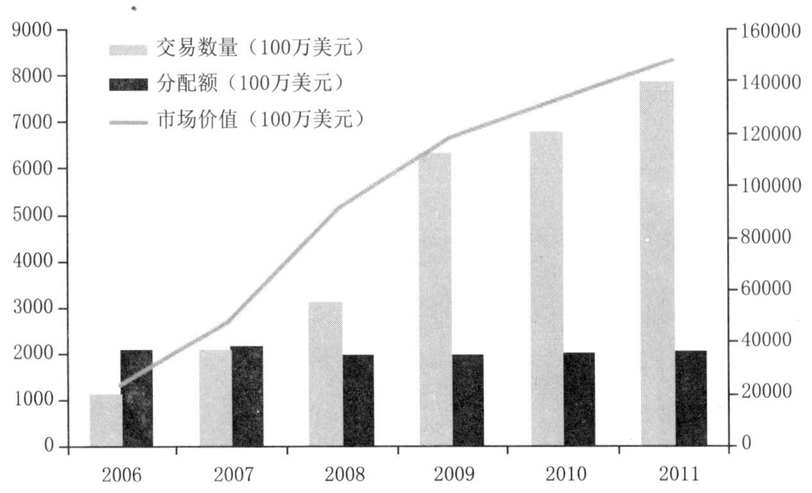

图4–5　EU ETS市场数据，2006—2011年

注："分配额"指的是欧盟强制减排中最初分配给各实体的配额。"交易数量"是指在一年内欧盟配额交易的数量。"市场价值"是指在给定年份交易的市场价格和数量的乘积。

CER 和 ERU 市场要比 EUA 市场小得多。2011 年，CER 和 ERU 的总交易量只有大约 230 亿美元，代表了大概 18 亿吨的排放权。CER 的交易代表了大约 97% 的交易额。采用同 EUA 相似的交易机制，绝大多数 CER 和 ERU 的交易量是通过期货和期权工具完成的。不同工具的交易量和交易价值详见表 4–1。

表4–1　2011年温室气体市场组成

	交易量（$MtCO_2e$）	交易额（百万美元）
EUA	7853	147848
CER	1734	22333
ERU	76	780
总计	9663	170961

注：$MtCO_2e$ 为百万吨二氧化碳当量。

价格历史

EU ETS 阶段二排放权价格的早期估计不但过于乐观而且立足于排放权价格不断增长的基础上。EUA 的价格预期以及实际的市场价格显示出和二氧化硫排放权市场惊人的相似性。表 4–2 给出了不同研究中对于阶段二排放权的价格预测区间。实际上 EUA 排放权 2008—2013 年的实际价格比这些乐观预测要低得多。从 2009 年初的投资角度来看，将这些预测值和实际的 EUA 价格相比较，可以得出，买入排放权是一个很好的投资机会。然而，EUA 的历史价格表明，决定长期持有排放权恰恰是不正确的。图 4–3 阐述了驱动价格波动的主要因素。

表4–2　EUA价格预测区间

来源	范围
Point Carbon的工业调研（2007年6月）	每单位排放权30 ~ 35美元
Point Carbon的工业调研（2008年10月）	每单位排放权30 ~ 45美元
德意志银行（2007）	每单位排放权35美元
兴业银行（2010）	每单位排放权22 ~ 60美元
欧洲排放权价格趋势预测[1]	每单位排放权15.5 ~ 33.6美元

注：[1] J.J. Barberis, M. Prada and A. Tignol：La regulationdes marches de CO_2，Ministere de L’Ecologie 2010， Mongraphie 18730 (French)。

确定的是，EUA 价格的早期预测将一些成本高昂的技术解决方案也考虑了进去。电厂可用的技术解决方案包括新兴的碳采掘和储存技术，这在每单位排放权 30 ~ 55 美元的价格区间范围内变得可行。① 相似的，可替代的燃料技术，比如太阳能光伏和集中的太阳能，在排放权价格高于每吨

① McKinsey & Company：“Pathways to a Low–Carbon Economy”，McKinsey & Company(January 2009)，https://solutions.mckinsey.com/climatedesk/default.aspx;Luis M. Abadie and Jose M. Chamorro：“European CO_2 Prices and Carbon Capture Investments”，*Energy Economics*, Vol. 30, No. 6 (November 2008): 2992 – 3015; Richard G. Newell,Adam B. Jaffe and Robert N. Stavin：“The Effects of Economic and Policy Incentives on Carbon Mitigation Technologies”，*Energy Economics*, Vol. 28, Nos. 5 – 6 (November 2006): 563 – 578; Ram C. Sekar, John E. Parsons, Howard J. Herzog and Henry D. Jacoby：“Future Carbon Regulations and Current Investments in Alternative Coal–Fired Power Plant Technologies”，*Economic Policy*, Vol. 35 (2007): 1064 – 1074; Dag Martinsen, Jochen Linssen, Peter Markewitz and Stefan Vogele：“CCS: A Future CO_2 Mitigation Option for Germany? A Bottom–Up Approach”，*Energy Policy*, Vol. 35, No. 4 (April 2007): 2110 – 2120.

28 美元的时候是经济上可行的。在欧洲，最新的一份报告指出，要将高污染的燃煤转换为天然气，需要 35 ~ 40 美元的排放权价格。兴业银行估计，公共事业单位将以每吨 EUA30 欧元的价格投资于清洁能源。

同酸雨项目一样，多个因素的组合决定了 EUA 的价格。除了可以帮助企业实现减排的其他技术方法，比如燃料转换和能源效率的提高，另外的重要因素就是所谓的存储规定。这些规定让企业得以跨期管理 EUA 的需求，从而让价格保持稳定。（这一方法也在酸雨项目中被频繁使用，这在第 3 章中介绍过。）EU ETS 的其他价格决定因素包括经济冲击和监管政策的不确定性。我们将在本章讨论这些方面的发展。

首先，2008 年的全球金融危机就是降低了全球工业生产从而导致减排的重要经济冲击。EUA 排放权的价格跌到了每吨 15 欧元之下。经济危机之后，EUA 价格保持在低位，因为欧洲的经济增长低于预期。其次，今年来欧洲面临严重的政府债务危机，EUA 价格 2011 年下降到每吨 10 欧元以下，并在 2012 年持续下跌。

不幸的是，正如酸雨项目中已经证实的，EUA 排放权市场遭遇的最大冲击恰恰是主权风险。记住排放权市场之所以会存在，主要是因为监管机构规定了一个排放上限。欧洲碳市场由于种种原因目前存在严重的供给过量的问题。预计到 2020 年阶段的过度供给量大概在 14 亿吨。欧盟由于经济低速增长、债务危机以及政府的紧缩政策，至今仍未解决供给过度的问题。业界分析师认为，由于主权风险的原因，EUA 价格可以在中期或者长期保持低位。回想一下，EUA 市场价格表示，根据这些冲击，投资者应该已经卖出了排放权。

EUA 市场被进一步抑制主要是因为该市场对于解决排放权过度分配问题缺乏相应的解决政策或政策滞后。尽管欧盟已经用一种经济高效的方式超额完成了规定的减排目标，欧盟仍在考虑一个叫作“折量拍卖”（back loading）的决定，以限制额外的排放权导致价格下跌。在这一问题上无法达成一致意见已经导致 2014 年的 EUA 价格下降到 5 欧元以下。我们相信，管理这个问题的最好方式是将注意力集中在进一步的减排目标上。

由于实行价格下限的关系，改变减排目标在政治上并不可行。这一机制已经在加州总量控制和交易以及区域温室气体启动项目中采用，这将在本章的后面部分进行讨论。

价格决定因素

在监控和分析市场和价格发展时，金融分析师需要理解这些价格驱动因素如何相互作用，哪些因素的权重最大，最后，在何种程度以及何种情形下，这些因素会对排放权价格产生影响。受 EU ETS 影响的企业需要被告知它们的交易及风险管理、投资决策以及减排选项情况。这些决策覆盖了很宽泛的专业领域，包括 EU ETS 产生的技术、管理、金融以及法律问题。

EU ETS 排放权价格同两类因素有关：长期、系统性因素，比如政策和监管发展、减排技术的进步、税务和会计相关问题；以及能源市场发展，比如电力传输问题（比如，新的线路，以及规定开放端口的监管）。能源市场的发展不仅会影响电力生产水平，也会影响排放权价格。长期而言影响煤炭使用的发展因素，比如煤炭运输基础设施和定价，将改变选煤的经济学，从而影响排放水平。正如大多数大宗商品的情形，长期的宏观经济变量也同样重要，比如人口增长、人口统计，以及天然资源的稀缺。这些都会影响价格。

短期的温室气体排放权的消费波动主要受到以下因素的影响，尤其是影响电力产出和电力产出组成的因素。电力生产受到经济活动，特别是工业生产活动的影响，也受到天气条件（通常以供暖和制冷温度天数来衡量）的影响。电力生产的组成（特别是化石燃料厂产生的总产出份额）受到核电的可用性、可再生能源、水电生产资源以及可替代低排放燃料价格的影响，而其中的任一因素都可能受到政府支持和其他政策的影响。

许多影响二氧化硫排放权市场的驱动因素也影响着温室气体排放市场，因为大多数温室气体排放同二氧化硫排放物一样，都来自于化石燃料的燃烧。与其再次讨论这些因素，我们接下来将集中讨论温室气体特有的影响因素。

技术选择

最基本的选择包括燃料转换和能源效率，尽管其他一些选择也可能适用。

燃料转换

同酸雨项目中的案例相似，燃料转换是排放者为了满足 EU ETS 履约目标而使用的主要渠道。研究证明，80% 的减排产生于 EU–15，大部分在能源领域。减排主要来自于已经发生或预期内的碳价格的上升导致燃料由煤炭转换为天然气（燃料转换）。① 仅在阶段一，电力领域的燃料转换就贡献了 5300 万到 9800 万吨的减排量。② 西班牙的公用事业单位 Iberdrola 报告称，已将 63% 的煤炭燃料转换为天然气燃料，并且在 2008 年前三季度将天然气的生产提高了 52%。③ 同样的，另一家西班牙公司 Uni'on Fenosa，在 2008 年前半年将燃煤生产降低了 42% ，将天然气生产提高了 38%。④ 西班牙电力领域 2008 年净发电量尽管有所增加，但排放量仍然实现了下降。这很好地说明了经济增长和低碳转换可以同时实现。

在电力领域观察到的趋势在工业领域也在发生。2006 年，SABMiller（一家总部在伦敦的跨国酿酒和饮料公司）在它的酿酒厂中使用了燃料转换技术，实现了 12% 的碳强度的改进（下降）。⑤

能源效率

电力部门的另一个途径是升级电厂的效率。Drax 集团（英国的一家大型燃煤厂）同时也是欧洲顶级的五个排放源之一，就运用了这一策略。为了应对 EU ETS，2007 年该公司投资了大约 1 亿欧元来升级其涡轮，又投资了另外 8000 万欧元将它的可再生生物量煤炭混合燃料设备增加了 5 倍。这些措施共同实现了该厂 15% 的减排，除此以外，还获得了可以货币化的可再生能源证书（REC）。金融分析师必须注意，这一投资的回报是同时通过

① Ellerman et al.: *Pricing Carbon*, op. cit.

② 然而，值得注意的是，尽管第一阶段是热身阶段，公司都为即将来到的第二阶段的更严格限制做好提前计划。因此，他们投资于符合未来规定的最好方法。

③ "Spanish Utility Iberdrola Cuts Carbon Emissions", *Point Carbon* (23 October 2008).

④ "Union Fenosa Switches from Coal to Gas", *Point Carbon* (16 July 2008).

⑤ "SAB Miller Cuts Carbon Intensity 12% in 2006", *Point Carbon* (4 July 2007).

燃料节约和 REC 获得的。

另一个公共事业单位，捷克共和国的 CEZ 集团，采用了一系列效率措施，比如重建供给泵、冷却泵，以及更换锅炉和涡轮。这些升级已经展开，比计划更早实施。这些措施在 2005 年耗费了 CEZ 另外的 2100 万欧元，[①] 但是通过出售这个项目节省的 EUA，CEZ 最后不但偿付了所有的成本，还盈利了 7700 万欧元。德国的 RWE 集团应对 EU ETS 的方式是将能源效率和化学燃料减排技术的研发投资提高 32%。[②] 其他的单位也做了同样的事。波兰计划了 800 兆瓦的燃煤厂，由 RWE 和波兰公共事业单位 Kompania Weglowa 在 2015 年建造，预计将会带来 46% 的效率提升，而波兰燃煤厂的提效参照水平是 33%。[③]

其他技术途径

EU ETS 的经验包括特定行业的减排渠道。举例而言，混合水泥的制造中，就涉及在水泥行业二氧化碳密集的矿渣中将诸如粉煤灰这些附加物部分替代，实现大规模的减排。[④] 尽管混合水泥并不仅仅归功于 ETS，它的生产确实对 ETS 履约产生了作用。CEMEX UK 在埃塞克斯的 120 万吨混合水泥设施通过粉灰煤和矿渣这些替代品将二氧化碳的排放减半。研究也同时表明，EU ETS 引起了管理者的行为变化，鼓励更多的投资进入能源效率领域，从大型的投资中获得了最大的收益。

目前，还不存在类似于二氧化硫除尘技术的、在技术上和经济上可行的温室气体减排方法。电力领域最为接近的方法就是碳收集和储存（CCS）技术，这对于减排可以产生巨大的影响。CCS 包括收集大型燃料厂制造的 CO_2，将其压缩运输，然后将其深度注入岩层中悉心挑选的安全地点，将其永久地储存。CCS 技术仍然处于早期发展阶段，然而，在目前的碳价格下经济上并不可行。

---

① Ellerman et al.：*Pricing Carbon*, op. cit.

② “EUA Cost RWE 1 Billion in Jan - Sept 2008”，*Point Carbon* (4 July 2007).

③ “RWE to Build New Coal Plant in Poland”，*Point Carbon* (4 July 2007).在这里效率的定义是用同样的煤炭量燃烧能够生产更多电的能力。

④ 渣块是小块的块煤或结节，通常来自于石灰石，被磨成水泥，这是水泥制造中二氧化碳的一种密集的投入。

监管问题

影响所有总量控制和交易市场的最大因素是政策和监管框架，因为这些市场都是通过政治决策以法律的形式，或者通过公共或私人的契约形式施加总量控制。因此，法律、法规以及操作指引的变化可以对市场和价格形成产生极大的影响。另外，关于排放权交易（包括发行、出售、购买、互换，等等）的附加税和财务会计的规范或是征税指引可能会影响到它的交易进而影响价格。任何旨在分析和预测市场和价格发展的人都需要理解政策的角色和潜在影响。

存储和借贷机制

排放权交易系统的一个重要的灵活机制是公司可以转移和存储一个履约期内多余排放权的能力，从而可以在未来的履约期内使用。这一选择帮助具有跨期风险的公司更好地管理其碳敞口。举例而言，具有多余排放权并预期排放权需求会增长（无论是外部市场还是内部为了未来合规而产生的需求）的公司就可以为未来几年储存这些排放权。相反的，由于大多数情况下整个履约期的碳排放权是提前发行的，公司就可以从未来借入排放权来满足当期的履约要求。借贷的选择可以看作是公司的一个减压阀，因为极端气候条件可能会对某一年度的排放权平衡产生重要影响。限制或取消存储和借贷机制的话，排放权价格就主要受到当期履约需求的影响，就可能会影响到短期的基本面，增加市场波动却不能对长期的环境履约起到提升作用。

正如第 3 章所示，酸雨项目允许了将排放权存储起来供未来使用。这一机制让电厂得以跨期管理它们的履约需求，在二氧化硫项目的启动阶段在维持价格稳定方面扮演了重要角色。EU ETS 的故事展示了这一政策缺位导致的负面后果。正如已经讨论的那样，缺乏 EU ETS 阶段一和阶段二之间的存储机制（ 政策制定者不愿意在边做边学阶段和京都履约阶段之间构造一个桥梁）是阶段一价格跌到几近于零的主要原因。

监管不确定性

在管理排放权交易项目方面缺乏政策确定性对于排放权价格有重要影响。在 EU ETS 中，无数的监管冲击——包括总体减排目标的不确定性、中间排放目标的不确定性、分配数量和方法方面的不确定性，存储和在未来使用过去排放权机制的不确定性，监管其他项目相关市场的不确定性，以及项目未来地位的不确定性——都会影响排放权价格。

监管影响 EU ETS 价格的案例不胜枚举。在项目早期，全国排放权分配总量以及每个欧盟成员国在各个工业领域分配到的排放权数额都具有极大的不确定性。自然地，这一不确定性对于依赖煤电的欧盟大型经济体具有更大的影响，比如说德国。最近，关于解决 EUA 低价的合理机制的辩论正在展开，比如折量拍卖 EUA，已经构成了价格波动的主要原因。市场参与者最好能够关注这些发展的动态。

潜在抵消

碳和温室气体在大气污染物中都很特别，因为它们来自于不同的污染源，也有不同的方式减轻污染。多种二氧化碳吸收槽和温室气体破坏技术都扮演着温室气体排放的抵消渠道。[①] 这一情形激发了一个抵消市场的发展，即使用温室气体减排项目中产生的抵消排放权，在监管的限制内，完成履约目标。寻求抵消的技术案例包括能源效率、可再生能源（风、水以及生物量）、工业流程的改进，以及动物肥料的甲烷清除技术。（抵消机会在酸雨污染物中并不存在。）

EU ETS 不允许在欧盟内部生产抵消信用。然而，这一项目确实允许使用《京都议定书》的履约工具，比如为了 EU ETS 履约的核证减排量（Certified Emission Reductions，CER）。CER，一种碳排放权或排放信用，旨在帮助发展中国家实现可持续发展，最终实现大气中温室气体浓度的稳定。理论上说，EUA 价格被 CER 的供给以及其他监管因素影响。然而，实际上，EUA 定价并不受到 EU ETS 中的 CER 连接的影响。CER 在阶段一中没有使用，因为直到 2008 年才有大量的 CER 发布。在阶段二，欧盟对于可以用作履约的 CER 比例施加了一个清晰的年度排放限额（13.4% 的现存 CER）。同时，CER 由于产国和类型的不同，蕴藏着一些主权风险。考虑到这些因素，这一联系不会显著地影响 EUA 价格。

① 碳槽是一个天然的或人工的蓄碳库，不定期地积累和储存一些含有碳的化合物。

碳作为创新催化剂存在于欧洲

EU ETS 的直接结果是欧盟内几项创新技术的实施。在一些情况下，这些技术为生产它们的公司创造了新的产品和收入渠道。这里将给出三个这样的创新途径的案例。

案例 1　造纸和纸浆工业的燃料转换

造纸和纸浆工业是温室气体排放的重要来源。这一行业大约有 7%EU ETS 下受监管的企业。EU ETS 是瑞典造纸和纸浆工业中节能减排的主要原因。估算表明，在这一行业的能源使用的改进和燃料转换能为瑞典带来价值 1200 万美元到 3500 万美元减排价值。

瑞典的 Södra Cell Värö 纸浆厂就成功地将其所有的化石燃料源转化为碳中性燃料源。尤其是为了制造蒸汽，造纸厂使用纸浆木消化产生的被称作“黑色溶液”的副产品以及废树皮。这些生物燃料生产了该厂的 99% 的电力。同时，该厂还向电网出口了将近 65000 兆瓦的电力，并满足了附近城镇将近一半的供热需求。

另一家瑞典造纸和纸浆公司 Chemrec，已经在黑色溶液方面研发得更为深入。该公司用工业副产品制造可再生的发动机油和电力。Chemrec 声称，它的黑色溶液发电机油可以满足多达一半的瑞典卡车的能源需求。这一案例阐释了创新型的公司不但使用 EU ETS 来转换自身的能源，还发展出了额外的产品和业务线来使得其原有产品线增值。

案例 2　二氧化碳施肥园艺

二氧化碳对植物来说是一种重要的能量源，并且二氧化碳施肥在农业中已经获得重要的应用。荷兰皇家壳牌的冶炼厂已经创造性地使用烟囱中的二氧化碳排放来促进荷兰的商业园艺。

壳牌在鹿特丹的石油冶炼是欧洲最大的一家。它每年大约排放 6000 万吨的二氧化碳，占到了荷兰温室气体排放的近 3%。该单位从其烟囱中抽取了大约 35 万吨的二氧化碳并用其滋养了 500 个大型园艺温室。被循环使用的二氧化碳代替了每年 9500 万立方米的天然气对温室加热。这一技术并不是新发明，但它只有在 EU ETS 征收碳价格的时候才在经济上可行。对于壳牌来说，分流和改进它的烟囱排放就意味着获取额外的 EUA，并且对温室经营者而言，它意味着节约温室供热。这一交易对于壳牌和温室经营者而言是一个双赢的局面，即使影响该项目的 ETS 规则改变之后，这一交易也照样开展。

案例 3　废弃热量作为能源使用

废物焚烧的副产品是热量。EU ETS 给了企业动力来获取这些废弃热量并将它们作为一种能源使用。Twence（一家荷兰的区域性废弃物企业）就抓取了它废物焚烧时产生的蒸汽并用于发电。Twence 和 AkzoNobel（一家盐业公司）就联合开展了一项与蒸汽有关的创新项目。在它们的协议中，Twence 通过管道将其蒸汽运输到 AkzoNobel 盐厂。AkzoNobel 将蒸汽用于盐的制造，替代天然气来蒸发盐水。AkzoNobel 每年节约了大约 4000 万立方英尺的天然气并由于该项目得以实现了每年 7.2 万吨二氧化碳的减排。该项目是 EU ETS 带来的另一个直接成果。

投资于温室气体这一资产类别

EU ETS 引起了碳方面的新型投资机会。最直接的就是参与碳排放权的交易。这一战略可以通过许多碳交易经纪商和交易所来帮助实现。基金经理和个人投资者可以通过多种方式来应对碳风险和机遇。

首先最显而易见的机遇是分析企业的碳资料或投资，判别它们碳路径相关的成本。自然而然的，更多使用化石燃料燃烧的领域（比如公共事业单位、油气厂以及水泥厂）也具有更高的碳风险。相似的，分析员可以发现由于监管和运营差别而产生的碳风险暴露的地理或区域上的区别。特别是跨国公司，需要管理多国运营带来的大范围的碳机制风险。资产组合中的碳负债可以通过在同一领域从持有碳密集公司转移到非碳密集公司来进行管理。这么做，领域内的碳配额仍然没有改变。投资者也可以对它们的投资组合采用碳权重的方法并定期重新平衡，以达到碳风险敞口方面的最优化。目前已经存在一系列优化碳敞口相关的指数产品，包括标普美国碳效率指数（S&P U.S. Carbon Efficient Index）、瑞银欧洲碳优化指数（UBS Europe Carbon Optimized Index）、德银铂金收益碳艾尔法 TR 基金（DB Platinum CROCI Carbon Alpha TR Fund），以及法国巴黎银行欧洲低碳 100 指数（BNP Paribas EasyETF Low Carbon 100 Europe）。

以下的部分要讨论的是，投资者可以通过无数方式实现碳投资，从大宗商品市场到碳项目发展基金。

大宗市场

最直接参与碳相关投资的方式是参与 EUA 排放权现货、期货以及期权市场交易。最大的交易 EUA 现货和期货的交易所是洲际交易所（ICE）、芝加哥商业交易所（CME）、欧洲能源交易所（European Energy Exchange）以及纳斯达克 OMX（NAXDAQ OMX）。ICE 已经成为欧洲排放权的最主要的交易场所，占有 EUA 期货市场超过 90% 的交易所交易基金（exchange-traded fund，ETF）市场份额。一个有趣的地方是 ICE 的 EUA 期货交易量超过了布伦特原油期货。

股权工具

基于气候风险敞口的选股风险可能会对整体的投资组合回报以及风险都产生影响。对投资者而言愈发重要的是像关注财务绩效那样去关注环境绩效。其中重要因素包括一个企业的 EUA 敞口、排放权、能源效率，可替代能源方面的涉足，以及减排可用的其他方法。由一家环境成本审计公司——Trucost 所做的英国股权基金的碳风险分析发现，不同企业、领域和区域的碳成本具有巨大的差异性。[1] Trucost 分析了 118 个股权资产组合持有的 2380 家上市公司，发现二氧化碳等值的总敞口规模为 1.34 亿吨，二

① Trucost："Carbon Risks in UK Equity Funds"，*Trucost* (6 July 2009)，http://www.trucost.com/uploads/downloads/Carbon_Risks_in_UK_Equity_Funds.pdf.

氧化碳潜在排放权成本在 16 亿到 76 亿英镑之间。[①]尽管不同基金之间的差异很大，平均而言，整个资产组合的碳足迹是每 100 万英镑的投入相当于 582 吨的 CO_2。面临巨大碳风险的领域包括公共事业、基础能源、建筑、石油和天然气，以及食品和饮料行业。整体来说，资产组合中碳足迹的四个主要贡献者为德国莱茵集团（RWE AG）、国际电力（International Power）、美国电力（AEP）以及英国石油（BP）。

交易所基金和票据

交易所基金（ETF）和交易所票据（exchange-traded notes，ENT）也为了对 EUA 感兴趣的散户而存在。大多数工具通过持有 EUA 期货合约创造了敞口。其中一些工具如下：

· iPath Global Carbon ETN（NYSE Arca:GRN[②]）。这一产品在 2008 年 6 月发布，追踪巴克莱资本全球碳指数整体收益（Barclays Capital Global Carbon Index Total Return）。[③]这一指数目前包括两个碳相关信用：EUA 排放权（88%）和 CER（12%）。

· ETFS 碳 ETC（LON：CARB 和 CARP）。这两个产品被设计用来追踪碳排放权期货的价格。它们跟踪在伦敦的 ICE 期货市场交易的 ICE ECX EUA 期货合约。CARB 和 CARP 以撮合荷兰皇家壳牌集团实体购买的全额互换合约为支持。该产品 2008 年 10 月上市，以英镑（CARP）或欧元（CARB）计价交易。

清洁技术公司

选择提供清洁技术的公司让投资者可以直接接触到碳资产。近几年，由于气候和可再生能源政策的发展，清洁能源的使用剧烈增长。2012 年，

---

① 二氧化碳等价描述的是和二氧化碳数量的一种关系，指的是在特定的时间范围内（一般是100年）的温室气体及其混合物产生和二氧化碳同样温室效应的数量。

② NYSE指的是New York Stock Exchange 纽约证券交易所，下同。Arca为电子交易系统的名字。其后还有LON表示伦敦证券交易所，NASDAQ表示纳斯达克证券市场，TYO表示东京证券交易所，CPH表示哥本哈根证券交易所，SHA表示上海证券交易所，HK表示香港证券交易所，MCE表示中美洲商品交易所，BOM表示孟买证券交易所，FRA表示法兰克福证券交易所。冒号后面的GRN等，即为公司代码。

③ 巴克莱碳指数将在第8章讨论。

清洁能源领域创造了 88 千兆瓦的额外产能和 2690 亿美元的投资。清洁能源技术投资的具体形式包括投资太阳能、“智能电网”、风能、生物燃料，以及产品相似的公司。

由于面板制造的成本剧降以及第三方融资和零售投资的发展，太阳能已经获得了极大关注。随着 1260 亿美元的投入，太阳能技术吸引了比其他清洁能源都要多的投资。这类公司中的翘楚有尚德电力 Suntech Power（OTCBB:STP），它是太阳能板的最大制造商；第一太阳能 First Solar (NASDAQ:FSLR)，它生产低成本薄膜的太阳能板；夏普 Sharp Solar（TYO：6753）；以及英利 Yingli Green Energy（NYSE:YGE）。中国、欧洲以及美国是 2012 年太阳能投资的领先市场。

风能一直以来都是清洁能源组合中的重要组成部分。2012 年，这一领域吸引了大约 730 亿美元的投资。从市场份额来看，顶级的风能生产公司有德国的维斯塔斯 Vestas Wind Systems（CPH:VWS）；中国的华锐风电（SHA:601558）和金风科技（HK:2208）；西班牙的歌美飒 Gamesa（MCE:GAM）；德国的 ENERCON（AU：PVT company）和西门子（NYSE:SIEMENS）；印度的苏司兰能源 Suzlon Energy（BOM：532667）；以及美国的通用电气风能（NYSE:GE）。

另一个令人激动的发展是智能电网技术。智能电网让公用事业单位和消费者通过智能技术进行交流，从而实现更好的能源使用和可靠性。已经有一些公司介入这一新兴的技术和相关的基础设施领域。主要的参与者包括瑞士公司 ABB（NYSE：ABB）；Aclara Technologies（FRA：ET7），一家同时也发展高级量测基础设施的智能电网服务商；Alstom Grid（pvt），向电力领域提供设备和服务；通用电气（NYSE:GE），提供智能电网的硬件和软件服务；以及西门子，它的智能电网资产组合包括开关和保护装置、变电站自动化，以及风和太阳能产品。

发展和建立碳获取和存储技术的公司创造了另一类投资机会。大多数服务电力领域的大型公司都包含其中，包括哈里伯顿 Halliburton（NYSE:HAL）、凯洛格布朗路特 KBR（NYSE:KBR）、壳牌 Shell（LON:RDSA）、福陆 Fluor（NYSE:FLR）、ABB（NYSE:ABB），以及三菱重工 Mitsubishi Heavy Industries（TYO:8058）。

参与改进能源效率的公司包括：西门子、联合科技（NYSE:UTX）、江森自控 Johnson Controls（NYSE:JCI），以及 ABB。

相关的机会也存在于运输领域。运输领域（仅次于电力生产的第二大污染排放源）已经在往更清洁的方向发展。电子汽车公司（比如特斯拉汽车 NASDAQ：TSLA）、天然气运输（比如清洁能源燃料公司 NASDAQ：CLNE），以及省油的航空运输（欧洲航空防务航天公司和波音公司 NYSE：BA）都值得关注。EU ETS 不包括运输，因此，从本章的重点来看，我们并不深入研究这些公司和技术的细节问题。

气候基金

投资者也可以考虑投资于气候解决方案的领域。这一领域包括的子领域有能源效率、清洁技术，以及可再生能源供给。特定投资于这些提供解决方案的公司的基金案例如下：

· **Jupiter 气候变化解决方案**（FGV7：FSX；ISIN:LU0300038618）。[①] Jupiter 是建立于卢森堡的一个开放式基金，它的目标在于通过投资全球的公司获得长期的资本增长。这一基金投资于提供环境改善和帮助适应气候变化的公司的股权和股权相关证券。这一基金在法兰克福上市。

· **F&C 全球气候机遇基金**（ISIN:LU0318451738）。这一基金致力于通过将 2/3 的总资产投资于可替代能源、能源效率、可持续移动、废物管理、尖端物料、林业和农业、水、适应环境以及支持服务等领域活跃的公司的股权和股权相关证券。

上市的气候公司

另一个直接参与碳市场的方法是持有首次公开发行股票的碳排放权公司的股票。一些公司在 EUA 市场顶峰的时候进行了首次公开发行并上市交

① FSX 是法兰克福证券交易所，详情参见http://www.boerse-frankfurt.de/en/funds/jupiter+climate+change+solutions+-fonds+LU0231118026。

易。包括对创造和持有排放权或抵消额有兴趣的公司——即项目开发者和开发基金——同时还有参与排放权交易辅助服务的公司。（大宗商品交易所就属于辅助服务的那种。）

上市的碳项目发展基金

这一类的基金类别包括碳排放权制造项目的发起者和发展者，以及碳信用的交易者。这些基金的投资策略包括运用资本以合理价格购买碳信用，或者参与到同碳信用价格相关的资产中。这些策略包括①通过股权和债权工具投资；②购买远期排放权以及清洁能源项目和公司的利益。清洁能源项目的投资包括废弃物发电、水力发电、生物柴油生产、碳交易经纪、农业化粪池以及风力项目。

这些基金管理一些类碳相关资产。这些资产包括 CER、私募股权投资、现金和其他资产。资产组合公司争取通过衍生品市场和场外合约将碳资产商品化。

过去，这些基金中的几家依靠碳方面的收入才维持资产负债平衡。然而，全球碳市场经历了巨大的政策不确定性，这些不确定性一部分来自于美国在《京都议定书》（the Kyoto Protocol）下气候变化的不作为，也来自于金融危机以及伴随而来的经济减速。这些宏观事件导致 2008—2013 年期间碳资产的重大损失。碳排放权市场价格下降，特别是 CER 价格下降，引起了许多企业的损失。回过来看，投资者其实可以通过做空这些基金获利。[①]

对于很多上市碳基金而言最重要的教训是公司的资产基础和碳价格之间的高度相关是一种风险。

上市交易所

另一个值得注意的环境投资是上市交易所。注意到交易所的估值更多地和交易量而非交易价格有关。当市场波动性提高，交易所通常会有更大的交易量和更多收入。其中一个就是气候交易所集团。[②]

---

① 尽管这些基金当中的很多并没有成功盈利，这一现象不能被错误解读从而得出应该把它们进行买卖。这些基金的未来业绩不能由过去业绩进行推断。

② 理查德·桑德尔，本书的作者之一，是气候交易所及其相关公司/子公司的创始人和主席。

气候交易所集团（CLE）是全球化的现货和衍生品交易所，交易主要的环境金融产品。该公司 2004 年以芝加哥气候交易所的名义成立。气候交易所集团持有的交易所包括芝加哥气候交易所、芝加哥气候期货交易所、欧洲气候交易所以及加拿大、澳大利亚和中国的部分环境交易所。CLE 所持有的交易所具有最大的市场份额和环境金融领域最广泛的金融产品类别。CLE 在伦敦证券交易所（LSE）的另类投资市场上市。CLE 也是第一个上市北美国内碳项目方面的环境衍生品合约的交易所，比如区域温室气体行动和加利福尼亚项目（这将在后文讨论）。

在鼎盛时期，CLE 估值超过 22 亿美元，每股股价超过 20 英镑。2009 年末股价下跌是因为美国气候政策的不确定性。在欧洲，它的 EU ETS 市场份额却超过 90%，具有极大的增长潜力。2010 年，ICE 花 6 亿美元购买了 CLE，使 CLE 的初始投资者在 8 年内投资额翻了 7 倍。图 4–6 展示的是 CLE 股价在 2003—2010 年的变化。

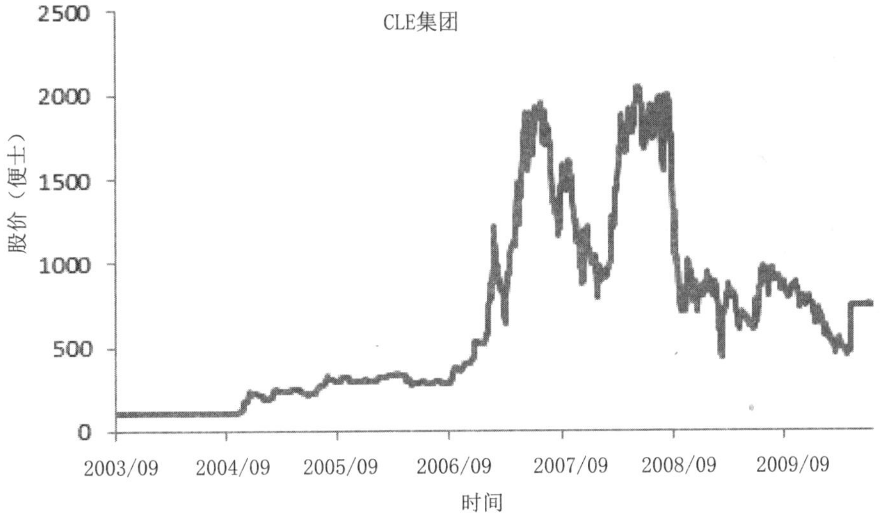

图4–6　CLE在LSE的股价，2003—2010年

CLE 的故事只是众多机会中的一个案例，展示了在没有直接持有碳排放权的情况下如何参与碳市场。考虑到 CLE 的经验，读者可以发现，上市

的交易所是参与环境资产的一种有趣的方式。七家交易所服务于EUA市场。其他的包括纳斯达克OMX（NASDAQ OMX）和芝加哥商业交易所（CME）。

随着新兴经济体开始考虑碳排放权或其他环境衍生品市场，像CLE这样的投资可能出现在这些经济体中。在大型的成长中的经济体——比如说印度和中国——在衍生品领域引入金融改革和创新的同时也开始考虑环境政策的因素，交易环境衍生品的新型交易所可能出现。[①]在中国天津和上海都有专门的交易所开展环境排放权交易。深圳排放权交易所在2013年6月开始碳交易。[②]其他交易所，比如印度的多种商品交易所和国家证券交易所已经有环境合约的经验。这些新兴市场将在第5章详细讨论。

结论

这一章提供了当今主要的温室气体减排的概览——欧盟排放交易机制（EU ETS）。这一市场机制和风险本质及机遇应该是读者关注的重点。这一知识对于估算未来将出现的其他排放权市场和产品的价值将会有所帮助。

尽管目前关于EUA价格尚有争议，EU ETS的成功已经带来了碳排放权项目在全世界的兴起。下一章将讨论世界各地区域内兴起的交易项目的特征和发展状况。

多样的行业和地域政策已经出台，来管理温室气体以及其他能源和环境目标。比如，除了降低温室气体排放外，可再生能源设施在拓展能源多样性和创建更清洁的电网方面也具有价值。总量控制和交易框架是设计这些市场的核心。无论是发达还是发展中的经济体都根据各自国家目标和增长远景来运用这一框架。澳大利亚宣布了全国范围的总量控制和交易机制，预计2015年开始，将覆盖超过该国60%的年度温室气体排放。墨西哥和韩国也有它们自己的综合气候法案，都于2012年通过。印度和中国已经建立了碳交易的先驱市场。印度正在通过全国性的可再生能源交易项目和交

① 详细信息请参见：桑德尔（Sandor）：《衍生品不是坏孩子》。

② 深圳碳排放权交易所(China Emissions Exchange)，http://www.cerx.cn/cn/index.aspx。

易能源效率机制——“执行、实现和交易”来解决其温室气体排放问题。世界范围内的其他城市——比如说，东京——已经准备了或者正在筹备它们自身的机制。同时，我们正见证着世界各地的全国和区域性项目的兴起。加利福尼亚和美国东北部区域的温室气体市场就是很好的例子。所有这些努力对于实现全球气候政策制定者所建议的温室气体减排极为重要。

2012 年在多哈达成协议的《联合国气候变化框架公约》最近目标是到 2020 年实现温室气体的限排，并设计将全球温度累积上升控制在 2 摄氏度或更少。[①]

这些目标在仔细考虑各成员国经济发展阶段的基础上，通过国际谈判来拟定。然而，尽管大约 90 个国家已经表明了到 2020 年的减排计划，目前温室气体的排放和理想中目标的差距正在扩大。即使用尽全力，到 2020 年全球排放量仍然预计会达到 490 亿吨（可容许的排放水平是 420 亿吨）。除非尽快使用一系列缓解和适应战略，这个世界将会缺乏必要的减排量。

因此，经济体之间共享一个广泛的温室气体管理战略是一个紧迫的需求。这将创造相应的风险和机遇，得以让温室气体减排以最具性价比的方式实现。由于气候变化的效果愈发显著，政府将无法忽略这一需求，即使前景依然充满挑战。应对气候变化将需要技术、监管、人力资源、能力建构以及适应。

当排放权交易模型合理地构造并被用作缓解气候变化的一个整体框架时，为排放权有效率地进行市场定价提供了一些机会。有效市场并不关心使用哪种温室气体减排措施，因此，会选择一个缓解渠道的组合，来获得减排目标和成本控制之间的最佳平衡。

---

① 两摄氏度的限制是防止气候变化的进一步副作用的重要阈值。值得注意的是，阶段一和阶段二在成员和限排的气体方面都有显著区别。

第 5 章　温室气体排放权交易市场的新兴地区

随着欧盟碳排放交易体系和美国酸雨计划的成功实施，已经稳定地建立了利用市场手段应对环境挑战的模式。全世界都注视着采用环境市场框架的几个新兴经济体。同时，我们也看到发达国家经济体中出现的几个区域性环境市场。在这些市场之中，很多已经处于早期的发展阶段。这些计划展示了不同的环境目标、授权机构、履约计划和排放权总量控制与交易计划。[①]有趣的是，这些市场中，有一些已经在探索市场连接的可能性。一旦成功，这样的连接将创造出多边市场。[②]解决方案来管理全球变暖。旨在解决全球变暖问题的不同国家的多元化市场的发展表明，短期内，一系列排放权交易产品和风险管理工具可以共存。

这样的发展，尽管理论上来说难以可视化，但仍能预示一些机会。这是本章所要关注的问题。本章目标是探索温室气体市场机制、风险，以及涉及发达国家和发展中国家建立新型的温室气体市场的机会。也将涉及正在新兴的地域试行的大量环境市场模型。这些地域包括澳大利亚、加拿大、巴西、中国和韩国等国家。此外，本章将会详细地讨论美国有希望实施的区域计划，即美国东北部和加利福尼亚地区。图 5-1 展示了一幅简图，图

---

① 环境市场设计和总量控制与交易系统详见本书第2章。

② 一个多边市场条约是在一定数量的有特定利益的国家之间形成的条约。理查德·桑德尔首次表述了这个概念，“这是21世纪，作为美国环境政策一部分的，一个有限规模的自发国际性温室气体排放交易计划”。参见David L. Boren and Edward J. Perkins, eds.: *Preparing America's Foreign Policy for the 21st Century* (Norman: The University of Oklahoma Press, April 1999)。理查德·桑德尔再次对这一概念做了详细的论述，参见Richard Sandor：“The Case for Plurilateral Environmental Markets”，*Environmental magazine* (September 2001)。

中显示了正在积极实施这些计划的地域。

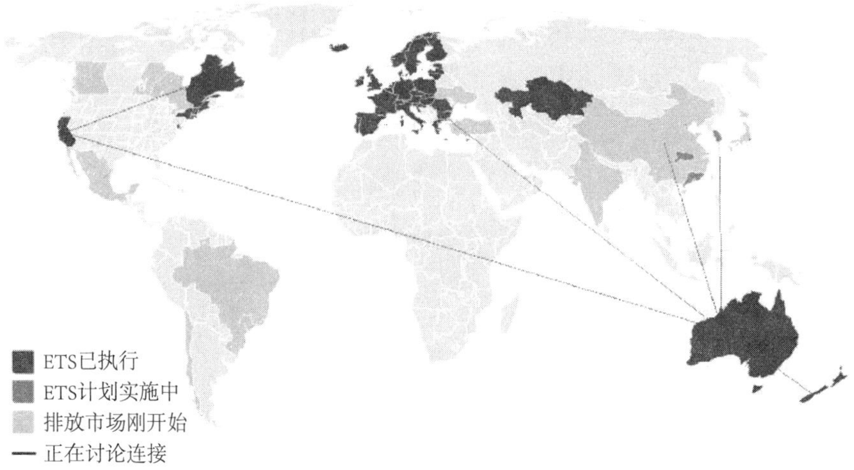

图5-1　世界总量控制和交易计划

资料来源：改编自国际碳行动合作组织。

理解这些新兴市场对于金融分析人士、企业、投资者和企业家至关重要。首先，在本书第3章和第4章中分别讨论到的美国酸雨计划和欧盟碳排放交易体系可以看出，了解新兴的环境市场知识在构建环境市场的准备和早期演化阶段中具有重要优势。比如，2005—2007年间的欧盟排放交易体系定位为“边做边学”阶段就是为了明确这一目的。

在市场演化的过程中，已经发现一些市场排放权交易配额价格的下降归结于诸如以下几个因素：政策的不确定性、经济环境恶化或者是市场竞争等因素。然而，不可否认的是，在这些市场发展的早期阶段都呈现出令人印象深刻的增长。这样的机会在新兴市场中对于早期进入者仍然存在，尤其是对这些市场中的交易者而非为了履约的购买者。

另一方面，从美国酸雨计划和欧盟碳排放交易体系的经验来看，这些企业是被监管规定必须根据国家减排分配计划减少排放量，因而排放量配额的购买者可能在等待购买长期配额需求中受益。其次，在给定的几个发展中的区域市场中，投机者可以在这几个环境市场中同时获得区位的和有规划的套利机会。第三，有几个位于关键地理位置的新兴市场具有成长为未来经济增长引擎的潜力[1]，尤其是在亚洲和拉丁美洲的新兴市场，这一点将在未来更深入地讨论。

一些企业战略性地坐落在这些区域中并且增加了工业活动，提高了制造水平。增加与提高工业和制造业活动往往与更高的能源消耗相关联。进一步说，对于依赖化石燃料转化来获取能源利用的过程为这些区域增加了排放的可能性；这些都与对环境市场日益增长的信心相关。同时这些地区增强金融和交易能力对于新兴区域的排放权交易制度的设立十分有益。其他市场诸如位于发达经济体中的美国加利福尼亚州和区域温室气体减排行动计划（RGGI），可以代表这些国家国内环境市场的系统框架。而且，这些市场代表着在新兴区域中环境领域的金融产品和商业机遇。同时从投资新设业务角度来看，通过对其他环境市场演化的观察，发展金融产品、交易平台和兑换业务，项目开发、咨询服务以及环境基金等，都可以成为价值创造的丰富途径。此外，本书第 3 章和第 4 章中谈到的金融分析人士、企业和投资者应当关注的因素，在本章中同样是需要继续关注的。

由于这些市场还处于早期的发展阶段，一套完整的金融产品，如在欧盟排放权交易制度和酸雨计划两章中谈及的那些碳配额、能源和气候交易的现货和远期等金融产品，对这些市场尚且没有产生任何价值和作用。

本章共分为五节。第一节将描述新兴温室气体交易市场中所应用的不同市场法则。第二和第三节将分别关注北美计划和新兴的国际计划。第四节将描述自发市场。最后一节将用一些亮点案例和经验启示对本章概括和总结。

利用市场机制减缓气候变化

为应对气候变化和满足能源需求，一系列基于市场机制的环境改善目标的措施和公共政策已经开始应用于实践。尽管总量控制与交易框架是主

① Antonia Guerrero：“回头看，向前走：新兴市场”，《环球金融》（2012年7月16日），http://www.gfmag.com/archives/155-25th-anniversary/11836-emerging-markets.html#axzz2qP19huVL。

要的基础操作机制，然而不同的机制在特定可交换商品、政策目标和反映当地政策需求的交易框架方面都有所区别。举例来说，欧盟的排放权交易制度和美国酸雨计划目标是各自减少二氧化碳、二氧化硫和氮氧化物等污染物的绝对排放量，然而印度正在实施的“执行、实现和交易”项目旨在为工业企业设立目标以实现提高其能源利用效率的政策目标。中国正在兴起的“五年计划”目标是减少碳排放强度，即单位国内生产总值（GDP）所产生的碳排放量。所有这些方法都可以实现温室气体排放量显著下降的效果，并且应用总量控制与交易的设计。类似的，伴随政策目标，其他诸如此类的项目计划共同存在并且驱使碳利用率增加。比如，欧盟行动计划到2020年将可再生能源占总能源消费量的比例提高到20%，并且碳排放量相比于1990年的水准减少20%。鉴于世界各国之间排放量巨大的差异，考虑未来要实现维持全球变暖增速“比工业化前升温不超过2℃”的目标，所有这些对策和其他积极的补救措施都要求满足环境目标。

在进行定义两个大型的减排机制之前，有必要解释一下区别于这两种减排途径的一些基础机制的核心。这些途径尽管在个体项目目标上有所区别，但却可以取得大体上相似的效果。从这样的意义上来讲，它们之间是互为补充的关系。这里主要介绍三个，基本涵盖了世界上大多数计划的项目设计：

（1）**温室气体绝对减排**：这一机制是大多数发达经济体项目计划采用的最直接和应用最广泛的减少温室气体排放的方法。这一机制通过限量和交易对选定部门行业所涵盖的实体设置减排目标，明确减少所规定的实际的温室气体排放量限额，并辅以配额交易计划，允许交易一定数量减排后剩余指标温室气体的排放权。根据项目的涵盖范围，多种多样的碳抵消计划，诸如可再生能源取代计划，都有可能与这些项目有关联。由于这种机制需要强制减少温室气体实际的绝对排放量，有可能会迫使相关实体采用清洁能源提高资源利用效率，并且投资于碳抵消计划中。这种机制最好的例子就是欧盟的排放权交易制度和美国酸雨计划，它们分别在本书的第3章和第4章有所讨论。

（2）**碳强度减排**：碳强度是指每单位（美元）国民生产总值（GDP）增长或者每单位产品所产生的二氧化碳排放量。换言之，这是衡量随着制造产品和提供服务等经济增长时碳排放产生量的一个标准。当经济体的碳排放强度高时，表明相比于生产过程中相同的碳排放量，仅产出了少量的产品；因为生产过程中的碳排放主要是来源于燃料的使用。因此当煤炭是经济活动中的主要燃料时，碳排放密度趋于数值较高。将化石燃料变为可再生能源或者其他清洁能源，或者提高生产效率都能减少碳排放强度。关注于减少碳排放强度的项目是又一种减少温室气体排放量的方法。这种方法在发展中国家受到特别的呼吁，因为它需要平衡经济增长和环境目标两个方面。碳排放强度将环境目标和经济发展水平相联系。已经采取这种模式并且有望实现的国家就是中国，尽管在早期，发达经济体曾经尝试将其作为区域项目的一部分，诸如加拿大的阿尔伯塔。在碳强度减排这一机制中，相关经济体被给予一定的碳排放强度目标。这些目标可能是基于行业特征而确定的目标，这些行业目标根据行业对化石燃料一定的依赖程度、燃料最优可利用技术和其他经济因素而异。理论上来说，碳强度减排目标将会激励相关经济体趋向于采用低碳排放的燃料，提高能源利用效率，以及其他能够减少温室气体绝对排放量的措施。当政策设置严格的碳强度减排目标时，可以实现大幅度减少温室气体实际排放量的目的。还需要重点强调的是，一个碳排放强度总量控制和交易计划不是必须实现温室气体绝对排放量的减少。这一点在工业制造业和 GDP 快速增长的经济体中尤其明显。换言之，碳排放强度保证了每单位经济活动的碳排放水平但是不限制碳排放总量或者经济活动。从政策的角度来讲，这个方法对于经济高速增长的国家来说不失为一个实现绝对减排之前的可取的前置程序。

（3）**降低能源消耗强度**：能源消耗强度指单位国内生产总值或者单位产值所需消耗的能源；是能源利用与经济或物力产出之比。在国家层面，是国内一次能源使用总量或最终能源使用与国内生产总值之比。因此它用于衡量一个经济体的能源利用效率。一个经济体的能源消耗强度表明它的生产系统在生产产品和提供服务时消耗了过多的能源。换句话说，生产过程是能源无效率的并且还可能有能源损失。能源强度交易是用于直接提高能源利用效率和间接降低温室气体水平的第三种方法，同时还有利于减少碳排放浓度值。

这是因为，给定满足全球经济能源需求对化石燃料的依赖数量时，减少能源强度可以直接降低碳排放量。最大的一个以期实现其温室气体强度减少为目标的计划就是印度的“执行、实现和交易”项目。这一计划为大型的温室气体排放行业设定能源强度目标并允许他们在行业间交易该指标。这一计划需要规定每个行业的能源强度基准。通过这一措施，将会激励相关实体最终提高能源利用效率。通过提高能源利用效率来降低温室气体排放量的意义在本书第 7 章中将阐述。类似于碳排放强度手段，碳强度减排对于经济迅速增长的发展中国家实现温室气体绝对排放量减少的目标具有特殊价值。此外，这些手段对于被激励经济体能源的节约和高效利用的现实需求非常有效。类似于碳强度减排方法，尽管能源强度总量控制和交易计划可以提高单位经济活动的能源节约和利用效率，但却无法保证温室气体排放总量的减少。作为一项政策工具，这个方法重在提高企业层面对能源的合理利用，温室气体排放减排是这一计划的副产品。采取这一计划的经济体将会导致化石燃料能源使用总量和温室气体排放量升高。与碳强度减排计划相似，它可能成为温室气体绝对排放量减少的前置程序。

总的来说，从政策角度而言，各种减排手段总体上可分为两类：能源使用相关的途径和排放量控制相关的途径。

（1）**能源政策措施：**这些途径是寻求除了回应气候变化外，能源需求多元化的政策结果。由于世界上很多国家和地区仍然存在能源和电力短缺，这些经济体正在努力满足其市民基本需要和发展需求。因此，一个关键政策的目标就是在提供这些需求的同时构建一种低碳可持续发展的模式。其他的能源政策目标包含能源安全、国内能源多样化、成本降低和可承受化，以及提高能源生产和运输效率等。已经采用的基本机制增加了可再生能源的生产，提高了能源利用效率。这些目标通过授权、特惠关税或基于市场机制，以及通过能源高效交易计划推进可再生能源的生产和利用方式变革。

这些机制在本书中的其他章节已经充分进行阐述，本章不再赘述。

（2）**排放量政策措施**：这些方法主要是回应如何应对全球变暖。根据目标，可以设计大量涵盖温室气体排放源头和积累行业的不同项目，实施上述提及的诸如气候适应性、农村发展的各项能源政策。总量控制机制中首先是温室气体的绝对减排，也运用各种手段进行降低碳排放强度。理论上，运用复合型手段降低绝对排放和碳排放强度在特定的发展中经济体是切实可行的。本章节从两种类别进行论述。

北美温室气体排放交易市场

目前在北美存在四个正在实施的区域项目：①美国加利福尼亚州交易体系；②美国东北地区——区域温室气体减排行动；③加拿大魁北克；④加拿大阿尔伯塔。其他地区也正在加紧制定本地区的温室气体减排措施。

加利福尼亚总量控制和排放权交易项目：加州是美国经济第一大州，如果按照国家排名，加州的经济规模位居世界第八位并占美国 GDP 的 13%[①]，其规模堪比大型经济体如印度，该项目有可能是当今世界上规模最大、影响最深的碳排放交易项目；这个碳排放权交易市场可能对世界性经济和环境具有巨大而深刻的影响[②]。此外，由于其还致力于培养企业家精神，加州已经成为美国的技术，甚至是农业、自动化和其他部门行业的创新中心；加州还拥有引领世界制定政策和标准的历史。在加州制定的很多层面的政策被移植和应用到世界上其他国家和地区，尤其是环境政策。加州也是早期采用推动可再生能源利用和提高能源利用效率政策的州之一，并且它还成为电器、建筑和冶炼受控行业能源效率标准的引领者，这些标准后来为其他国家和地区所使用。类似的，全美新能源经济标准也借鉴了 2002 年在加州率先通过的限制机动车尾气排放的法案。[③] 加州在能源利用效率

---

① Center for Continuing Study of the California Economy："California Poised to Move Up in World Economy Rankings in 2013"(July 2013)，http://www. ccsce.com/PDF/Numbers-July-2013-CA-Economy-Rankings-2012.pdf.

② 加州GDP为1.9万亿美金，超越了印度的GDP（然而后者未经购买力平价调整）。

③ Coral Davenport："California's New Cap-and-Trade Law: A Model for the Country?"，*National Journal* (13 December 2012)，http://www.nationaljournal.com/magazine/california-s-new-cap-and-trade-law-a-model-for-the-country-20121213.

和人均电力消费水平方面已经在国内名列前茅。比如，全美人均电力消费是 13000 千瓦 / 年，然而加州仅为 7400 千瓦 / 年。谈到温室气体排放量，加州的贡献更是有目共睹。如果加州是一个国家，它在温室气体排放的国家中位居第 18 位。和法国、日本一样，加州是温室气体排放强度（每千美元国民生产总值中温室气体排放量）最低、最清洁的地区。在全球背景下，加州占全球温室气体排放量的 1.3%。在这个意义上，其温室气体排放量相当于澳大利亚以及南非全国的温室气体排放量。鉴于加州令人惊讶的记录，其在 2013 年 12 个交易月的业绩并不令人感到奇怪，加州洲际碳补贴交易的未平仓合约已经超过了同期的任意长度木材期货合约[①]。在芝加哥商业交易所，公布的到期日为 2013 年 12 月的期货和期权，燕麦期货合约和任意长度木材合约的持仓量分别是 9397 手和 3746 手。而在加州碳配额期货（California carbon allowances futures，CCAR）主交易场所——洲际交易所，其持仓量为 19663 手。在 12 月期货和期权到期之前，CCAR 的持仓量达到了 46090 手[②]。到期持仓合约数量显示了投资者对加州排放配额的巨大兴趣。排放权期货交易的市场参与者习惯交易 12 月到期合约，因为它代表了每年的碳排放权履约要求。这项交易活动表明，排放权合约的持仓在 12 月到期期间一直下跌，因为市场参与者卖出 12 月多头仓位，以持有今后上市到期的多头合约仓位。这一期货头寸转仓的过程解释了 12 月持仓量的下跌。

加州排放权交易项目启动于 2013 年 1 月，是目前美国最大最具综合性的排放权项目。这个项目其交易主体包含来源于电力、石化、钢铁等最多数的行业和温室气体年排放权最大吨位的企业，并且需要最具雄心的减排计划。这个计划早在 2006 年就计划实施，基于《加利福尼亚全球变暖应对法案》（California Global Warming Solutions Act）或者叫 AB32，这个法案要求加州 2020 年温室气体的排放量应降低到 1990 年的水平。

按绝对值计算，加州在 1990 年的排放量约为 427 万吨二氧化碳当量，并计划到 2020 年时约为 600 万吨二氧化碳当量。AB32 要求加州到 2020

① 截至2013年7月22日，相比于任意长度木材期货期权的6990手，加州津贴期货和期权在ICE的未平仓数是27403手。

② Intercontinental Exchange (ICE) Data，https://www.theice.com/market_data.jhtml.

年二氧化碳排放量减少 172 万吨二氧化碳当量或者减少约 30%。另外，到 2050 年，法案希望加州温室气体排放量能减少到 1990 年的 80% 的水平。这和欧盟设置的目标非常类似，都是致力于减少温室气体排放量到 1990 年的 80% 或者 90% 的水平。达到这些目标需要付出极大的努力和技术创新。

加州的温室气体排放和大多数发达国家一样具有典型性，约 80% 来源于二氧化碳，主要是由于化石燃料的燃烧；其他温室气体约 6% ～ 7% 的甲烷来源于废弃物填埋、粪便分解和发酵释放；7% ～ 8% 的氧化亚氮主要来源于施肥等土地管理措施；剩余的 2% ～ 3% 由氟化气体构成。这些数据非常重要，因为它们提供了如何利用最小成本实现最主要气体排放量减少的信息。了解温室气体排放基础系统动力学可以帮助我们预测市场动态、补贴额度的供给和需求。加州案例清晰地表明：国家的气候治理和温室气体减排应当致力于减少燃料燃烧，控制工业生产过程排放、农牧业、林业生产和其他的来源产生的气体。

燃料燃烧产生的温室气体主要来自交通、电力等行业，如交通、电力两个部门温室气体排放比例超过加州排放总量的 50%。图 5–2 展示了加州各行业温室气体排放量和贡献率以及到 2020 年排放量的预测。

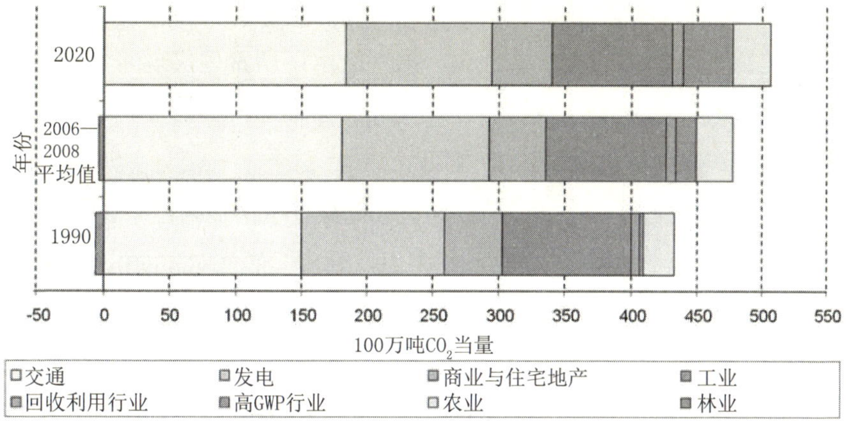

图5–2　加州温室气体排放量预测

空气资源委员会（The California Air Resources Board，CARB）负责为该

项目的执行制定法律法规。项目包括所有六种温室气体，覆盖了国内 85% 的温室气体排放量；并且通过排放权货币——加州碳排放配额（California Carbon Allowance，CAA）进行交易。加州总量控制和交易项目（或 AB32）规定，加州空气资源委员会需要和公共事业委员会一道，与工商业界以及民间相关的利益方展开合作，以确保项目履行实施能够符合以下几点：

（1）以提高加州经济效益角度出发，实现成本最小化和利益最大化；

（2）改进加州能源基础设施的发展和推动结构现代化；

（3）维持电力系统的可靠性；

（4）最大化实现环境与经济发展的协同效益；

（5）与国家协同努力改善空气质量。

为了实现 AB32 强制减排要求，CARB 出台了若干措施。首先，它设置了所有重点工业温室气体排放源强制报告和上报数据须通过验证、核定的任务。从美国酸雨计划和欧盟碳排放交易体系可见，一个可靠的监测和跟踪温室气体排放的程序是项目成功的关键。其次，CARB 认证温室气体减排活动可以从专项早期行动中获益。最后，发展专业咨询委员会，用以解决环境规划、市场、司法问题，以及经济和技术进步的问题。

第一个承诺期是 2013—2014 年，在此期间，涵盖的企业主要是年排放量超过 2.5 万吨二氧化碳当量的大型工业源和发电站，包括电力进口商；总体上包括了加州的约 350 家企业。第一个承诺期希望实现每年 2% 的减排量目标。2013 年的碳排放权配额预算约为 1.628 亿吨，市场价值约在 23.8 亿美元，折合每单位配额 15 美元。

第二承诺期为 2015—2017 年，在此期间减排量增加到每年 3% 的目标。此外，还将拓展到交通运输燃料和住宅以及商用天然气能源的供应商。

第三个承诺期从 2018 年到 2020 年为期三年，目标是继续保持在每年 3% 的减排量。

加州采用的配额分配程序为大型工业设施可免费获得分配的初始配额，这与美国酸雨计划有些类似。然而在项目计划开始后必须通过拍卖获取配额；电力输送设施企业在使得纳税人（如电力消费者）受益后将获得免费的配额；电力部门和工业部门可获得的配额数量占新近基准平均排放量的 90%；允许对行业板块的节能减排高效标杆设施进行奖励。

除了常规配额之外，信用抵消亦可作为每个设施用来承诺履行减排义务的方式，最高可占 8% 的承诺义务。这样的抵消额度可以通过包括林业、城市林业、消除畜禽粪便中的甲烷和削减破坏消耗臭氧层的物质等四个领域开展温室气体减排或碳回收项目中而获得；但所有抵消项目都要受到严格的独立的审核验证，同时必须在美国境内完成，预计国际抵消项目未来也会参与进来。

所有受项目覆盖的工业源每年必须向 CARB 报告温室气体排放情况，并且将其信息在 CARB 登记备案以进入温室气体排放权交易市场。气体排放报告必须通过公认的独立第三方验证，CARB 保留着一个合格的验证机构登记和监督以及个人核查员资格认证的监管权力。[①] 审查企业名单和审查员的资质认定已经由 CARB 制定并公布 [②]。

每个承诺期为 2 ~ 3 年（第一阶段 2013—2014 年，第二阶段 2015—2017 年以及第三阶段 2018—2020 年），每年需要交出超过前一年 30% 的配额。在非承诺项目到期之前，四种配额必须被移转每一配额的差价。

除了普通配额交易，CARB 承认配额借入承诺、建立成本控制储备，曾在第 3 章中介绍过，允许在以后或者承诺期期间保留未使用的排放权。

CARB 也留有储备配额，约为 1.2 亿配额——约为到 2020 年总排放量的 4%。项目参与者可以以三个不同的价格点进行购买，每吨 40 美元、45 美元和 50 美元，每个价格下都有高达 4000 万单位的配额。这些保留的配额为价格突然走高时提供了缓冲。随着计划进行，保留配额的价格将会走高。

此外，CARB 也管理季度拍卖，允许合格参与者直接从空气资源委员会购买配额。从酸雨计划可以看出，在预拍卖中设定拍卖条款可以确保

---

① California Environmental Protection Agency Air Resource Board："Accreditation of GHG Verifiers Bodies" (September 2013)，http://www.arb.ca.gov/ cc/reporting/ghg-ver/ghg-ver-accreditation.htm.

② California Air Resources Board："Accreditation Requirements for Verifiers and Verification Bodies in California's Mandatory GHG Reporting Program" (January 2012)，http://www.arb.ca.gov/cc/reporting/ghg-ver/acc2.pdf.

市场存在透明的价格信号，同时也可防止供应限制。CARB 拍卖允许提供 2013 年承诺期配额和提前配额。表 5-1 展示了拍卖结果的总结数据从第一次 2012 年 11 月拍卖到 2013 年 11 月最后一次拍卖。目前的承诺配额在每次拍卖都已经售罄。2013 年的配额价格在每单位 10 ～ 14 美元。2016 年约为每单位 11 美元。

拍卖参与者非常广泛，包括政府和商业实体。参与者的数量和类型已经随着时间逐渐增加，这代表了项目的良性运转。参与者包括的能源企业如底特律能源（DTE）、戴纳基（Dynegy）、爱克斯龙（Exelon）；交通运输企业如北伯林顿铁路公司（BNSF）；银行如花旗银行、摩根大通、摩根士丹利以及加拿大皇家银行；工业如陶氏化学；经纪商诸如 Evolution Markets、Amerex 和 Colton（如表 5-1）。

表 5-1　加州配额拍卖结果统计

		2013 配额			提前拍卖		
	时间	可用配额	卖出配额	结算价格（美元）	可用配额	卖出配额	结算价格（美元）
I 拍卖	2012年11月	23126110	23126110	10.09	39450000	5576000	10.00
II 拍卖	2013年2月	12924822	12924822	13.62	9560000	4440000	10.71
III 拍卖	2013年5月	14522048	14522048	14.00	9560000	7515000	10.71
IV 拍卖	2013年8月	13865422	13865422	12.22	9560000	9560000	11.10
V 拍卖	2013年11月	16614526	16614526	11.48	9560000	9560000	11.10

除了拍卖，加州配额也可以通过洲际交易所（ICE）或者芝加哥商业交易所（CME）的期权期货合约获得。环境衍生品包括加州的排放权交易合约的主要交易场所是洲际交易所。截至 2014 年 1 月 9 日，洲际交易所占据了令人印象深刻的 CCAR 期货成交量市场份额的 100%。从历史的角度看，芝加哥气候变化是第一个实现法律规制的加州碳交易市场。早在 2007 年，该交易所建立了加州气候交易所来提高加州碳市场的透明度和规范程度。此外，几个环境经纪人也通过场外交易代理这些配额。图 5-3 展示了加州

配额在洲际交易所期货市场的历史价格、交易量和持仓量。在积极政策的推动下，投资者参与加州配额的兴趣持续上升，这在本节前面讨论过。正如先前所述，自从合约在 ICE 挂牌以来的三个月，加州配额持仓量超过了 CBOT 挂牌的木材合约数，并且这一数字仍在快速增长。

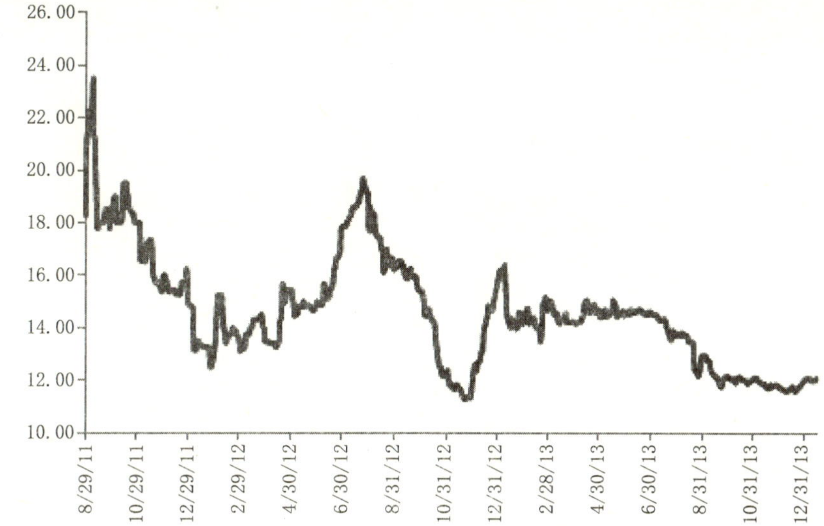

（a）加利福尼亚每日排放权价格（美元 / 吨）

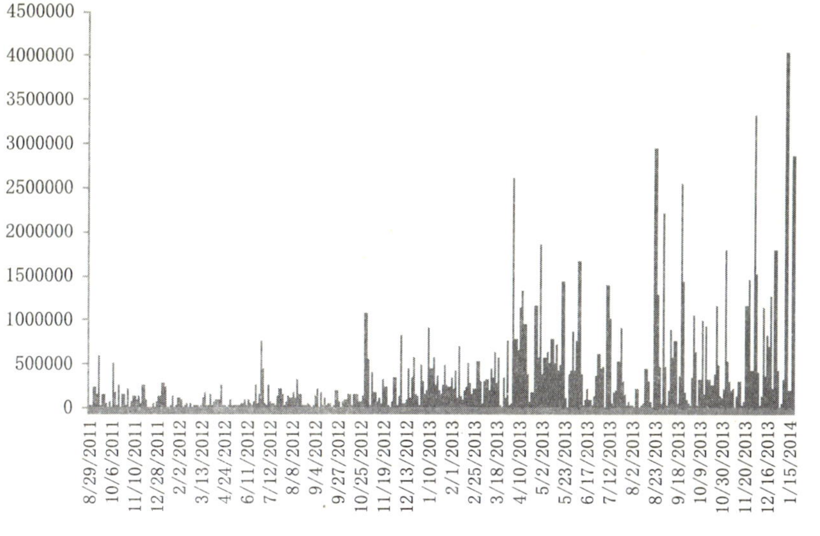

（b）加利福尼亚配额期货和期权每日交易量（吨 CO_2 当量）

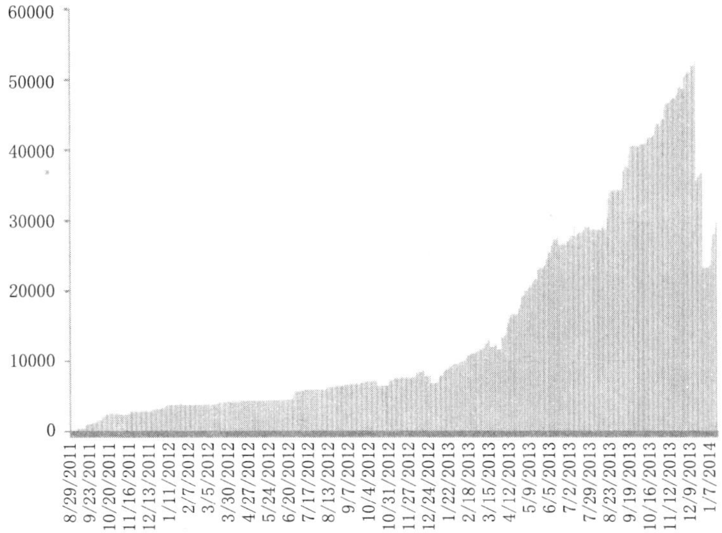

（c）加州日配额期权和期货未平仓合约

图5-3　加州配额价格、数量和未平仓合约

资料来源：ICE。

总之，加州温室气体项目的几种设计机制都在前面提及过。首先，加州允许采取一定范围内符合条件的抵消信用，用于实现环境承诺。[①] 抵消额度可以从北美的任意项目中购买。其次，加州允许使用碳排放配额存储供未来使用，但不能借用额度。第三，加州允许在发展中国家中选定行业，如热带森林砍伐和森林，采用国际关联抵消。计划允许从其他的常规项目中购买可以使自己受益的额度。该项目允许从其他可能创建自己系统的监管项目中购买信用。加州的总量控制和交易项目与其他国际排放权体系具有联通的可能性。截至 2013 年 4 月，加州宣布其碳排放交易项目与加拿大魁北克省联通。有了这一大胆举措，加州项目一跃成为了一个国际化的项目。

进一步来说，加州已经开始谋求与中国和澳大利亚在项目上合作的可能性。在 2013 年 9 月，加州和中国签署了一个两年的协议，有关共享低碳

① 高达8%的碳排放配额可以被抵消，这些配额被分配在不同的行业中。

发展和排放权交易的经验和专业知识的协议[1]。一年前，加州与澳大利亚达成原则性共识共享低碳增长的经验共同发展区域和全球碳排放市场[2]。这些发展表明，通过地区间的合作而非国家间的合作就能够促进全球碳排放市场的发展。下面将要描述北美其他主要碳排放区域交易项目——区域温室气体减排行动。

区域温室气体行动（RGGI）：美国东北部也是促进环境目标的政策执行中心。该地区也是第一批启动强制实施可再生资源和提高资源利用率的地区之一。类似的，对于碳排放，该区域采取了区域温室气体行动（Regional Greenhouse Gas Initiative，RGGI）——2009 年第一个在美国范围内强制实施二氧化碳排放权交易项目的地区。该项目的实施对于利用市场机制减轻美国气候变化的努力迈出了里程碑式的一步。该项目的规模绝非微不足道。组成 RGGI 行动的 9 个州占美国总人口的 13%，占全美二氧化碳排放量的 7%，以及美国 16% 的 GDP。尽管 RGGI 行动覆盖的区域的人口相当于加州的人口以及加州对美国的 GDP 贡献，但加州的全部温室气体排放量占 7%，而 RGGI 单二氧化碳的排放量就占了那么多比例。很明显，加州的项目在其范围上更加广泛。加州项目包含所有六种温室气体排放，然而 RGGI 仅包含二氧化碳排放；加州包含的行业非常广泛，反之 RGGI 仅仅包含公共事业板块。最后，加州还有范围广泛的排放权抵消政策，相比较 RGGI 的选择非常有限。

RGGI 是一个二氧化碳交易项目，由美国 9 个州以及中亚特兰大州之间的协议组成。RGGI 仅涵盖这些州的电力行业，要求其根据各州的法规强制减排二氧化碳排放量。因此，RGGI 致力于减少构成温室气体的主要成分二氧化碳的排放量，并且重点是二氧化碳排放量最多的行业，如电力行业。在 2010 年，RGGI 涵盖的州的电力行业二氧化碳排放量为 137 万短吨，或

---

① Ari Phillips："China and California form Unlikely Parternship to Address Climate Change"，*Climate Progress* (6 September 2013)，http://thinkprogress.org/climate/2013/09/16/2626181/california-china-climate-deal/.

② Department of the Environment, Australian Government："Australia and Canada to Work Together on Carbon Markets and Emissions Trading Links"，http://www.climatechange.gov.au/ministers/hon-greg-combet-am-mp/media-release/australia-and-california-work-together-carbon-markets.

者说占美国电力行业的 5.5%。

另外有趣的是，RGGI 由几个单独的州的总量控制与交易项目组成，利用简单的交易工具，允许成员州之间跨州交易。RGGI 现成员州包括：康涅狄格州、特拉华州、马萨诸塞州、马里兰州、缅因州、新罕布什尔州、纽约州、罗德岛以及弗蒙特州。RGGI 项目下，以州为单位进行活动，每个州有权利选择参与或者推出项目。比如，新泽西州在 2011 年撤销了其会员资格，而马里兰州在 2007 年加入了这一项目。考虑到 RGGI 是几个州规定的融合，项目设立了一系列规范性标准，通过每个单独的州建立了自身工厂二氧化碳限制以及分配碳排放权的方式。

这一项目的核心特色将在下面继续讨论，从环境承诺开始。这些项目特色将以 RGGI 整体的方式进行探讨，不再单独讨论各个州的情况。

承诺机制

RGGI 二氧化碳项目实施包括三个阶段，每个阶段包含三年。第一个阶段从 2009 年到 2011 年，二氧化碳排放总量为 1.88 亿吨[①]。这期间 RGGI 行动覆盖的排放者总数为 211 个电力单位。在第一履约期间，总参与州的二氧化碳实际排放量约 1.21 亿吨，而补贴上限设定在 1.88 亿吨。第二个执行期间是从 2012 年初到 2014 年末。如前所述，新泽西州在 2011 年退出了 RGGI。考虑到这些，第二个阶段减少排放废气的预算定为 1.65 亿吨。随着新泽西州的退出，所覆盖的实体也下降到 171 个。作为 2012 年审查的一部分，观察到的实际排放量水平相对于 RGGI 总量，参与州决定实质上减少总量设计，从 2014 年起，减少为 0.91 亿吨。第三个阶段预计从 2015 年起到 2018 年底截止。在这期间，年排放量预计减少 2.5%，总排放量到 2018 年预计减少 10%。

二氧化碳排放量预算的各州合理分配如表 5–2 所示。纽约州、马里兰州和马萨诸塞州地区的主要制造业和人口所在区域占大部分的排放预算。图 5–4 展示了排放权上限以及 2009—2013 年期间的实际排放量。

---

① 指短吨。

表5-2　RGGI各州排放量预算

州	预算（吨）	预算（%）
纽约	64310805	38.93
马里兰	37503983	22.70
马萨诸塞	26660204	16.14
康涅狄格	10695036	6.47
新罕布什尔	8620460	5.22
特拉华	7559787	4.58
缅因	5948902	3.60
罗德岛	2659239	1.61
佛蒙特	1225830	0.74
总排放量预算(吨)	165184246	

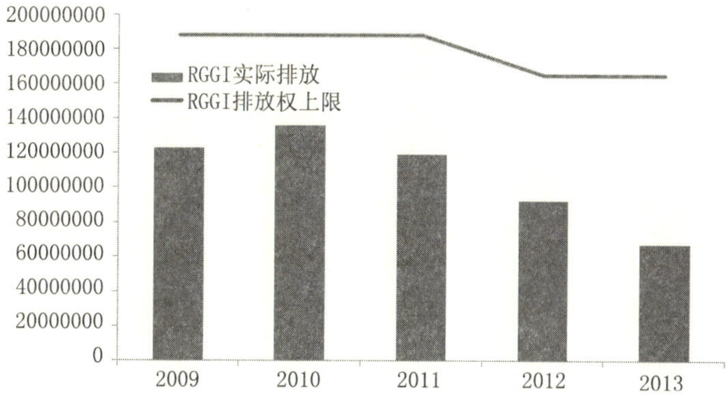

图5-4　RGGI排放权上限以及实际二氧化碳排放量（短吨）

自 2002 年 RGGI 成立以来，排放权总量设定在 2000 年电力行业二氧化碳平均排放量的约 4% 以上。政策预计实际排放量随着时间将会上升到初始设置的 1.88 亿吨。很明显，实际排放量远远低于设定的排放总量。这意味着，排放限额本身不得强迫被覆盖的实体进行内部减排或购买抵消。特别是，在第一个实施期间，实际排放量比总量少 36%，引发了严重的 RGGI 额度供过于求。多余分配问题导致额度价格触及了年度价格下限，这一下限就是为第一个实施阶段设立的。

几个研究表明 RGGI 排放量直到 2020 年才能达到 2005 年的水平。排放量更少的原因包括燃料转换、能源利用率提高以及天气变化。部分基于对经济复苏的假设，但也由于电力生产根本性的结构改变。该地区已经在发电方面实现了更高的能源利用率和低碳生产。例如，2005 年 RGGI 宣布 32% 的电力产生于煤炭、石油和其他富含二氧化碳的资源。在 2011 年，这些资源生产出的电力仅为 12%。然而，出于企业的社会责任目的或者其他战略原因，相关的实体也可以采取类似措施来实现预期减排。

总量控制相关的多余发行配额引起了实体的强制储存，多余的配额总计高达 5700 万，用于今后的履约时期。在应对超额分配的问题上，RGGI 总结了一些整改措施，在 2013 年制定的模型规则中加以改进。基本措施包括减少排放权预算。每个州根据前一时期排放者存储的排放权来调整排放权预算。这种调整经过七年，能够有效地降低总的排放权上限到之前储存的总配额数量。第二种方法涉及的州包含不提供，甚至在某些情况下退出配额的州，这些州通常在 RGGI 拍卖时没有足额认购。这些政策措施的设计有效地降低了排放权上限，并且允许市场为配额定价。从实际角度看，这个措施更加有效，因为定价机制是不变的，因此，允许市场回应了与项目有关的根本性的基础需求、供应以及风险。

由 RGGI 设定的项目可交易排放权配额为一短吨二氧化碳。这些配额的持有和追踪由叫作 RGGI 碳配额跟踪系统进行追踪和登记[①]。这个智能平台监控每个州的二氧化碳预算交易项目并允许从一个账户转移到另一个账户，使得交易变得有效率。每个州分别给自己州内的实体企业分配配额。当然，交易可以在 RGGI 各州之间进行。

灵活机制

RGGI 项目拥有一些灵活规则，这些灵活规则用于帮助控制配额价格。首先，项目定有价格范围，包括拍卖的保留价格。RGGI 也承认早期的减排努力。这为那些在 2006 年到 2008 年间早于项目实施时就采取减排措施的会员州提供了诸多好处。RGGI 选择使用三年的履约而不是一年的履约期为这一项目的实施提供了额外的灵活性。此外，RGGI 有一个异常价格触发机

① Regional Greenhouse Gas Initiative： “CO_2 Allowance Tracking System” ，https://rggi-coats.org/eats/rggi.

制，允许各州延展履约期限。在此设置之下，如果 RGGI 配额价格超过每单位配额 10 美元，超过 12 个月履约期的平均变动价格基础，项目可以再延展一个三年的履约期。目前，还没有采取这些措施的必要。最后，RGGI 允许会员州使用精确补偿信用。每个会员州的履约期内可以使用的补偿严格限制在 3.3%。RGGI 也允许无限制的存储配额以便未来使用。

配额分配

RGGI 项目通过每季度的区域拍卖分配大部分的配额（超过 90%）。拍卖是 RGGI 二氧化碳配额价格的主要发行和价格发现机制。这些拍卖所得返回各州用于各种提高能源效率、战略性的能源目的、可再生能源和温室气体减排机制。在第一个履约期，这些收入大约为 9.52 亿美元，在第二个履约期收入将超过 10 亿美元。

RGGI 拍卖设计为单轮、单一价格拍卖。工业和金融业的竞拍者只要符合参与拍卖的条件就可以免费参与，包括符合资金上的要求。在单次拍卖中，合格买家不能拍卖超过本次拍卖 25% 的配额。如前所述，RGGI 拍卖有一个最低价格，首次的最低价格设置为每单位配额 1.86 美元，后来在 2013 年这一价格提高到 1.98 美元。考虑到 RGGI 的配额上线远远高于实际排放量，保留价格已经演变成为了排放权费。

RGGI 截至目前已经实施了 22 轮季度拍卖。表 5-3 展示了每次拍卖的总数据。每季度平均大约有 3600 万 RGGI 排放权配额拍卖。尽管大多数提供的配额在每次拍卖时已经被购买一空，履约年 2011 年和 2012 年却连续两年没有被足额认购。各州不会再次提供这些没有被购买的配额，而会将其回收。这些未被足额认购的部分凸显了过度分配的问题，并且自 RGGI 成立以来就一直深受其扰。过度分配的问题是由于经济滞后导致出口下降，因此排放权出口也下降，以及 RGGI 成功的降低排放量水平双重作用的结果。这些拍卖的结算价格从 1.89 美元到 3.38 美元不等，平均约为 2 美元。过度分配的问题意味着在大部分时间，RGGI 拍卖的结算价格都是保留价格。这种情形随着 2013 年的拍卖结算价格将近每单位配额 3 美元而发生改变。历史上，大部分配额都被项目覆盖的会员州所购买。这并不奇怪，因为代表自然买家的会员州主要的购买渠道是拍卖，非会员州只能通过二级市场接受高价才能够买到拍卖中的配额。而在 2013 年最近的拍卖中，会员州的拍卖份额下跌到了 50%，表明其他组织对此产生了兴趣，这一点令人振奋。

表5-3 RGGI季度拍卖总数据

日期	拍卖序号	供给数量	卖出数量	结算价格（美元）	中标者序号	履行实体获得的配额（%）	总收入（美元）
9/25/2008	第1轮[1]	12565387	12565387	3.07	82	82	38575738.09
12/17/2008	第2轮	31505898	31505898	3.38	84	87	106489935.24
3/18/2009	第3轮	31513765	31513765	3.51	63	78	117248629.80
6/17/2009	第4轮	30887620	30887620	3.23	67	85	104242445.00
9/9/2009	第5轮	28408945	28408945	2.19	59	77	66278239.35
12/2/2009	第6轮	28591698	28591698	2.05	74	65	61587120.90
3/10/2010	第7轮	40612408	40612408	2.07	61	85	87956944.56
6/9/2010	第8轮	40685585	40685585	1.88	53	92	80465566.78
9/10/2010	第9轮	45595968	34407000	1.86	56	92	66437340.00
12/1/2010	第10轮	43173648	24755000	1.86	49	97	48224220.00
3/9/2011	第11轮	41995813	41995813	1.89	49	85	83425588.47
6/8/2011	第12轮	42034184	12537000	1.89	47	91	25477200.00
9/7/2011	第13轮	42189685	7487000	1.89	41	94	14150430.00
12/7/2011	第14轮	42983482	27293000	1.89	49	99	51583770.00
3/14/2012	第15轮	34843858	21559000	1.93	34	99	41608870.00
6/6/2012	第16轮	36426008	20941000	1.93	35	95	40416130.00
9/5/2012	第17轮	37949558	24589000	1.93	29	100	47456770.00
12/5/2012	第18轮	37563083	19774000	1.93	34	100	38163820.00
3/13/2013	第19轮	37835405	37835405	2.80	43	69	105939134.00
6/5/2013	第20轮	38782076	38782076	3.21	55	68	124490463.96
9/4/2013	第21轮	38409043	38409043	2.67	52	53	102552144.81
12/4/2013	第22轮	38329378	38329378	3.00	55	43	114988134.00

注：[1]六个州参与了第1轮拍卖。

其他购买或者出售 RGGI 排放权配额的途径是二级市场。这一途径允许参与者在两次拍卖的三个月之间购买或者出售配额。二级市场也为企业提供了对冲未来拍卖清算价格波动的一种手段。正如整本书中所强调的，二级市场的价格信号是有价值的工具，可以帮助企业在受 RGGI 履约期成本影响的市场中进行投资决策。二级市场包括现货、期货和期权合约交易的 RGGI 配额。这些都在诸如 ICE 和 CME 交易所上市并且受其监管。此外，一些排放权交易经纪商诸如 Evolution Markets、Amerex 和 Tradition Finance，也在 RGGI 交易中作为经纪商。至于期货市场，市场参与者可以选择在 RGGI 期货中持有到期多头头寸来占有配额。在大多数情况下，参与者主要利用期货市场来对冲价格风险。图 5-5 是一个 RGGI 历史价格的描述。我们可以从图 5-5 中观察到，二级市场的价格紧密反映了拍卖的结算价格。配额过度分配观点是一个主要因素。

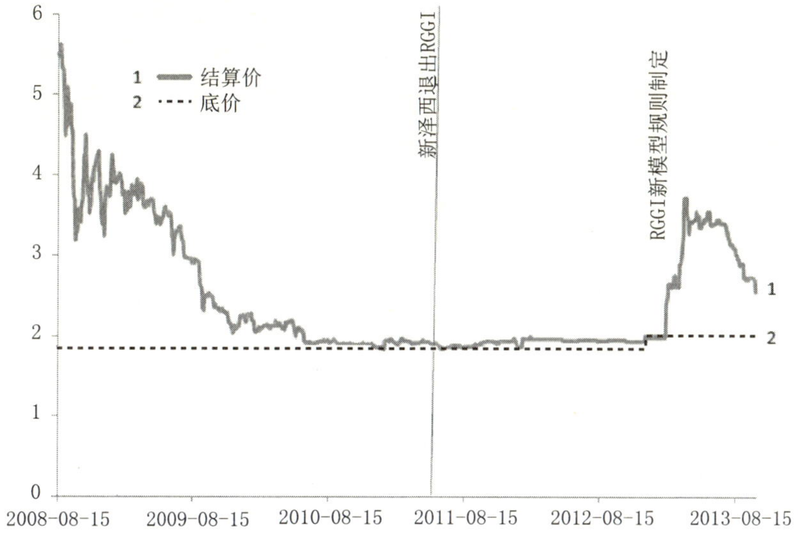

图5-5 RGGI 价格（美元/吨）

资料来源：ICE。

总之，RGGI 计划作为美国的第一个强制性区域碳市场意义重大。尽管这项计划受制于其范围和覆盖面，它证实了美国区域性碳强制减排的想法是切实可行的。从政策角度来说，RGGI 为其他区域和国际市场的设计提供了诸多值得借鉴的经验启示。RGGI 的第一阶段充满了政策和设计缺陷。这个阶段的特点是 RGGI 碳排放配额严重过度分配以及脆弱的排放权上限设置带来的影响。由于脆弱的经济环境、天气和其他能源效率措施，强制排放权限制从未实现目标水平，导致相关公司从不需要购买多余的 RGGI 配额或者作出内部交换。RGGI 价格在拍卖的最低限价附近波动。认识到政策和设计缺陷，RGGI 市场设计者制定了一个模型重新审视这一机制并对缺陷部分作出改正。这标志着 RGGI 的第二阶段。2012 年启动了综合的模型检视程序，这一程序重在利用一系列手段解决供大于求的问题。重大的措施包括降低排放量上限以符合目前的排放量水平，解决储存配额的问题并且建议各州不要重新向市场供应未出售的 RGGI 拍卖配额。这些方法使 2013 年市场重新恢复了活力。值得一提的是，RGGI 解决过度分配的问题是通过配额价格而不是减少配额数量和严格目标措施。这使得有效的市场定价以市场需求和供给为根本，而不是引入外部配额的价格，那样可能导致市场扭曲。这为欧盟的排放权交易制度和其他新兴的排放权交易项目提供了现成的经验，EU ETS 正经历类似的过度分配问题。

加拿大排放权市场

这一节讲述其他北美主要的温室气体减排行动，主要活跃在加拿大的几个省。这些行动中最早的是阿尔伯塔的减排行动，其能源工业展现出令人惊讶的增长。其他将在本节中谈论的包括魁北克，它与加利福尼亚州的碳交易进行过有关互联互通的谈判。

阿尔伯塔

加拿大阿尔伯塔占据了 1/3 的加拿大温室气体排放量并且人均排放量全国第二。阿尔伯塔温室气体排放增加主要是由于依赖火力发电以及逐渐成为全球的能源供应地区。阿尔伯塔是第三大原油供应地区，紧随沙特阿拉伯和委内瑞拉。

阿尔伯塔的温室气体交易项目早在 2002 年当全省完成一个综合气候战

略时就初见端倪。接下来的一年，气候变化和排放管理法案要求排放量在10 万吨的设施进行减排，使该省成为了北美地区早期温室气体减排运动的发起地区之一。

关于项目设计，阿尔伯塔项目是一个有关温室气体排放密度的项目，不同于欧盟的排放权交易制度。项目要求在 2000 年建成的以及排放量超过10 万吨二氧化碳的设施减少 12% 的排放量密度，低于 2003—2005 年的年平均水平。从项目实施的第四年即 2006 年起，计划要求各项设施每年减少额外 2% 的排放量直到实现规定的 12% 的水平。项目不会随着时间而降低相关实体每年的减排目标，而是每年都实现同样的减排计划。项目涵盖了全部 6 种温室气体，包括 106 个多部门的设施，这些设施的总气体排放量预算为 1.08 亿吨二氧化碳。项目强制执行温室气体排放量密度目标涉及的部门，其排放量大约占阿尔伯塔总温室气体排放量的一半。

项目允许多种履约方式。相关设施可以选择改善排放强度，从合格的抵消项目中购买排放权抵消额度，从排放强度盈余单位购买排放权绩效信用，或者付费——固定价格为 15 加元 / 吨——给阿尔伯塔技术基金。固定价格结合无限制的技术基金有效地为阿尔伯塔省温室气体计划建立了价格上限。这一基金的目标就在于激励温室气体减排和适应方面的创新。

自 2007 年实施以来到 2011 年，该项目已经实现了 3300 万吨二氧化碳减排量并使技术基金上涨了 312 加元[①]。这是温室气体排放量强度项目如何有效降低实际温室气体排放量的一个例子。大约一半的基金投资于阿尔伯塔的各种低碳项目以及研发。2010 年，42% 的履约承诺通过技术基金完成。这是在遵守项目规则并实现环境目标的一个间接途径。运营改善占 14%，购买排放抵消约占 28%。交易排放权绩效信用占实现目标的 16%。

表 5-4 展示了阿尔伯塔温室气体项目各种合约履行机制的历史细分情况。[②]

---

① 美国环保协会和国际排放贸易协会："世界碳市场：排放权交易案例导学"（2013年5月），http://www.edf.org/sites/default/files/EDF_IETA_Alberta_Case_Study_May_2013.pdf.

② 国际排放贸易协会："温室气体市场2012"，IETA 温室气体市场报告（2012）。

表5-4 指定气体排放监管（SGER）运营成果（节选）

承诺时间周期	抵消额度（100万吨）	基金支付（100万加元）	收回额度（100万吨）
2007 (半年)	1	43	0.25
2008	2.7	82	0.57
2009	3.8	63	1.2
2010	3.9	70	1.9
2011[1]	5.3	55	1

注：[1]表示未经审计结果。
资料来源：IETA："Greenhouse Gas Market 2012"，http://www.ieta.org/assets/Reports/ieta%20greenhouse%20gas%20market%202。

阿尔伯塔计划未来的挑战包括它与联邦石油和天然气行业监管方面的交涉。多重政策不确定性存在于联邦部门的监管灵活性、严谨性及其与阿尔伯塔项目的一致性中。

魁北克

2009年11月，加拿大魁北克省制定了到2020年实现温室气体减排相比1990年水平降低20%的目标。有趣的是，这个计划已经在一个主要依靠水力发电的省率先实施。这个项目发展的意图在于与未来其他区域——如加利福尼亚、安大略省和不列颠哥伦比亚省的项目和谐发展。

魁北克项目由三个阶段组成。第一阶段从2013年到2014年，涵盖了80个设施涉及工业和能源部门每年二氧化碳排放量超过2.5万吨。第二个阶段从2015年到2017年，将排放权上限的规定扩展到化石燃料经销商。通过这次拓展，项目涵盖了85%的魁北克的温室气体。第三个阶段，从2018年到2020年，将需要每年实现4%的减排目标。和欧盟排放权交易制度和美国酸雨计划一样，魁北克希望在第一个阶段能够对涵盖的实体免费分配排放权配额。然而，化石燃料经销商须从2015年起遵守这一项目规定，从此不能再获得免费配额的分配。在首次免费分配后，魁北克将阶段性地向市场参与者拍卖剩余配额，价格为最低限价15加元/吨。拍卖收入将被转移到绿色基金中，与阿尔伯塔的技术基金的目标相同。

魁北克计划允许有限的抵消信用，并且信用从早期活动就可以用于履行承诺。在写这章的时候，合格的抵消交易包括农业甲烷销毁、小型垃圾填埋场甲烷销毁，以及其他消耗臭氧层物质的处理。另外，参与的实体受到每个承诺期最高 8% 的抵消额度限制。还有一些其他有关魁北克计划的细节，但与本书内容无关。

魁北克项目的主要挑战在于电力和工业部门中只有很少的减排机会。如前所述，魁北克 96% 的电力制造依靠水力发电，这就为运输、制造和建筑部门留下了大部分的温室气体减排责任。此外，魁北克也缺乏足够的可以抵消资源，要依靠与加州的联通实现抵消供给。与加州联通的延迟增加了履约成本，至少在短期内如此。

本节主要讨论了活跃于北美的管理温室气体的各种计划。讨论揭示了北美大陆项目设计的多样性。尽管现行的大多数项目关注减少绝对排放量，也存在诸如阿尔伯塔选择排放量强度的方式。此外，温室气体的覆盖面具有多样性，比如大型区域项目 RGGI 仅仅关注于二氧化碳。大多数的北美洲项目都包涵一些形式的碳抵消使用，尽管有一定程度的限制。表 5–5 展示了北美各种项目的对比。下一节将要讲述国际低碳行动。

表5–5　北美低碳总量和排放权交易行动的对比：减少排放量、减少碳排放密度和减少能源密度项目

	加利福尼亚州总量控制与交易	区域温室气体行动(RGGI)	魁北克	阿尔伯塔
包含气体	所有温室气体	二氧化碳	所有温室气体	所有温室气体
项目类型	总量和排放权交易制度	总量和排放权交易制度；绝对排放量减少	总量和排放权交易制度；绝对排放量减少	总量和排放权交易制度；基于排放量强度

续表

	加利福尼亚州总量控制与交易	区域温室气体行动(RGGI)	魁北克	阿尔伯塔
参与州	加州；努力与魁北克州合作	9个东北地区州：康涅狄格州、特拉华州、马萨诸塞州、马里兰州、缅因州、新罕布什尔州、纽约州、罗得岛州和佛蒙特州	魁北克省，寻求与加州合作	阿尔伯塔省
行业范围	发电，以及超过排放2.5万吨二氧化碳的制造业和交通运输业	化石燃料发电，超过25兆瓦	发电，以及超过排放2.5万吨二氧化碳的制造业和交通运输业	从2003年以后所有超过10万吨二氧化碳排放量的行业
生效日期	2012年1月1日起对电力行业和工业；2015年1月1日起对交通运输业	2009年1月1日	2013年1月1日	2007年1月1日
承诺单位	- CARB商议的排放配额 - CARB商议的抵消信用 - CARB谈论的早期行动信用	- 各州商议的RGGI碳单元 - 各州商议的信用抵消	- 魁北克省商议的排放权配额 - 魁北克省商议的早期减排信用 - 魁北克省商议的抵消	- 排放权执行单位 - 排放权抵消
管理机构	加州空气资源委员会(CARB)	- 各州自行管理 - RGGI有限公司，非盈利项目管理者	可持续发展，环境和公园部门	阿尔伯塔省政府
分配	第一承诺期拍卖最少10% (2012—2014年)，2020年以后拍卖最少20%以保留价格进行季度拍卖	2009年的90%配额被拍卖剩余的配额用于各州的特定用途	- 符合条件的实体免费配额 - 以保留价格进行季度拍卖	不适用
银行条款	允许配额储存	允许配额储存	允许配额储存	不适用
抵消	允许有限的使用经同意的抵消	允许美国同意的抵消	允许管理者同意的抵消	
不履行惩罚	四种配额每缺少一种	由各州订立惩罚机制按照3：1的比例	三种配额每少一种	高达200加元/吨二氧化碳当量

新兴国际项目

在描述几个国际项目之前，先介绍一些区域性的宏观特征，相关项目就位于这些地域。首先，作为新的全球经济增长中心，一些国际区域尤为重要。其中，中国和印度是经济增长和开放在不同阶段的经济体。金融分析师必须记住，在这些地方环保金融工具正与传统的金融工具并行发展。因此，机构、治理和履约机制正在走向成熟。其次，这些区域经济增长和发展的潜力也意味着环境市场有巨大的机会。部分原因是由于工业与环境破坏之间具有紧密联系。这些地区的政府和企业领袖纷纷对低碳和可持续发展路径表示出兴趣。这与第 2 章介绍的库兹涅茨曲线的概念相同，它指出环境特征和质量随着 GDP 增长而变得更加重要。此外这些地区也代表了全球人口和人口增长的中心。这显然对资源缺乏、资源分配和优先使用有影响，而所有这些都将影响一国的环境。有趣的是，这样的地区拥有可观的重要能源以及商品资源的储藏，这是其国内经济的重要组成部分。结合其经济结构和经济发展阶段，就需要一个不同于本书前文所述的市场结构。比如说，经济增长在发展中国家有至高的重要性——从社会和公平的视角。环境干预的设计必须考虑到这些因素。

因为这些项目中很多还处于起始阶段，本章重点关注基本的环境挑战和其中使用市场工具的机遇。如前文所述，发展一个健全、可靠和透明的市场为环境资产区分实物资产和金融资产类别铺平了道路。欧盟的排放权交易制度和美国酸雨计划已经清楚地证实了这一假设。早期环境市场的经验也表明较早进入拥有更好的机遇进行价值创造。在这层意义上，金融分析师、投资者和企业应当密切关注新兴环境市场空间的发展。

我们要讨论的第一个国际项目是亚洲的大型经济体——中国和印度。紧随其后的是澳大利亚、韩国和巴西，这些地区都提出了温室气体减排行动。

中国

中国作为新兴快速发展的经济引擎已经被广泛认可。自 2000 年以来中国经济以平均 10% 的速度持续增长，其史无前例的增速使中国成为了继美国之后的第二大经济体。中国经济的增长大多严重依赖化石燃料。中国是世界上最大的能源消耗国，其经济发展严重依赖于煤炭和石油，分别占总能源消耗的 70% 和 19%。天然气的需求也在快速增长。中国经济增长伴随着巨大的自然资源、环境和社会压力。空气污染是中国各城市的主要问题，世界前 10 个污染最重的城市中，中国有四个城市位列其中。在 2008 年，中国超过美国成为世界最大的温室气体排放国家。中国排放超过 3100 万吨二氧化硫和 950 万吨氮氧化物。相比而言，美国排放约 900 万吨二氧化硫和 300 万吨氮氧化物。每年超过 40 万中国人过早死于呼吸系统疾病，与呼吸系统疾病相关的医疗保健成本占国内生产总值的 3.8%。

迄今为止目睹的环境破坏仅仅是一个开始。中国广大地区有待城市化，农村电气化进程迅猛发展。除了人口增长的压力，中国人口预计在 2030—2040 年间达到峰值，约为 14.7 亿人口（2011 年预计值），快速的城市化进程将导致 1 亿中国人居住在城市地区[①]。

中国政府意识到了环境对经济增长的重要性并开始采取措施向环境友好型和可持续发展道路转变。更重要的是，中国政府开始接受利用市场机制来应对面临的环境挑战。对市场参与者和金融分析师而言，中国的环境问题和相关风险应成为重点关注区域。考虑到中国对全球经济的贡献，它面临的任何环境风险将会对其他经济体产生巨大的影响。此外，中国政府实施的环境监管和市场可能代表着世界上最大的环境市场。中国已经采取措施控制温室气体排放，这些将会在此后的章节作进一步的深入探讨。

中国政府在第 11 个五年计划中宣布了一系列的能源安全和气候政策，其中就包括减少温室气体排放的努力目标。整体目标是将能源强度降低 20%，可再生能源消耗在能源组合中的比例从 6% 提升到将近 10%。高速的经济增长伴随着化石能源消费的增长，结果就是温室气体排放量的上升。中国政府已经在第 12 个五年计划（2011—2015 年）里开始新的宏伟计划。目前的五年计划呼吁第一步在 2015 年前建立一个国家碳排放权交易体系，

---

① China's Second National Assessment Report on Climate Change (2011).

中国发改委已经在 7 个省、直辖市开始了碳交易试点。一系列措施，包括能源强度比 2010 年下降 16%，增加 12.5 公顷的森林覆盖面积。如果可行，这 7 个试点将会降低超过 7 亿吨的二氧化碳排放，并且将成为仅次于欧盟排放权交易计划的世界第二大温室气体排放项目。到 2013 年底，中国启动了 7 个温室气体试点交易计划中的五个。

建立试点项目的省市参见表 5-6。

表 5-6　中国温室气体交易试点

地区	2015能源强度目标，基线: 2010	2015碳排放强度目标，基线: 2010	地位
北京	17%	18%	排放权交易试点被批准；碳交易在2013年11月实施[1]
天津	18%	19%	排放权交易试点被批准；碳交易在2013年12月实施[2]
上海	18%	19%	排放权交易试点被批准；碳交易在2013年11月实施[3]
湖北	16%	17%	排放权交易试点被批准
重庆	16%	17%	排放权交易试点被批准
广东	18%	19.5%	排放权交易试点被批准；碳交易在2013年12月实施[4]
深圳	19.5%	21%	第一个实施碳交易的省市2013年6月启动[5]
中央政府	−16%	−17%	

注：[1] Kathy Chen and Stian Reklev："Beijing Carbon Trading Starts as China Acts on Climate"，Reuters (28 November 2013)，http://www.reuters.com/article/28/11/2013/us-china-carbon-beijing-idUSBRE9AR07C20131128.

[2] Cui："Tianjin Starts Carbon Trading Market"，crienglish.com (26 December 2013)，http://english.cri.cn/2701/26/12/2013/6826s805326.htm.

[3] Luan："Shanghai Starts Carbon Emission Trading"，english.news.cn (26 November 2013)，http://news.xinhuanet.com/english/china/26/11-2013/c_132919150.htm.

[4] Ari Phillips："The Second-Largest Carbon Market In The World Just Opened In China"，Climate Progress. (19 December 2013)，http://thinkprogress.org/climate/3088811/19/12/2013/chinas-biggest-carbon-market-guangdong/.

[5] "First Chinese Pilot Emissions Trading Scheme Starts in Shenzhen"，*Wall Street Journal* (June 2012)，http://online.wsj.com/article/PR-CO908499-20130618-.html.

需要强调的是北京、上海和天津早在 2008 年的时候就建立了排放权交易所。2008 年 8 月北京和上海分别宣布成立了第一家碳交易平台，鉴于此，天津紧跟着在 9 月 25 日挂牌成立了排放权交易所，是中国第一家完整的环境衍生品交易平台。[①] 天津排放权交易所（Tianjin Climate Exchange，TCX）是和芝加哥气候交易所（Chicago Climate Exchange，CCX）共同出资建立的中外合资企业，并从芝加哥气候交易所那里获得技术支持和市场经验指导。CCX 帮助构建能力建设措施、自律性准则和一个充满活力的排放交易所所必需的其他基础设施。

随着交易试点的建立，中国致力于逐渐建立一个全国性的交易市场。这些市场的构建借鉴了一系列的国际排放交易框架和本国经验。中国其他的一些城市对建立它们区域内的碳市场表示出很大的兴趣。青岛市计划在 2014 年 2 月在一些大型企业里推行二氧化碳排放权交易，并采用以市场为基础的交易框架。

在 7 个试点区域中，广东是最大市场，覆盖了 5.08 亿吨的二氧化碳，占据了 7 个地区基准量总和的 72%。至今为止，只有深圳试点深圳排放权交易所在运作。有趣的是，深圳位于广东省内，受它自己和广东省的排放量交易制的双重约束。一个基于试点经验的全国统一排放权交易机制将会在 2016—2020 年颁布。

中国排放量交易制度的独特之处在于自下而上的建立，结合了从本国区域性和国际上的经验。接下来将会介绍印度在减少温室气体排放方面的创举。印度的项目更多地依赖于利用可再生能源和提高能源效率来实现低碳经济。

印度

印度正在构建环境市场的基础，它已经建立了一个全国的可再生能源交易项目并且已经准备出台一个野心勃勃的能源效率交易计划。印度清晰展示了市场化干预下经济和环境成功发展的案例。印度，这个世界第四大经济体，在过去 10 年实现了令人印象深刻的经济增长，从 1997 年开始就

---

① "Environment and Energy Exchanges Launched", *China Daily* (6 August 2008), http://www.china.org.cn/business/2008-08/06/content 16143784.htm.

保持每年高于 7% 的增长并在 2008 年达到了 8.5%。充分利用高水平的劳动力、企业家、国内治理，适宜的法律环境和商业制度架构，使印度在即将到来的经济扩张中占据有利位置。高增长率显现在印度经济的所有主要部门中。

就像我们在中国案例中看到的那样，印度经济的稳定增长也伴随着挑战，这些挑战不仅来自环境，也来自于其他社会方面。印度仍需抚养 2.98 亿活在绝对贫困线以下的居民，占其人口总量的 26%。环境和自然资源的挑战正在广泛蔓延，这个国家面临着能源需求增长和一系列的社会和发展的并发问题，持续经济增长的主要威胁来自于环境恶化及其他因素带来的挑战。

印度经济迅速发展，使以能源集中制造为基础的增长成为可能，印度已经很好地完成了化石燃料能源部门的高增长率。印度依然是世界领先的基础能源的输出国之一，同时也是最大的能源消费国之一。最近 20 年，印度能源使用的增长速度已经超过了 GDP 的增长速度。最值得注意的案例是电力行业，电力消费在过去 20 年已经远远超过了 GDP 增长，这一趋势最近日趋明显。此外，在过去的 25 年里，印度能源的总使用量以每年 5.87% 的速度增长。同时期的总电力供应增长了 7.14%。

这种趋势的直接后果就是以化石燃料为基础的能源需求，尤其是煤，粗略的估计占到印度能源生产的 52%。年度的能源生产与消费已经跃升为世界第三。

能源资源的需求预期随着经济的增长而增长，并且城镇化、人口增长、农村电力和每单位的资本收入都有所增长。证据来源于第 11 个五年计划，以效益为基础的生产总量预期应增长到 78000MW，远远大于以煤炭为基础的能源生产。类似的，印度的国家计划委员会整体的能源政策报告：

> 为了实现到 2013 年前每年 8% 的可持续增长，印度的基础能源供应至少会增长 3 ~ 4 倍，并且电力供应将 5 ~ 7 倍于现在的消费量。如果我们不采取措施降低能源的需求，那么到 2031—2032 年的能源产量必须增长到 778095MW，每年对煤炭的需求将会达到 20.4 亿吨。

历史上大部分的能源密集行业，像发电、钢铁、水泥、化工、化肥和运输等行业对化石燃料的依赖对环境产生了影响。虽然人均来讲比较低，但相较于印度 1990 年的温室气体绝对排放量几乎翻了一倍，CO_2 排放就达到 13 亿吨。印度的温室气体排放量已经是可持续发展的最大障碍，每年以 6.5% 的速度上升，仅次于中国、美国和欧盟，位于第四。随着化石燃料发电的增长带来的颗粒污染，以及二氧化硫和氮氧化物的预期排放，与气候变化的紧密联系是对喜马拉雅生态系统、水资源安全的威胁。

尽管所有这些挑战都并非不可逾越，并且传统上一直是经济转型的一个部分，印度已经认识到迫切需要启动可持续经济增长过程的必要性，这对社会和环境都非常重要。

为了这一目标，印度在《联合国气候变化框架公约》谈判中表现活跃，并且受益于联合国清洁发展机制（Clean Development Mechanism，CDM）项目。印度和其他近 200 个国家，已经批准了《联合国气候变化框架公约》（UNFCCC）并于 1994 年生效[①]。在 2002 年 8 月，印度成为 UNFCCC 框架下《京都议定书》的成员。

至于联合国清洁发展机制项目，印度政府（Government of India，GoI）在国内改良大型设备和采用 CDM 项目的过程中扮演了带头人的角色。这一点，加上多方面的人力资源，尤其是创业资本，使印度崛起为 CDM 项目的重要枢纽。到 2009 年 4 月，印度占总 CER 发行的 415 个项目的 15.7%，潜在的名义价值约为 45 亿美元。

最近，印度政府已经实施了一个面向未来的政策框架，旨在寻求保持未来经济增长的同时确保对环境和国民生活质量造成最小损害。2008 年针对气候变化，总理国家行动计划（National Action Plan, NAP），首次宣布，概述了针对解决印度的气候减缓和适应的现有和未来的政策。这些行动形成了一个广阔、有凝聚力的政策的一部分，这个政策是有关能源环境和经济发展的政策，正如总理国家气候行动计划、第 11 个五年计划以及综合能

① 更多信息关于the Status of Ratification of the Kyoto Protocol，http://unfcc.int/kyoto_protocol/status_of_ratification/items/2613.php。

源政策报告（Integrated Energy Policy Report）等所述。这些目标通过建立八个核心的国家战略而实现，国家战略通过一个多管齐下的、长期的、综合性的策略来实现气候变化的主要目标。

在 NAP 中提出的有关这项建议的是两个行动：

（1）新能源和可再生能源部门支持的行动（Ministry of New and Renewable Energy，MNRE）：建立一个动态的、不断升级的最低可再生能源年采购标准，此外允许一个可交易的可再生能源证书（REC）计划。

（2）国家提高能源效率任务支持行动（National Mission for Enhanced Energy Efficiency）：建立市场化的机制和可交易的能源效率认证信用市场，以提高能源密集行业和设施的能源使用效率。

以上两个行动考虑到了印度经济的固有优势和未来的发展愿景。与印度政府基于《联合国气候变化框架公约》提出的共同但有区别责任原则和依据各自能力原则，建立气候变化解决方案的目标是一致的。此外，从印度的能源安全角度出发，它们提供了这样的机会，那就是提高内部生产清洁能源的能力，同时产生其他社会协同效益。

可再生能源证书机制：相对于其全部的生产能力，印度拥有最高比例的可再生能源利用率。印度在风力发电方面位居世界第五位，估测生产潜能为 45195MW。全部可再生能源目前生产大约 13878MW 电力，占全部产能约 8%，为混合发电贡献 3%，其中风能占有最大份额。这意味着巨大的潜力尚待挖掘。为此，印度政府已部署可再生能源的产品和系统，这是世界上最大的项目之一。可再生能源的需求很高，并被看作解决农村电气化的关键方案，比如该国的加速农村电气化项目。

印度的私营部门在制造可再生能源方面扮演了重要角色。包括在建立制造能力和能源生产以及温室气体配额交易方面的重要角色。印度的可再生能源市场估值 5 亿美元，年增长为 25%，并且可再生能源投资约为每年 30 亿美元。随着风险投资的活动增加，2007 年印度在各国之中保持了年可再生资源投资水平最高的国家，其他国家还有德国、中国、美国、西班牙和日本。印度也建立了金融机构，如印度可再生能源发展局，为可再生能源项目提供融资服务。

印度政府第 11 个五年计划声明，要将可再生资源提高到 10% ~ 12% 的总产能，贡献约 5% 的混合电力。在第 11 个五年计划中，在 7 万 MW 发电总量中，1.45 万 MW（约为 20%）需从可再生能源产生。

2010 年 3 月，根据第 11 个五年计划纲领和 NAP，印度引进了 REC 机制来支持可再生能源购买义务（Renewable Purchase Obligations，RPO）。这些义务要求电力生产者利用可再生能源在 2010 年生产 5% 的国内电力，下一个十年再增加 1%。受监管的实体必须购买或者交易 REC，每 REC 相当于 1MW 电力。这一机制包括正在发行给可再生能源运营商的 REC 以及不符合 RPO 要求的实体在每月拍卖中购买的 REC。图 5-6 提供了每月发行给合格实体的可再生能源信用，之后可以出售给 REC 监管的义务履行实体。印度的两个电力交易所，分别是印度能源交易所（India Energy Exchange，IEX）和印度能源交易有限公司（Power Exchange India Ltd，PXIL）来实施每月的拍卖。太阳能发电区产生的 REC 和其他所有的 REC 都分别进行拍卖。

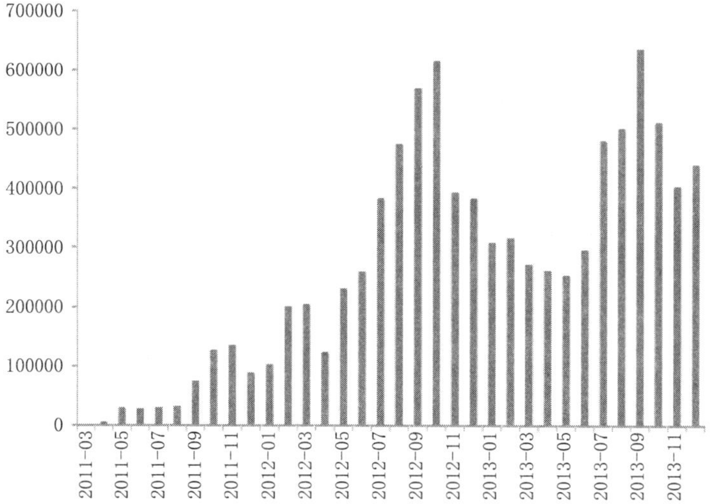

图5-6　各月发行的可再生能源证书数量

交易机制旨在促进州际 REC 交易。交易机制允许具有可再生能源潜能的区域生产全部产能并和低可再生能源产能的区域交易。到 2013 年 12 月，

915 个可再生能源项目已经被国家节点可再生能源机构认可。这和 1890MW 或者 9.5% 的国内可再生能源产能相一致①。从可再生能源技术的角度来说，大约 44% 的可再生能源产生于风能，28.5% 产生于生物燃料，22.6% 产生于生物质，4.2% 产生于小规模的氢气，0.4% 产生于太阳能。

印度的可再生能源证书保证完整的电子化可再生能源的登记注册，包括发放、监控和交易。在 2011 年，第一个实施年，546808REC 被发行，438249 在交易所交易。根据平均清算价格，最低名义价格约为 2000 万美元。表 5-7 展示了印度市场的 REC 增长。迄今为止，8659440REC 以均价每单位 REC30 美元发行，基础名义价格为 2.59 亿美元。

表5-7 印度REC市场增长

	REC 发行	REC 交易	平均价格（美元）[1]	名义价值（美元）
2011	547340	438249	38	20625596
2012	3432615	1982614	35	121628992
2013	4679485	1200591	25	116987125
总计	8659440	3621454	30	259783200

注：[1] 用1美元=60印度卢比固定汇率计算（截至2014年4月）转换为美元进行。
资料来源：REC Registry of India，https://www.recregistryindia.nic.in/indexphp/general/publics/recs。REC交易和平均价格来自印度能源交换月REC拍卖数据：India Electricity Exchange，http://www.iexindia.com/marketdata/recdata.aspx; Power Exchange of India Limited，https://www.powerexindia.com/PXILReport/pages/RECMVPReport.aspx。

截至 2012 年 4 月，监管 REC 市场的中央电力监管委员会已经实施 1500 印度卢比或者约每单位 REC25 美元的价格下限。这个最低限价将保持约 5 年时间，其存在目的是为市场参与者提供长期计划替代品，以代替价格疲软时的 CDM 信用。

下一小节包含的高能源利用率项目名为执行、实现和交易。这一机制旨在为印度应对全球变暖和提高能源利用率提供答案。

执行、实现和交易（PAT）：执行、实现和交易（Perform Achieve and Trade，PAT）机制在 2008 年被宣布为应对气候变化国家行动计划的旗帜

① 资料来源：REC registry of India，https://www.recregistry india.nic.in/index.php/general/publics/index。

项目。这一计划涵盖了8个工业部门的15个被国家行动计划（National Action Plan on Climate Change，NAPCC）认证的能源密集型行业。PAT强制特定的能源消费减排目标到478个相关行业的指定能源消费者（Designated Consumers，DC）。与此同时，这些指定能源消费者占据60%的印度主要能源消费以及25%的国内GDP。预计PAT项目中提高能源效率的措施将减少2600万吨的二氧化碳排放量，实现到2020年为国家降低碳排放强度在2005年水平减少20%～25%的排放量。PAT计划的突出特征展示在表5-8中。

表5-8　印度PAT市场设计要素

立法	2001年能源保护法, 2010年修正案, 第14条（2010年8月）
监管	印度能源部隶属的能源效率局（Bureau of Energy Efficiency，BEE），受中央电力监管委员会的监督
管理	能源效率局（BEE）
覆盖范围	- 高强度能源行业（478 DC）:热力发电厂、钢铁、水泥、化肥、铝、纺织、浆纸业、氯碱工业 - 第二承诺期中可能拓展的行业
承诺期	- 第一个PAT周期从2012年4月1日到2015年3月31日 - 完全履行承诺义务至第一周期结束
底线	- 自2007年到2010年平均每单位产品投入的全部能源 所有能源都看作和转化为吨油当量（metric ton of oil equivalent，MTOE）
目标	- 特定能源消费（Specific energy consumption，SEC）目标分配给每个DC, 以基线的百分比 - 全部减排4.2%相当于660万吨油当量
监控和审查机制	- 基于“基线能源审计”（Baseline Energy Audit，BEA） - 执行由“指定能源审计”（Designated Energy Auditors，DENA）由BEE认可 - 第一次基线能源审计在第一个PAT周期结束（2014），可能的话以后每年审计一次
执行	罚10万卢比（2万美元），除了承诺的价值
交易	- ESCert 发布给任何DC超过所拥有的SEC目标 - 双边交易或者通过两个国内能源交易，如IEX、PXIL - 市场设计要素（如银行）在考虑中
市场准备	- 目标设置在2012年3月完成 - 规则和程序已完成 - 交易框架和规则即将宣布（正在进行）

PAT 项目的第一个承诺阶段是从 2012 年到 2015 年。在此计划下，参与的工厂被指定特定的能源减排（SEC：specific energy reduction）消费目标，在 2015 年年底实现。SEC 指每单位产品所消费的能源并且用每吨产品的吨油当量（TOE）表示。SEC 的底线依据 2007 年 4 月到 2010 年 3 月每个工厂的平均能源消费确立。PAT 设置的能源目标不是特定行业而是具体的工厂，要求其在 2015 年平均能源消耗减排 4.8%。这针对一个行业内部存在的大范围的能源效率问题。

PAT 项目由能源效率局（BEE）进行规制，该局隶属于印度能源部。特定的消费者（DC）超额完成目标的，可以发放认证和可交易的能源节约证明或者年度节能模范。交易可以由双边完成或者通过已建的能源交换平台完成。交易严格限制在 DC 中，其他金融机构或者参与者都不能参加。一套健全的交易框架和规则已经由 BEE 建立起来。

截至目前，项目地位已经被确立为在 DC 中提高能力建设，执行拖延以及建立 DC 的基本审计制度。

下一节将讲述温室气体项目在韩国被提出，与中国和印度不同，韩国的经济与发达经济体更加紧密。其大型基础制造业和技术服务是主要的气体排放来源。

韩国

韩国是第一个通过国家排放权交易机制的亚洲国家。自 1990 年起韩国的排放量持续增长，现已超过 6 亿吨二氧化碳。韩国是世界上第七大温室气体排放国家也是排放量增长最快的国家之一。韩国在 2010 年通过了低碳和绿色增长框架法案。此法案的目标在于到 2020 年减少国内温室气体排放量 30%。法案包括国内排放权交易项目条款。截至 2011 年，韩国建立了项目实施所需的基础设施，包括测量、报告和认证程序。项目有望在 2015 年实施。表 5–9 展示了此项目的突出特征。

表 5-9　低碳和绿色增长框架法案的主要特征

温室气体	CO_2、CH_4、N_2O、HFCs、PFCs、SF_6
行业范围	- 60%的国内温室气体排放企业 - 包括范围： 超过12.5万吨二氧化碳排放量的企业；个别设施超过2.5万吨二氧化碳
承诺期限	- 承诺期限（Compliance periods，CP）：CP1 2015—2017；CP2 2018—2020 - 从第三承诺期后五年
分配	- CP1和CP2超过95%的免费配额 - 对能源密集型行业出口贸易型100% 免费 - 未来通过总统令分配
拍卖	允许早期拍卖
借贷	- 超过一个承诺期允许借入下一个承诺期的第一年 - 只允许借一个承诺期
其他成本控制	最多25%的配额保留给新近进入者
抵消	适用标准（如CDM或者自有标准）和国家抵消的使用限制由总统令指示（预计在2012）
不遵守承诺的惩罚	履行（最多）高达三倍于承诺的配额，最高罚款每单位配额1000万韩元（8800美元）
关联	未来考虑

资料来源：World Bank, Presidential Committee on Green Growth。

为实现目标，韩国需要其工业部门减排 0.83 亿吨二氧化碳，电力部门减排 0.68 亿吨二氧化碳，建筑行业减排 0.48 亿吨二氧化碳以及交通运输业减排 0.37 亿吨二氧化碳，以实现总的 2.36 亿吨二氧化碳减排目标。国家将会分三个阶段执行计划：第一阶段从 2015 年到 2017 年，第二阶段从 2018 年到 2020 年，第三阶段从 2021 年到 2026 年。项目有望在 2015 年 1 月 1 日期实施，参与者包括韩国 60% 的年温室气体排放企业以及 490 个最大的排放者。涵盖实体包括强制参与的企业也包括资源参与者。强制交易的门槛为每年超过 12.5 万吨二氧化碳的企业。和澳大利亚的项目类似，韩国允许灵活的机制，通过利用有限的抵消，被称作韩国认证的排放配额（KCERS）。抵消不得高于实体的承诺义务的 10%。

讨论过亚洲主要的项目后，本书接下来还将拓展探讨澳大利亚和巴西的主要减排行动例子。

澳大利亚

一个全国范围的总量和排放权交易项目，清洁能源未来计划，预期到 2015 年产生上限 60% 的排放量。本次计划包含的行业有电力生产，工业设施，短时排放 ，垃圾填埋行业。

计划目标是到 2020 年降低澳大利亚 5% 的碳排放并到 2050 年降低到 2000 年水平的 80%。表 5-10 展示了未来清洁能源计划的显著特征。提议之下，2015 年开始的第一阶段的前五年上限将在 2014 年 5 月宣布。政府提议提前宣布下一个未确定年的上限，为覆盖实体提供一个五年提前通知。这种机制也有望允许政府在作决策时合理考虑其国内和国际的环境义务，经济发展情况等。为了管理导致政府无法作出决策的风险，法律允许最少实现 5% 的目标。

表5-10　未来清洁能源计划显著特征

指标	详情
目标	帮助澳大利亚到2020年实现减少5%的碳排放减排目标（相对于2000年水平）到2050年达到80%（也是相对于2000年水平）
开始时间	固定价格阶段：2012年7月1日 灵活价格阶段：2015年7月1日 浮动价格阶段：2018年7月1日
涵盖范围	四种《京都议定书》温室气体：二氧化碳（CO_2）、甲烷（CH_4）、氧化亚氮（N_2O）、全氟碳化合物（PFCs）。六氟化硫（SF_6）和氢氟烃（HFC_S）将会被不可交易立法规制。林业、农业, 以及某些交通运输业不在覆盖范围
承诺基本上限	每年, 根据6月30日到年底 －CMP灵活价格阶段头五年的总量将在2014年5月确定 －每年以及以后将会提前发布5年的排放权上限 －从2015年7月1日起符合条件（义务实体高达50%的年责任）
国际抵消	对一些CER适用数量限制；并且在灵活价格阶段受到退保费用的管制
帮助	家庭是援助的最大接受者；并且大量的行业援助将主要以免费许可的形式为出口贸易型工业提供

项目涵盖四种温室气体并规定有 CER 承诺使用规则。项目特征在表 5-10 中展示。

澳大利亚项目涵盖的实体包括电力生产，石油和天然气以及工业企业年排放量超过 1 万吨二氧化碳的工业企业。然而交通运输业和农业被排除在了项目之外，那些行业允许自愿采取措施来推进减缓气候变化。值得注意的是低碳农业倡议（Carbon Farming Initiative，CFI），允许出售抵消额度给涵盖实体。有人提议在 CFI 项目下，国内和京都项目应当被考虑。交通运输业气体排放预计通过征收燃油税得到遏制，其效果与碳价格相同。

澳大利亚项目的一个有趣的特征是阶段价格政策。在这个系统之下，项目第一阶段以固定价格 23 澳元 / 吨二氧化碳为特征，根据通货膨胀调整。从 2015 到 2018 年的灵活阶段将允许市场价格，高于欧盟排放权交易项目价格但最高不超过 20 澳元，并且每年增长 5%。

到了 2018 年以后浮动价格阶段，价格限制将会被移除并允许更多利用国际抵消信用的途径。结合了澳大利亚政府依据国际社会的努力和经济来改变排放轨迹的能力，这一项目在众多被提出的项目中，成为了一个独特的系统。

巴西

2009 年，巴西确立了国家气候变化政策（National Climate Change Policy，NCCP），这一政策设置了到 2020 年温室气体自发减排目标在 36.1% ~ 38.9%。主要的减排是通过减少热带雨林砍伐、土地使用用途改变以及农业和畜牧业中的气体排放来实现的。其他措施包括增加能源效率、使用生物燃料以及增加水力发电。

巴西正在实施的其他行动包括，里约热内卢州和里约热内卢市提出的在国内建立总量和排放权交易项目，这将成为巴西第一个具有法律约束力的项目。项目的第一阶段目标是在 2013—2015 年间建立一个试点，随后将会被拓展到三个五年的阶段。涵盖实体包含的行业有：能源、钢铁、化工和水泥。此外，还将设立一个公私合营的环境资产交易所，名叫 BVRio。BVRio 有望成为里约热内卢参与者的碳市场交易平台。巴西证券、商品及期货交易所（Brazilian Securities, Commodities and Futures Exchange，BM & F BOVESPA）在推动环境金融发展方面也扮演了一个早期和积极的角色。

在 2005 年的排放水平基础上，圣保罗州也宣布到 2020 年强制减排 20% 的温室气体。这将使得圣保罗的排放量从现在的 1.4 亿吨二氧化碳下降到 1.12 亿吨。2014 年的世界杯公关也推动一些巴西的私有企业参与到自愿减排的承诺中。此外，巴西也发展了其碳排放标准，即对森林认证的 Brasil Mata Viva 和社会碳标准（Social Carbon Standard）。

本节将通过对目前讨论的各种项目的比较作为结束。国家项目在其实现目标方面各有差异，包括行业和项目类型。表 5-11 展示了国际提出和推进的总量控制和排放权交易项目的概览。

表5-11　全球总量控制和排放权交易环境项目

	澳大利亚	韩国	中国	印度
项目类型	温室气体绝对减排	温室气体绝对减排	碳排放密度	碳排放密度
部门类型	- 所有六种温室气体 - 包含所有高排放工业部门 - 强制超过60%的澳大利亚温室气体排放	- 所有六种温室气体 - 包含高排放部门，实体排放量门槛为二氧化碳年总排放量达到12.5万吨 - 单独设施达到2.5万吨/年 - 覆盖超过60%的韩国温室气体排放	高排放行业；每个试验项目都包含强制企业清单	八个高能源密度行业
承诺	- 到2020年减排5%的温室气体 - 到2050年减排80%的温室气体 - 相对于2000年的水平	到2020年减少30%排放量，低于企业平常水平	- 个别试验区有特定目标 - 全国目标是到2015年减少每单位GDP17%的排放强度	- 减少特定的能源消费 - 全国减排4.2%或660万MTOE的能源
交易单位	碳单位	KCERS		ESCERTS
管理单位	澳大利亚政府	韩国环境部	国家发展改革委员会	能源局、能源部

自发碳市场

除了上述强制区域项目，还存在通过各种自发的计划，获批项目产生温室气体信用的市场。这些信用主要由公司作为公司的社会责任、碳中和以及其他绿色承诺来购买。其中最主要的项目是验证碳排放标准（Verified

Carbon Standard，VCS）。全球众多温室气体抵消项目向 VCS 提供配额，并且通过验证碳单位（Verified Carbon Units，VCU）进行交易。这些信用的价格由很多因素决定，包括项目类型、国别、温室气体减排活动特征以及其他社会的和环境的贡献，尽管其也可能受到国际 CER 价格的影响。这些信用主要通过碳经纪人或者从经纪人那里购买配额并出售给企业或个人的中介机构进行买卖。

自发碳市场迎合了一类有趣的抵消项目，这些项目游走在联合国 CER 系统外或者超前于这一系统，这些项目培育了生物多样性，而且还追求社会目标，比如赋予妇女权利和消除贫困。一类这样的项目值得介绍：保存热带雨林的碳项目。一个叫作减少森林砍伐和森林退化产生的排放（Reducing Emissions from Deforestation and Degradation，REDD）的市场，由产生 REDD 配额运营，可以作为碳抵消或者用以提升企业社会和环境责任的努力。通过购买 REDD 信用，企业不仅防止了砍伐森林造成的碳损失，也提升了社会责任实现了环境目标，诸如预防滥砍滥伐，促进保护生物多样性、水资源、原住民及居住地和广泛的各种其他生态系统资产。比如，砍伐热带雨林的采矿企业可以购买 REDD 信用来实现抵消环境影响行为的承诺。

秘鲁、印度尼西亚、刚果和巴西等国成为这些项目的主导国家。秘鲁通过保护其丰富的热带雨林资源已经是新兴环境市场的主导国。REDD 项目在秘鲁处于发展初期，相对于其他项目。秘鲁目前主导四个 REDD 项目，在验证碳排放标准下，这四个项目已经产生总计约 900 万碳信用。就 REDD 而言，秘鲁已经超前于其他国家。详细的 REDD 市场和存在机会的描述将在本书的第 6 章讲述。

结论

本章描述了几个新兴的国内和国际气候减缓行动。其提供了几个发达和发展中经济体以及区域或州项目的概述。这些项目利用以市场为基础的结构来应对全球变暖，提高可再生能源和能源使用效率。这些市场有不同的设计机制、发展阶段和政策关注点，但是都对地球产生同样的环境红利。早期如美国和欧洲的实施经验为这些项目提供了宝贵的教训。加利福尼亚州以其综合的温室气体减排和交易项目在美国成为引领者。在解决全球性问题中，其成为单独一个州的行动是如何强大的证据。在第二阶段做出了重要的改变，RGGI 项目为东北部解决碳排放问题作出的努力增加了活力和力量。加拿大在其长期的突出的承诺中采取了多管齐下的方法来应对全球变暖。以魁北克为代表的省已设计了自己的计划，密切与加州协商，并且已经实施了绝对温室气体减排承诺。其他省如阿尔伯塔制定温室气体强度目标作为最初方法。

国际社会对未来环境市场发展持乐观主义态度。在主要发展中国家，正采取不同的行动以实现低碳发展。中国，作为世界上最大的温室气体排放国，通过其碳排放强度交易项目已经在应对全球变暖问题上迈出了重要的一步。印度（被预言将会成为第三大世界经济体）正在实施国家可再生能源计划，并且将尽快推进能源效率交易项目。巴西拥有内部措施以减少热带雨林采伐并推广清洁能源。同时在其城市实施总量控制和排放权交易的小型试点。而在发达国家，如澳大利亚和韩国，计划发起交易项目，以实现温室气体绝对减排。所有这些强制环境市场都伴随着正在蓬勃发展的温室气体减排自发市场。

值得注意的是，这些国家的环境市场占世界温室气体排放总量的 70%。从投资者、企业、金融分析人士或者企业家的角度看，这些新兴项目提供了多种机会创造经济价值。这些计划也证明了这样的事实，那就是碳管理正在成为主流的风险管理无论公司在世界哪个地方运作。应该认识到企业的能源利用选择以及其排放影响和成本是企业风险管理的主题。

对于所有类型的环境市场，前途都是光明的。从效率市场的角度看到的可能获得巨大的经济价值的前景，是连接这些不同市场创建一个全球性碳交易市场的关键。这是第一次创造一个平行的环境项目设置，其相互兼容并且为国外交换市场提供相似的机会。多元的产品灵感和效率成果可以从这样的系统中产生。

先前章节已经广泛讨论了诸多的行业和区域政策，以管理温室气体与其他能源和环境目标。下一章将要讨论另外一个协助发展和维护热带雨林保护计划的新兴环境市场。这个市场叫作减少森林砍伐和退化产生的排放（REDD）市场，它通过制造可以用来抵消碳配额的 REDD 配额来运营。通过购买 REDD 信用，企业不仅防止了砍伐森林造成的碳损失，也提升了社会责任实现了环境目标，诸如预防滥砍滥伐、保护生物多样性、水资源保护、原著居民和居住地保护以及广泛的其他生态系统资产的保护。考虑到气候变化问题的严重性，森林碳汇是减缓气候变化与实现生态系统效益的重要资源。下一章将讨论森林碳汇及环境市场森林保护面临的机遇。

第6章　以森林碳作为一种资产类别

在可持续发展经济中，世界森林经济扮演着一个重要的角色。森林面积占全球土地面积的30%，估计有16亿人所需的食品、燃料和植物药材是来自森林，保护森林是一个重要的经济和环境目标。森林在减缓气候变化上扮演了两个重要的角色。第一是新生长的森林帮助吸收大气中的二氧化碳。第二是成熟的森林可以长期存储吸收的碳。事实上，森林是最大的碳储存库，其碳储存量超过大气和世界上所有的石油储备中的碳存量。

然而，持续的开采森林对经济、社会和环境正造成严重的损害。由于土地流转、灾难性气候事件和不受管制地采伐木材，每年估计有1300万公顷森林被砍伐或退化。砍伐森林导致12% ~ 15%的全球温室气体被排放，[①]超过全球运输产生的排放量。[②]但也许更重要的是，森林开发是以牺牲生物多样性、居住在森林的土著部落栖息地和生态系统（特别是水和土壤）健康为代价的。热带森林在全球气候和水循环中也是很重要的因素。快速砍伐森林和森林土地的荒漠化会使森林变为一个巨大的碳排放来源，造成灾难性的后果。因此，不足为奇，国际社会（包括气候变化的倡导者们）都正在集思广益激励保护森林的方法。

全球环境的变化（例如气候变化）正在给林业提供机会让其作为全球环境服务的供应商吸收大气中的二氧化碳。本书第4章的主题“减排和交

---

① Based on 2013 estimates of global GHG emissions of ~39 billion tons, this represents 4.68 to 5.85 billion tons of CO_2.

② Conservation International: “Center for Environmental Leadership in Business” (2014), http://www.conservation.org/global/celb/Documents/2013_REDD_Corporate-Primer.pdf.

易市场”是通过信用交易补充被固定的二氧化碳。这些新市场正导致林业活动从作为食品、纤维和娱乐服务的供应商等传统角色中进行转换。森林抵消项目不仅提供低成本的温室气体（GHG）减排措施，而且也帮助通过金融渠道来支持农村经济、丰富生物多样性以及产生其他的社会效益和经济效益。森林保护带来的许多好处已经通过温室气体市场被商品化。需要重点强调的是，森林碳信用的价格发现从理论上不仅代表了碳抵消服务，而且与此同时还代表了加强森林保护的社会、生物多样性和生态服务。从这个意义上说，从这些信用累积的气候、社会和生物多样性效益使它们在市场环境的某些成分中变得独特和更受欢迎。

在一些新兴市场中，人们正在讨论如何强制遵守包含森林碳汇在内的国家限额交易计划。近年来，来自林业的碳信用已经成为自愿交易型碳市场增长最快的部分。2011 年，森林信用占 6.8 万吨二氧化碳，在自愿买家中是第三受欢迎的选择。高质量的林业项目控制在 7 ~ 10 美元的价格，远高于大多数其他抵消的市场价格。[①] 随着环保市场的成熟，也有潜在的独立生态系统和生物多样性服务的新兴市场正在出现。新兴市场中，森林碳也扮演着一个重要的角色。通过在金融领域创建一个单独的资产类别，森林生态系统服务的独特风险和机遇带来了利益的不断增长。

本章的目的是就来自森林部门和森林碳汇的新兴市场的生态系统服务提供一个先例。主题是企业、投资者和金融分析师之间的利益转移。对企业来说，来自森林的机遇和风险是巨大的，给予企业大量来自森林的输入和产品。企业还可以通过森林信用和加强与当地社区及有关公民的联系找到抵消碳排放的利益机会。到目前为止，这是森林碳信用需求的主要推动力，这将在本章中被详细讨论。金融分析师需要了解来自森林生态系统服务的具体风险和机遇本质。就像他们会分析在任何资产类别中价值创造和风险的基础推动力，同样的方法在分析林业作为一种资产类别时一样是至关重要的。最终影响森林及其保护的根本因素影响着森林碳汇的价值。

---

① Molly Peters-Stanley, Katherine Hamilton and Daph Yin：*Leveraging the Landscape: State of the Forest Carbon Markets 2012* (November 2012)，http://www.foresttrends.org/documents/files/doc_3242.pdf.

森林景观的状况还提供了新的业务挑战、商品风险和机遇，而且重要的是还提供了交易机会。在财政、林业以及与森林有关的行业（如纸和纸浆等），企业家可以获得重要的投资机会。这一章分为六节。第一节解释了动态的森林固碳及其潜力、森林砍伐及退化的推动力。第二节解释了协助森林碳吸收和储存的不同的活动。第三节显示了在《京都议定书》框架下，在不同的国家、地区和个人企业的项目下，政策回应和森林碳交易的起源。第四节解释了针对森林信用的现有市场框架。第五节介绍了自愿森林碳市场的趋势。最后一节提出了私营部门参与森林碳的情况，紧随其后总述了全文，得出了结论。

森林固碳的活力和森林砍伐的问题

气候变化的问题和后果已经在第 4 章中有详细的讨论。再次重申，温室气体正在以前所未有的速度增长，并导致了气候变化，这种现象通常被称为全球变暖。森林在减缓气候变化方面扮演着不可或缺的角色。全球一半的光合作用发生在森林，森林是一个巨大的全球碳库。本节讨论林业在全球碳循环中的作用和它的固碳潜力。此外，还讨论了森林砍伐的共同推动力。这节一开始就给出一个森林碳循环的解释。

森林碳循环

森林碳循环的一个简单的解释涉及两个化学反应，植物生长系统每天进行的光合作用和呼吸作用。光合作用利用光能将大气中的二氧化碳转化为碳和氧；呼吸作用将碳和氧结合生成二氧化碳并释放能量。这两个化学反应并不平衡，净余的碳通过生物的树叶、树枝、茎和正在生长植物的根储存。

随着时间的推移，没有植物的土地往往会慢慢地恢复为森林。首先，杂草、灌木和快速增长的物种会出现。随着时间的推移，缓慢增长的较高级的物种也可能会出现。一旦出现，这些物种最终将占据主导地位。高大的树木不断蓬勃发展，直到最终成熟到树冠遮天。在每个发展阶段，森林内都有周期循环。一些植物经历生长、死亡和随着定期落下的叶子掉落在森林地面上。它们最终会腐烂和释放储存的碳到大气和土壤中。如果树木被砍伐，它们的根会死，然后成为地下废弃物，因为它们的分解，释放碳进入土壤和大气中。通过微生物的呼吸作用，碳在土壤中被缓慢地释放到空气中。如果碳通过分解废弃物进入土壤的量大于释放到大气中的量，则土壤碳池将越来越大。随着森林达到成熟，达到成熟的森林将停止储存额外的净碳，废弃物和增长进入平衡，森林对存储生物质碳达到平衡状态。已达到成熟状态的森林将停止存储额外的净碳直到受到如火灾或者采伐一样的破坏而开始一遍又一遍的循环。[①]图 6-1 展示了一个全球森林碳循环的示意图。

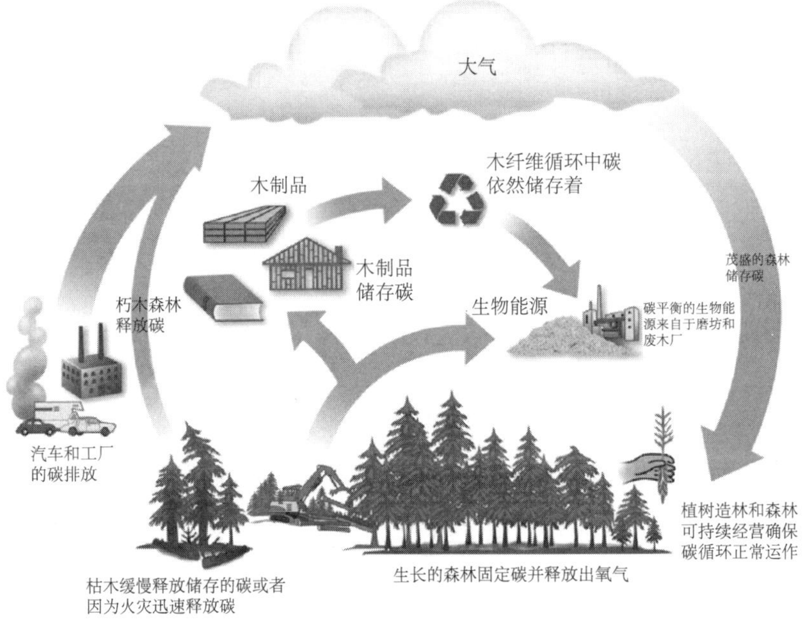

图6–1 全球森林碳循环示意图

注：插图源自 World Resources Istitute。

以下方程概述了全球碳循环。地球每年大气的数十亿吨碳流量呈现出

① Food and Agriculture Organization：*Global Forest Resources Assessment* (2005)，Progress towards Sustainable Forest Management (2005).

的特点是：[①]

大气增加（数十亿吨的碳）	=	化石燃料排放量	+	森林砍伐和土地利用变化的净排放	—	海洋吸收量	—	"未知碳汇"
3.4		5.4		1.6		2.0		1.6
（+/- 0.2）		（+/- 0.5）		（+/- 1.0）		（+/- 0.8）		（+/- 1.4）

1990 年，由于土地利用改变引起的碳排放相当于大约全球人为排放量的 23%（即森林砍伐和化石燃料排放量）和年度全球化石燃料排放量的 29%。这个数字反映了由于土地利用变化主要是由于森林破坏、森林碳吸收和释放的净额。每年大量的森林被砍伐和烧毁——在 20 世纪 90 年代每年超过 1100 万公顷，在 20 世纪 80 年代每年超过 1700 万公顷。[②]

其他研究估计，在热带地区每年由于土地利用变化的碳排放范围为 12 亿 ~ 22 亿吨[③]和 15 亿 ~ 30 亿吨。[④]另一方面，越来越多的森林吸收大气中的碳。一些分析人士认为至少非常大的"未知碳汇"反映低估了发生在森林中的碳固定。森林作为碳排放发挥着重要的作用，这表明迫切需要把林业与应对气候变化的任何行动相结合。

政府间气候变化专门委员会（The Intergovernmental Panel on Climate Change, IPCC）在第三次评估报告中写到 10 % ~ 30% 的人类由于土地利用、土地利用变化和林业（Land Use, Land Use Change, and Forestry，LULUCF）[⑤]导致了全球温室气体的排放。其得出的结论是，在全球范围内，森林管理的变化可能引起未来碳固定足以抵消额外 15% ~ 20% 的二氧化碳排放量。

① Food and Agriculture Organization：*Global Forest Resources Assessment* (2005)，Progress towards Sustainable Forest Management (2005).

② 同上。

③ Sandra Brown, Louis R. Iverson and Anantha Prasad："Geographical Distribution of Biomass Carbon in Tropical Southeast Asian Forests: A Database"，*Geocarto International*, Vol. 8(1993): 1 - 59.

④ Richard A. Houghton："Revised Estimates of the Annual Net Flux of Carbon to the Atmosphere from Changes in Land Use and Land Management, 1850 - 2000"，*Tellus* B, 55B: 378 - 390.

⑤ Intergovernmental Panel on Climate Change："Climate Change 2001: Synthesis Report" (September 2001)，http://www.ess.uci.edu/researchgrp/prather/files/2001IPCC SyR–Watson.pdf.

2004年，在美国的LULUCF活动导致了相当于7.801亿吨二氧化碳的净固碳（net carbon sequestration）。[①] 这代表抵消了大约13%的美国二氧化碳排放总量或2004年11%的温室气体排放总量。随着LULUCF碳固定活动，约13%可以随着储存在土壤和生物质中而被抵消。主要通过避免森林砍伐和森林退化（65%）、植树造林（18%）、绿化边际牧场及农田（13%）和改进森林管理（7%），[②] 森林部门有可能每年减轻80亿吨二氧化碳。

此外，森林碳项目提供了一个实用可靠的减轻二氧化碳排放的低成本选择。在他们的研究报告中，会议委员会公布说在美国约44%的受访企业也参与了碳固定项目或正在考虑用它们来抵消温室气体排放量。[③] 林业碳汇提供了一个由于生物多样性可能带来大量社会效益和经济效益的寻求金融支持的直接机会。森林碳项目也扩大了国际参与碳市场的范围，例如包含了非洲地区，而本身由于在非洲低水平化石燃料的使用其减少二氧化碳的机会是非常有限的。

我们在下一节将讨论毁林和森林退化的主要推动力。这一节很重要，因为它介绍了持有森林资产的潜在风险。换句话说，森林砍伐推动力的本质及其最终对森林碳储存的影响。理解森林砍伐推动力的根本影响对于理解森林资产面临的风险和机遇的本质是非常重要的。

森林砍伐和退化的推动力

森林砍伐是社会、经济和环境之间相互推动力的结果。它是一个复杂的、动态的和与多个因素相互关联的现象。本节描述了在适当的时候在特定的地理推动力下发生森林砍伐的总体框架。本节是非常重要的，不仅介绍了森林砍伐的原因，还提供从风险管理的角度来理解这一现象。风险管理是很重要的，不仅是对森林的可持续增长感兴趣的森林经理，对木材、

---

① U.S. EPA："EPA Inventory of US Greenhouse Gas Emissions and Sinks: 1994-2004.USEPA #430-R-06-002, Table ES-5.Washington, D.C."，U.S. Environmental Protection Agency(April 2006).

② McKinsey & Company："Pathways to a Low-Carbon Economy: Version 2 of the Global Greenhouse Gas Abatement Cost Curve" (January 2009)，https://solutions.mckinsey.com/climatedesk/default.aspx.

③ The Conference Board："Carbon Footprint: An Increasing Management Concern"，Executive Action Series No. 213 (October 2006).

生物多样性和碳资产等森林资产价值进行评估的金融分析师也很重要。森林砍伐的推动力本质在森林环境属性和最终资产风险的估值上起着重要作用。首先，我们将解释森林砍伐和退化的区别。

根据政府间气候变化专门委员会所述砍伐森林是人类直接导致的。当森林受到了产地条件的负面影响，特别是还降低了生产力时，森林退化就会发生。[①]

换句话说，砍伐森林结果会减少以前草木丛生的土地，而森林退化会导致现有森林土地质量的降低。森林持续退化实际上又可能使森林越来越少。

为找出单一的森林砍伐原因解释现象的难易，我们把原因分为直接原因和间接原因（见图 6–2）。最重要的森林砍伐直接原因是针对商业性农业的森林开垦和农地化，约占砍伐总额的 67%。这种活动在拉丁美洲尤为普遍。在美国，森林牧场和大豆种植地也是森林砍伐的主要原因。全球范围内，森林被砍伐来种植油棕、甘蔗和玉米。然而，农业并不总是导致森林砍伐的直接原因；在许多情况下，由于政府政策，森林被砍伐用于其他目的随后才被转化为农业使用（如巴西）。其他直接原因包括采矿、城市化和基础设施发展，各自占森林砍伐总量的 10%。城市化在亚洲是一个重要原因，而在非洲和拉丁美洲采矿和基础设施发展是主要原因。

间接原因是人口、经济、技术、政策和社会文化因素的相互影响。从经济角度来看，全球木材和农产品需求增加是主要的间接原因。农业和木材产品方面的国际贸易的“嵌入式毁林”是森林砍伐的主要间接原因。欧盟是世界上最大的嵌入式毁林的净进口地，通过从巴西、阿根廷和巴拉圭进口大豆，从巴西进口肉类产品，从印度尼西亚和马来西亚进口棕榈油，从加纳和尼日利亚进口可可。这种现象类似于在本书第 8 章进行讨论的虚拟水的概念。森林产品出口还包括“虚拟”资源的出口，比如可能导致水源枯竭等生态系统影响的水出口。

---

① Jim Penman, Michael Gytarsky, Taka Hiraishi, Thelma Krug, Dina Kruger, Riitta Pipatti, Leandro Buendia, Kyoko Miwa, Todd Ngara, Kiyoto Tanabe and Fabian Wagner：“Good Practices Guidance for Land Use, Land-Use Change and Forestry”，Intergovernmental Panel on Climate Change (2003)，www.ipcc-nggip.iges.or.jp/public/gpglulucf/gpglulucf_files/GPG_LULUCF_FULL.pdf.

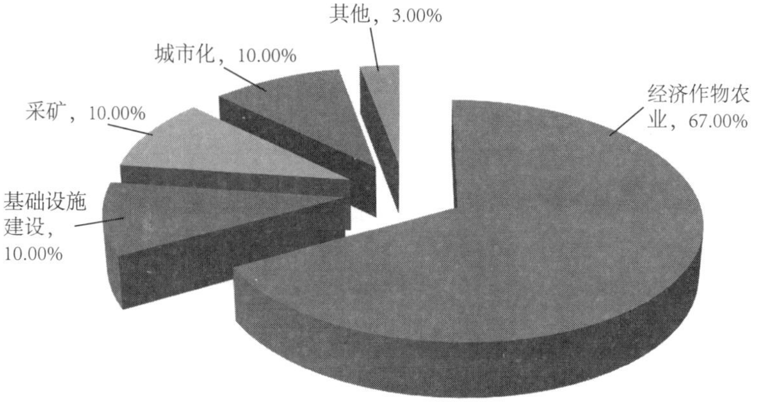

图6-2 全球森林砍伐的原因

其他原因包括许多国家无力的森林治理和制度框架、人口增长、不明晰的土地产权和不安全的土地所有制等，如大宗商品价格、外国直接投资等。在许多发展中国家扩大道路基础设施为伐木工、移民和农民提供了就业机会，从而加剧了森林砍伐的问题。

从地理上来看，超过一半的全球森林砍伐发生在两个国家——印尼和巴西。这些国家在前五大温室气体排放国中，这很大程度上归因于森林砍伐带来的排放。

在拉丁美洲和亚洲，与森林退化有关的，木材和伐木工作活动占70%以上。在非洲，燃料木材收集和木炭生产是森林退化的主要原因。退化的森林经常最终变化为非林地使用。

因此减少森林砍伐可以在减缓气候变化中发挥主要作用。即使不考虑林业，仅以当今的全球森林库容量计算已经表明将很难解决全球气候问题。然而，林业（和其他陆地抵消）又难以纳入温室气体市场的路线。在下一节中将讨论林业作为缓解气候变化的一个合法来源的政策回应。

森林碳的分类

在这里介绍几种在目前的森林碳规则下被认为行之有效的不同类型的

项目活动。此外，项目类型的性质对碳吨量、潜在风险的性质资格要求等有影响。所有这些变量最终对市场价格产生影响。本节概述了在市场上最常见类型的森林碳项目。

（1）**减少来自森林砍伐和森林退化造成的热排放（Reducing Emissions from Deforestation and Forest Degradation，REDD）项目**：这些项目的重点是保持现有的热带雨林，减少森林砍伐和退化对温室气体排放的影响。与其他基于土地的策略相比，在短期内 REDD 计划最有可能产生大量的碳收益。通常，REDD 项目非常大（10 万 ~ 100 万公顷）和有发生重要容量（每年 10 万 ~ 100 万吨二氧化碳）减排的潜在可能性。考虑到自然资本、商品和服务相关的完整的原始森林，REDD 计划也有最大的潜力产生主要的生物多样性和社会效益。

（2）**造林和再造林（Afforestation/Reforestation，A/R）项目**：这些项目是指在近期不是森林的土地植树，即曾被森林覆盖的土地的造林和再造林。这些项目是最早参与温室气体排放市场的。这在一定程度上是由于这些项目的会计方法简单和易被证明。虽然相对简单，但是这类项目中碳积累的数量也较低，需要伴随着树木的生长积累。尽管如此，A/R 项目固碳活动对于吸收已经被释放到大气中的碳有很大的潜力，使它们成为一个重要的长期碳减排策略。

（3）**改善森林管理（Improved Forest Management，IFM）项目**：该项目旨在改善森林管理如何在以减排和固碳的潜在形式下产生环境福利。广泛的活动类型包括：从传统的方式转向对环境影响小的伐木工作；保护那些将被砍伐的森林，延长轮伐期；将边缘森林转化为高生产力的森林（如通过重植）。大多数木材业务进行商业化管理，这样可以简化改进森林管理碳交易和项目活动。然而，为了确保碳效益得到长期维护，短期利润的动机也存在挑战，特别是面对不断上升的机会成本。无论如何，除非对木材和其他木质产品的需求迅速下降，怎样开发使全球气候受益或者至少不是伤害的森林管理策略是很重要的。作为最佳管理实践，这一类增强或维护碳固定和可持续管理商业化林业和木材种植业是至关重要的。芝加哥气候交易所[1]（CCX）的所有项目中森林碳项目是第一个项目。来自商品林市场部门的芝加哥气候交易所成员不仅把采取一个有约束力的减排作为目标，而且致力于改进森林管理。除了最佳管理实践，这还涉及获得可持续林业认证和森林碳固定稳定性承诺。主要森林公司如国际纸业（NYSE:IP）、斯道拉恩索（HEL:STERV）和 Meadwest Vaco（NYSE:MVW）在这些项目中扮演着行业领导者的角色。

除了上面描述的方法，还存在广泛的农业固碳机会。下面将对此展开描述。

广泛的机会存在于农业碳固定中。环境市场为提供环境服务的全球农业提供了一个机会。具体来说，机会的主要来源是通过实行保护性耕作、草原种植和植树进行土壤固碳。这些机会允许农民收入多元化，提高生产率和降低生产风险，同时促进农田长期可持续和健康发展。例如，这些实践改善了水质和提高了当地的环境条件。那些可积累的利益对于农民来说是十分可观的。在一个透明、监控和验证的温室气体交易项目中，芝加哥气候交易所（CCX）是第一个开始这样项目的机构，包括以透明的合法来源进行碳抵消的农业土壤固碳。芝加哥气候交易所感到农业的地位被迫切需要，意识到一个重要的新农业收入来源，通过提供全球环境服务来获得收入。在这项计划中，芝加哥气候交易所那些不能减少自己的排放的成员可以从那些有额外减排额的成员处购买信用，或者可以从单个减排项目处购买抵消额。这些单个减排项目如农业项目，包括无产和低产的耕作、草坪或树园。除了小于行宽 30%的种植带外，保护性耕作或免耕种植的概念是指不破坏土壤原状进行植物收获，在狭窄的苗床或由人工开凿的窄槽中完成种植过程。因为前几年的作物残留物留在土壤表面，并从先前的作物根系腐烂在土壤中，从而维持或增加土壤的有机碳含量，所以这样的耕作能更好地促进土壤碳的增长。免耕种植实践可以通过确认前几年在土壤表面的植物残体和证明土壤没有明显被混合或中断来进行验证。之后，可以

① The Chicago Climate Exchange was the first market based, multi-sectoral program for trading greenhouse gas emissions in the world. The program was voluntary but legally binding and involved over 400 members including offsets from forestry and agriculture projects.

通过设计一个适当的程序向农民在一定时期内（通常一年）发行扣除额外碳固定化数量的碳抵消的方式来向他们实施信贷。CCX 项目在北美有超过 1600 万英亩的保护性耕作、草地和树园进行注册、验证和碳抵消交易。这项工作同时得到了国内农民联盟和美国农业局的支持。

植树是农民可以参与全球温室气体市场的另一个渠道。项目工作原理类似于来自树木生长的木质生物原料的土壤碳固定项目。印第安纳州共和党参议员理查德·卢格是最早通过芝加哥气候交易所参与这样一个项目的人。2006 年 5 月，参议员卢格将他在印第安纳州 604 英亩名叫卢格农场（Lugar Stock farms）的硬木林场登记到芝加哥气候交易所。每年其通过树木生长计算得到的碳固定数值用来得到相应的碳抵消信用值。碳固定数值基于农场的管理实践、树类型、密度和年龄等动态变化。积累的碳抵消可通过在 CCX 温室气体市场出售而货币化。

政策回应：森林碳温室气体排放交易的起源

1992 年“地球峰会”（正式名称为联合国环境与发展会议）在里约热内卢开幕，会议上签订了《生物多样性公约》和《联合国气候变化框架公约》（UNFCCC），以及一个沙漠化协议。

在 1997 年气候大会最终采用了《京都议定书》中放缓人类对大气中二氧化碳浓度不断增加的贡献的中心目标。气候、生物多样性的条约和生态系统的保护核心都明确支持环保可持续经济发展目标。此外，就其本身而言，减缓气候变化的速度将对生物多样性的保护提供一个巨大的支持。

从一开始，《联合国气候变化框架公约》就承认针对多个温室气体的灵活排放的重要性，鼓励使用各种资源来做减排措施（如森林生物多样化和土壤固碳），以促进灵活性和经济效率。这些原则都反映在《联合国气候变化框架公约》的《京都议定书》下，规定建立了一个解决全球变暖的综合方法。

正如第 4 章介绍的，《京都议定书》给出了四个国际灵活性机制，允许实现符合其减排量化的承诺。值得注意的是,《联合国气候变化框架公约》第三条明确被采用的政策措施需要包含“各方所有相关的碳池”。这也在《京都议定书》第二条中予以重申，即在附件中陈述所有各方应该实施“加强碳池保护”的政策和措施。

然而，在《京都议定书》中包括一些来自林业和其他土地利用变化活动的碳信用限制。例如，在《京都议定书》和CDM下，一些林业造林和再造林项目的信用被限制。在这里,《联合国气候变化框架公约》发行了一种被称为临时CER（temporary CER，tCER）和长期CER（long-term CER，lCERS）的CER[①]林业变体。为了遵守《联合国气候变化框架公约》规定，买方在未来需要更换这些碳信用。

在造林和再造林活动中产生的有限的利益和投资，所涉及的不确定性和额外成本包含在采购森林吨数中。此外，约束《联合国气候变化框架公约》下的森林碳汇还面临着长期的理论分歧。一些针对造林运动的反对意见指出我们并没有足够量化的方法测量通过森林固定到的碳值以及这是否是一种可持续的碳储藏方式。此外，还有一些人担心因为森林碳固定缺乏减少排放的吸引力，因此使用森林固定减排会不再强调。当然也有不同性质的金融援助和补偿项目来激励被赋予作为全球资产而保护其热带森林资源的发展中国家。

联合国谈判不是森林碳汇面临障碍的唯一平台。作为第一个实现《京都议定书》承诺的交易方法的大规模示范，欧盟碳排放交易机制（EU Emissions Trading Scheme，EU ETS）到目前为止也一直在犹豫。欧盟拒绝接纳来自林业和其他用地的CDM信用进入欧盟碳排放交易机制的直接连接机制的变化活动。拒绝接纳的主要原因是欧盟政策制定者关注能源行业和担心大量的林业信用将淹没市场造成欧盟抵消价格暴跌。正如第4章中解释的原因，欧盟碳排放配额价格下降并没有证实包含有森林碳汇的因素。欧盟当前的想法是在2020年之前不允许引入林业在内的新抵消类型。

尽管在国际方面进展缓慢，但是几个国家之间的双边协议、国内新兴

---

① 参见本书第4章关于CER的内容。

交易项目和企业与个人的合作都是对培育森林碳市场的重要支持。美国温室气体减排计划过去的努力有如在美国范围内《维克斯曼－马基议案》（Waxman－Markey）和《麦凯恩－利伯曼计划》（McCain－Lieberman）[①]，主要包括森林和农业成分。然而，在美国大多数 REDD 的乐观方面结果是来自国家层面上的努力。伴随着《全球变暖应对法案》（AB 32）转向下一个议题，加州在气候政策方面继续扮演领导者角色。加州的《限制排放与交易许可法规》专门（仅）确定 REDD 作为一个可能作为抵消信用的国际性标的。如果这一提案被通过，它将建立全球第一个基于 REDD 的合规市场。分析人士认为，基于加州的排放量、抵消量和减排机会，REDD 需求在 2015—2020 年之间可能超过 4000 万吨，平均价格每吨 30 美元。[②]加州已经提前与巴西阿克里州（Brazilian state of Acre）和墨西哥恰帕斯合作开发 REDD 供应。加州也是美国唯一依然活跃在西部气候倡议（WCI）的州，参与在内的还包括加拿大的几个省份。加州额外要求加拿大排放者遵守其温室气体排放义务的 REDD 信用承诺。

由于缺乏允许森林碳的强制性市场，自愿市场和企业需求是一直保持这些信用的主要原因。当讨论自愿市场时，对 REDD 信用的主要自愿标准和认证提供一些讨论是重要的。正如在其他章节中所讨论的一样，环境信用的价格在很大程度上取决于底层项目的性质（强制与自愿）和认证标准的稳健性。REDD 信用、稳健性标准和项目的环境认证证明、社会影响和生物多样性价值的多重性质从市场的角度来看都是很重要的。近年来，在 REDD、环境评估、社会及环境影响等方面，标准化最佳实践得以快速增长。这直接导致 REDD 信用的需求增长，提高了市场信心。

为确保在森林保护方面进行最佳实践，全球 REDD 市场聚集在两个标准上，即验证碳排放标准（VCS）及气候、社区和生物多样性标准（CCBA）：

① Senator John McCain, Republican from Arizona and Senator Joseph Lieberman, Democrat from Connecticut.

② Toby Janson-Smith and Helene Marsh："A Corporate Primer on Reducing Emissions from Deforestation and Forest Degradation (REDD). The Context, Key Technical and Policy Issues, and Private Sector Involvement"，Conservation International (August 2013)，http://thereddesk.org/sites/default/files/resources/pdf/%5Bite-date-yyyy%5D/REDD%20Corporate%20Primer.pdf.

（1）**验证碳排放标准**：验证碳排放标准（Verified Carbon Standard, VCS）已成为在 REDD 项目中确保的碳核算领先的标准。验证碳排放标准由几位主要为气候变化工作的组织成立于 2005 年，现在作为一个非盈利验证碳协会运营。虽然林业不是其唯一的焦点，验证碳排放标准开发了几个适合于特定类型的森林砍伐和森林增强活动的 REDD 方法。截至 2013 年 4 月，验证碳排放标准注册了包括林业在内的超过 70 个土地利用项目。验证碳排放标准协议中的碳信用被称为验证碳单位（Verified Carbon Units, VCU），代表一吨验证碳。截至 2013 年 4 月，超过 850 万 VCU 已经被分配到农业、林业和其他土地利用变化的活动。REDD 项目的管道发展表明来自此类活动 VCU 的数量正在迅速增加。开发一个健康的自愿和强制的 REDD 的需求市场是必要的，以确保继续资助这些项目。验证碳排放标准正积极与一些可能利用 VCU 作为底层合规标准的新兴市场国家接洽。在写这份报告时，这些努力的结果还没有得到证实。

（2）**气候、社区和生物多样性标准**：气候、社区和生物多样性标准（Climate, Community & Biodiversity Standards，CCBA）着重于确保 REDD 项目在社会、生物多样性和社区方面能最佳实践。这个标准并不发行信用而是作为辅助标准与其他碳核算准则结合。最常见的市场组合是验证碳排放标准 + 气候、社区和生物多样性标准双重认证。气候、社区和生物多样性标准评估各种社会和环境规模来证明项目将减缓气候变化、保护生物多样性和改善当地社区的福祉，也确保土著人民和当地社区的权利被认可和尊重；当地利益相关者有效地参与项目设计和实现；碳产权清晰和没有未解决的土地所有权纠纷；以及积极的与消极的社会、环境影响得到监测，而结果可以公开。截至 2013 年 4 月，在气候、社区和生物多样性标准下，65 个项目得到验证，另有 22 个项目正在进行验证。这些项目中有 74 个是在发展中国家。

行业调查显示，市场对气候、社区和生物多样性标准更加偏爱。[①] 这

① Janson-Smith and Marsh: "A Corporate Primer on Reducing Emissions from Deforestation and Forest Degradation (REDD)" (August 2013).

表示市场愿意为项目支付额外费用，即在支付 VCS 碳排放之外再支付 CCB 认证的额外费用。在 2011 年进行的调查表明 CCB 认证在 VCS 之外的额外费用是每吨 0.50 美元。

目前为止描述了主要的推荐性标准，在下一节将概述市场交易量和价格。

市场规模和价格

除了主要在自愿交易碳市场快速增长外，国际林业项目市场非常稳定。鉴于自愿市场在林业中扮演的重要角色，本节将主要集中在自愿市场交易。我们将开始讨论市场容量和价值并进行定价。一个单独的自愿市场的趋势如下：

（1）**市场容量和价值**：表 6–1 呈现了森林碳市场的历史数量、价值和价格，图 6–3 给出了森林碳市场的累积量和市场交易。自 2005 年以来，来自大约 451 个森林碳项目的森林碳交易的累积量大约是 1.06 亿吨二氧化碳当量。这些交易中大约 77% 在自愿或预合规中进行，23% 的交易在强制性的市场中进行。

表6–1　森林碳市场的数量、价值和价格

市场	历史	数量（百万）		价值（百万美元）		平均价格（美元/吨）	
		2010	2011	2010	2011	2010	2011
自愿场外	76.4	27.8	16.7	157.8	172	5.6	10.3
加州/WC预合规	2.0	0.5	1.6	—	13	—	8.1
芝加哥气候交易所	2.9	0.1	0	0.2	—	1.2	—
自愿市场总计	**81.4**	**28.4**	**18.3**	**158**	**185**	**5.6**	**9.2**
CDM/JI	15.3	1.4	5.9	6.3	23	4.5	3.9
新南威尔士州温室气体减排体系	6.3	2.3	—	13	—	—	—

续表

市场	历史	数量（百万）		价值（百万美元）		平均价格（美元/吨）	
		2010	2011	2010	2011	2010	2011
新西兰减排交易计划	0.9	0.2	—	0.3	—	13	—
其他/未知	1.9	0.4	1.5	—	29	—	19.7
强制市场总计	**24.5**	**4.4**	**7.3**	**25.0**	**52**	**4.6**	**7.2**
总计	**105.9**	**33**	**26**	**177**	**237**	**5.5**	**9.2**
一级市场	95	32	21	143	143	5.5	8.1
二级市场	11.3	1.2	4.9	4.8	54.7	7.6	12.1

注：Based on 965 observations in 1000<;2011 total historical observations. “Other” category includes markets with fewer than three data points. 2010－2008 values for the NSW GGAS market should be considered conservative due to limited market price data。

资料来源：Ecosystem Marketplace (2012)。

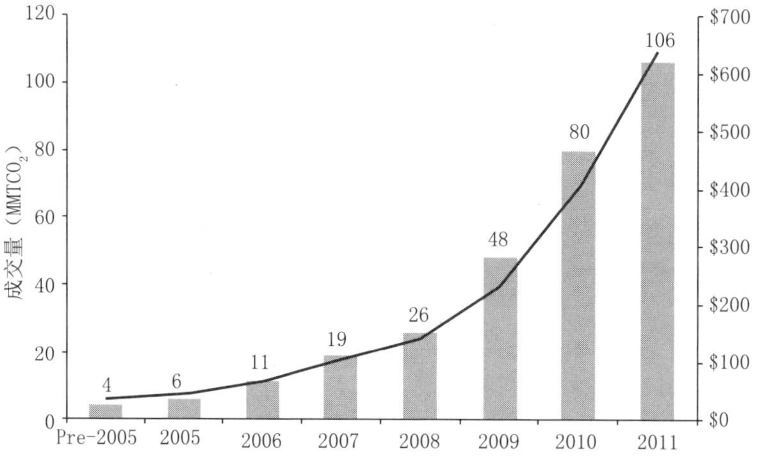

图6-3 累积成交量和森林碳市场交易

资料来源：Molly Peters-Stanley, Katherine Hamilton and Daphne Yin, Leveraging the Landscape: State of the Forest Carbon Market 2012 （Washington, DC: Ecosystem Marketplace, 2012）。

2011 年，森林碳市场的总价值在美国约为 2.37 亿美元，比上年增长

30%，比 2005 年之前出现的市场增长 540%。这些增加的市场估值大部分是由于用来衡量森林碳和评估生态系统风险的科学技术的出现，剩下大部分是由于建设能力和市场准备工作的提高。在这些方面继续进步和更大地接受土地利用变化和林业作为合法的温室气体供应信用，这一趋势有望继续发展。

虽然最大的价值来自自愿交易市场（72%），但是每年最大的跳跃（jump in，JI）值是紧跟着不列颠哥伦比亚省碳中性指令的 CDM/JI 类别。在这些情况下，交易价值大幅增加归因于不列颠哥伦比亚市场的高“固定价格”[①] 和 CDM 市场更高的交易量。

（2）**定价**：由于各自独特的环境和社会属性、项目的具体风险、区位属性和其他变量，这里可能存在广泛的来自林业的信用价格差异。此外，交易的数量、合同的类型（远期 VS 现货），在价格决定方面森林碳标准起着一定的作用。

例如，在 2011 年森林碳的价格区间范围从低于每吨 1 美元到超过每吨 100 美元。相比 2010 年每吨二氧化碳 5.2 美元，2011 年森林碳平均售价为每吨二氧化碳 9.2 美元（见图 6-4）。

① The British Columbia Scheme had a fixed price of $25 per tCO_2.

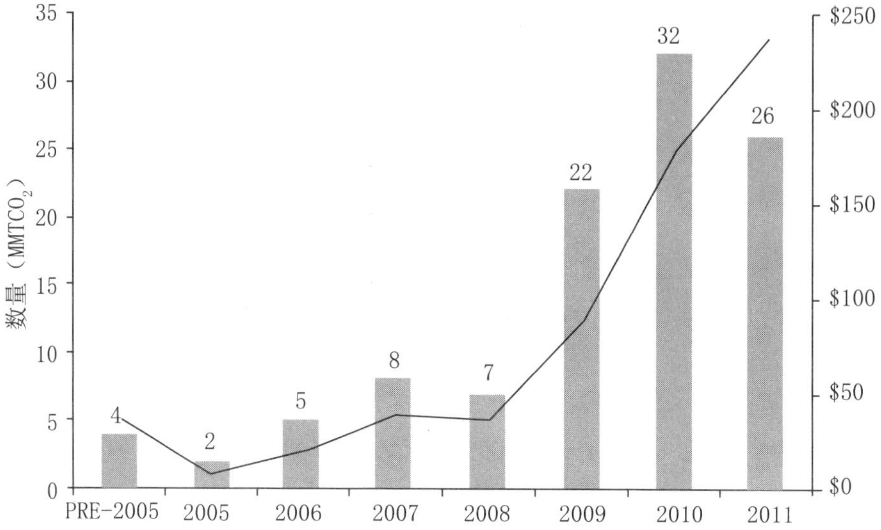

图6-4　年度森林碳交易的数量和价值

资料来源: Adapted from Molly Peters-Stanley, Katherine Hamilton and Daphne Yin, Leveraging the Landscape: State of the Forest Carbon Market 2012（Washington, DC:Ecosystem Marketplace, 2012）。

下一节将讨论更多关于对价格决定产生深远影响的自愿市场的趋势。

自愿市场的趋势

购买包括林业在内任何类型的森林碳的自发动机包括自愿抵消、公共关系和企业社会责任等。反过来，在自愿市场上购买的森林碳资产可能存在全国范围内、区域或国际范围内的强制性市场的预备价值。森林碳需求受全球和特定行业的经济条件、其他可替代抵消资产和预期国家及地区温室气体排放政策结果的影响。市场分割的本质和标准的缺失增加了采购这些信用的交易成本。下面将讨论其中的部分因素。

森林项目类型问题

2011 年森林碳约占所有自愿碳市场的 24%，是第二受青睐的类别。来自可再生能源的自愿碳排放占了大部分的市场需求（45%）。在这里，我们仍要强调注意森林碳项目类型与需求方面的关系。来自 REDD、造林和再造林的森林项目各占 10%，改善森林管理占自愿碳市场总份额的 4%。需要注意的是，由于新发行的吨位价格高于平均水平，REDD 项目是自愿市场所有类型项目中以最高价值签订的。作为市场中的第一个项目，造林和再造林项目之后有持续不断的需求和新进入的项目。而另外一些自愿市场需求也归因于那些想要确定在加州的总量管制与排放交易计划（cap and trade program）中占据林业的优先承兑地位的买家。

森林标准和技术协议受市场的影响

虽然已经取得了很大的进步，但是科学界仍继续发展量化措施和最佳实践指导林业项目。森林碳的项目开发商和购买者需要不断调整来适应新协议，有时会产生额外成本，在某些情况下的项目时间也会面临着政府审批时的耽搁。市场参与者可以大大受益于量化标准和关于通过项目所需的成本和时间的验证协议的透明和标准化。这将提供更大的商业交易确定性和增加市场的流动性。

此外清晰的碳排放权产权、土地使用权和最佳实践的缺乏来源于国内以及国际规则、保障措施、市场参与者出清制度等参与指引条件的进展缓慢。因此，市场将继续受困扰，在某些情况下会对合法项目产生负面的影响，增加项目活动和投资的真实或者能被感知到的风险。

国际气候谈判的状态

一般而言，对碳市场，特别的是对森林碳汇的支持深受全球经济和国际气候谈判监管方面不确定性的影响。这里我们需要注意森林碳项目比其他项目（如可再生能源）而言通常需要较长的发展时期。这使得它们特别容易受到法规的不确定性和有关资格规定变化的影响。气候谈判状态增加了项目开发人员取得林业项目资助的负担。不仅缺乏新兴法规协议的统一标准，即使维持现有法规与影响森林碳市场发展和价格的市场规则也遭遇了一定程度上的失败。此外，加州和一些发展中国家的森林碳新兴市场缺乏清晰、可识别的碳产权法规，这种不确定性对项目进度也造成了冲击。

经济大衰退、欧洲债务危机和替代效应

在第 4 章，我们讨论了经济大衰退温室气体排放和对欧盟碳排放配额需求的减少如何导致欧盟碳排放抵消配额价格下降。虽然这种逻辑不适用自愿森林碳汇项目，但是大萧条所带来的经济压力迫使买家在可使用的抵消配额中进行选择。这里来自可再生能源的自愿碳排放配额比来自森林和其他土地利用变化活动的碳排放配额便宜。2011 年，这种自愿抵消的替代资产的低价减少了对森林碳的需求。欧洲企业是采购森林碳的主要来源（50%），这对森林碳需求产生重大影响。

私营部门的参与：需求方想要什么？

正如前面所讨论的，发展和森林碳融资的大部分需要来自私营部门，包括企业买家、环保组织、零售参与者和其他人。例如，总共 2600 万吨二氧化碳当量森林碳的交易中，私营部门买家采购占据了大约 1230 万吨二氧化碳当量。这包括为了企业社会责任和公共关系目标而行动的参与者（它们采购的预合规吨数同节能目标一致）。因此森林碳抵消市场由偏好、独特的原因和每一个买方参与者的商业模式所决定。这些都将在这一节中不同类别下进行讨论。

企业社会责任和公共关系

这类买家是最突出的需求方。这些买家通常有相对较低的温室气体排放并且不参与任何规定的温室气体减排项目。这些参与者通常拥有主要的品牌和客户。这些买家也积极制定企业气候目标（如碳中和）来吸引顾客、员工、股东以及与它们的竞争对手进行区分。其他原因还包括绿色供应链等关于温室气体的更多承诺。此外，这些买家中的一些有气候和社会问题的领导历史或文化。2011 年，大约 30% 的森林碳交易是来自这一类的参与者。

在这种设置下，如果企业的气候目标通过内部减排努力是可以实现的，它们将会购买所谓的森林碳抵消额。为了充分利用这些利益，公司往往更

愿意与一个特定的早期的项目相关联。大多数积极履行企业社会责任的买家与项目开发人员（通常是主要的非政府组织）直接投资而不是购买现成的信用。例如，包括迪士尼、戴尔、万豪、通用 / 雪佛兰、NAVTEQ、家得宝（Home Depot）和易趣（eBay）这样的公司都采购或致力于获得森林碳吨数。

这类买家还包括与陆地活动有很强关联的公司，而这些活动可能被视为附带其他商业活动。例如，推行森林碳的活动，对农业企业来说也是加速和支持可持续生产实践的机遇（如保护森林，可以为附近的农场提供授粉和自然虫害控制服务，而森林的树冠遮阴可利于种植咖啡，还有森林保护实践可以保持土壤健康）。此外，造纸和纸浆公司可能会发现某些森林项目有利于为小农场主供应商和适应气候变化建立替代收入流。以类似的方式采掘工业（如石油、天然气和矿业）公司可能会发现森林策略有助于维持碳收入来源的保护和复原活动。

零售碳抵消市场

一些企业买家，特别是交通运输行业，建立了消费者或企业面对面项目，顾客可以通过购买森林碳排放额度以抵消他们的产品使用导致的相关温室气体排放量。许多航空公司、连锁酒店、包裹托运公司、汽车租赁和计算机公司建立了面向客户的抵消计划。不幸的是，这些项中的极少数获得显著的采用率，常常是因为落实问题。一些项目如戴尔公司的“为我种一棵树”（“Plant a Tree for Me”）项目允许其消费者和商业客户通过植树工作来抵消与经营相关的能源使用，这个项目已经与戴尔电脑关联运行了三年，做得相当不错。其他的例子包括太平洋燃气电力公司（Pacific Gas & Electric）为对通过森林恢复项目抵消能源使用排放感兴趣的加州客户运行了一个成功抵消项目。其他几家公司包括现代、雪佛兰和摩托罗拉现在停止了森林碳抵消，而新推出一个针对所有生命周期碳排放或者只是一年期的碳中性产品。

森林碳项目开发和投资

发展森林碳项目业务包含三组实体。第一组包括对保护感兴趣，在碳市场出现之前很久在森林保护方面就起到突出作用的非政府组织。这一组的主要目标是保护森林和生物多样性，而寻求来自环境市场的融资作为实现这些目标的一个可持续发展的手段。

随着环境市场、碳市场标准和最佳实践的发展，第二组也就是越来越多的私营企业开始从事开发森林碳项目。一些领先的森林碳项目私人开发商包括 Terra Global Capital、Wildlife Works 和 Infinite Earth。

第三组包括直接参与项目开发的投资者，如 Floresta 和麦格理银行（Macquarie bank）。然而，对于投资者更典型的是简化现有项目的基金或与第三方合作开发新项目。主要森林碳汇（特别是 REDD+）的投资者包括 Althelia、美林（Merrill Lynch）和莱利银行（Ned Bank）。

这些投资者通过开发或投资森林碳项目来得到大量的碳排放额度，它们在自愿的、预合规或强制性市场寻求出售利润。此外，在过去的两年里，一些新的 REDD 集中建立了投资基金，如 Althelia（2.75 亿美元目标资本化）、Macquarie–IFC（2500 万美元以上）和 Terra Global Capital（5000 万美元以上）。这些基金都希望从自愿碳市场中快速增长的森林碳信用获利，虽然它们定位自身是在森林碳新兴强制市场需求中获利。

预合规需求

不像积极履行企业社会责任的买家，预合规买家通常是主要的排放者，希望在森林碳信用活动的气候规定下运作。它们相信今后全球气候协议下，无论是在国际上还是在全国范围或区域内将以某种方式进行森林碳信贷活动。由于与森林碳新兴温室气体交易计划相联系，而且还有重大不确定性，这一类的购买具有高度投机性。正如前面所讨论的，加州将成为世界上第一个合规的 REDD+ 信用市场。此外，在澳大利亚新的气候立法、日本和韩国也可以找到这些类型的信用。这些合规市场每年都产生价值数亿美元的碳汇市场（特别是 REDD 市场）。

一些主要的温室气体排放者（包括英国石油公司、美国电力公司和杜克能源）现在已经资助了森林碳项目开发的环保组织，试图构建建设和教育资源。而在森林碳领域进行其他早期的战略投资。例如，英国石油公司已经承诺 500 万美元给世界银行森林碳伙伴基金（Forest Carbon Partnership Facility，FCPF）的碳基金公司，该公司预计将为参与捐助国和投资者的认证减排。

抵消额一般来讲对以合规为原因的公司有一些价值：减少监管风险（如通过碳排放信用确保未来权利）、降低成本和促进长期的商业计划。由于它们可能生成大量的廉价的减排量和提供一个有效的多元化战略，森林碳项目尤其具有吸引力。

碳信用交易和零售

虽然森林碳市场在过去的几年里得到了充分发展，但是项目传递途径仍相对不成熟，在系统中还有许多信用未验证。这一点加上极少数主要的买家需求集中，导致只有少数的公司专注于森林碳信用交易或零售。大多数交易双向地发生在投资者或森林碳买家与项目开发人员的直接交易中。公司交易 / 零售 REDD+ 信用的例子包括 Carbonfund.org 和 Carbon Neutral 公司。

结论

气候变化为农业和林业作为全球环境服务供应商提供了机会，如从大气中固定二氧化碳。随着总量控制与排放交易机制作为一种解决环境挑战（如全球变暖）的有效手段，我们正在见证保护森林、生物多样性及其通过环境市场的生态资产的转型机会。新兴的森林碳市场带来新的责任、风险，也为企业、交易员和土地管理者提供了交易机会。了解森林碳资产类别需要森林生物系统以及环境和社会生态系统之间相互作用的知识。深入了解这些交互的知识信息可以帮助我们进一步发掘森林碳资产的重要价值。

本章重点阐述了这些机会。其重点是从投资的视角看森林生态系统和从中识别投资风险和财务机会。为了这样做，本章解释了保护森林部门对减缓和适应气候变化、相关的生物多样性及环境效益的重要贡献。本章描述了森林砍伐和退化的主要因素。在主要森林项目标准中呈现了全球碳市场关于林业的政策框架。到目前为止，也阐述了森林碳市场、买家的动机和私营部门的参与。本章强调了出现在森林部门的生物多样性保护、生态服务和社会文化属性的独特机会。对现有的森林碳市场、需求动机和市场趋势也进行了讨论。

清楚地了解森林碳的估值和潜在风险的决定因素有利于市场参与者占据一个获取森林资产价值的得天独厚的位置。森林生态系统作为一种资产类别是独一无二的，因为它提供了一个具有诸多环境属性的综合产品，包括水、生物多样性和森林碳等，所有这些都可能在未来货币化。在可用于缓解温室气体排放的多个选择中，森林资产类别可能具有巨大的价值，即它是一种提供了许多社会效益，但被低估的资产类别。

最后我们强调，尽管全球森林存在着巨大的潜力，但是没有活跃地积极参与森林碳汇则不能解决全球气候问题。国际社会需要关注这个行业的供应商来解决我们共同面临的环境挑战，而不是因为技术上的、流程烦琐上的和哲学上的对立而排斥它。

下一章环境市场的范围将扩展到可持续能源。正如之前的章节阐述的一样，各种各样的区域和地区政策层出不穷，以体现管理温室气体和其他能源的、环境的综合目标。除了减少温室气体排放，可再生能源设施对于创造能源多样化和更清洁的能源网络也有相应价值。对于其他可持续和分散性电力生产的能源效率提升和市场激励也是如此。下一章将描述其中一些属性对于相关环保市场的综合价值。

第 7 章　清洁能源市场及其关联资产类别

近来，为应对全球变暖所采取的对策主要为根据市场变化所采取的温室气体减排方案。然而，其他如可再生能源证书（REC）、能源可再生指数（Renewable Identification Numbers，RIN）及能源效率的市场和相关措施也对气候和大环境的变化产生了影响。可再生能源证书（REC）是对可再生发电过程中那些环境、社会及其他非能源因素的所有权[①]。能源可再生指数（RIN）与可再生能源证书具有类似的作用，只不过是用于燃油市场。上述两个市场目前都尚未成熟，但蕴藏在其背后的市场价值超过了 10 亿美元，这使得它们有不俗的发展潜力。

除了国内少数州将能源效率作为可再生能源证书或可再生能源标准的一部分外，与能源效率相关的成熟市场几乎不存在，但这也是在节省能耗开支和减少排放市场中一个很大的发展机遇。同时，另外令能源效率指数非常重要的因素是其会间接影响某些其他市场的价格走向，例如二氧化碳和其他能源可再生指数（RIN）市场。

可再生能源证书是消费者需求的产物：20 世纪 90 年代末期消费者提出在发电过程中使用可再生能源；同时部分州为迎接“可再生能源时代”所提出的要求（能源可再生统一标准：Renewable Portfolio Standards，RPS）也使得可再生能源证书应运而生。可再生能源证书使得投资者不需要购买实际的能源，而只用直接购买可再生能源的环境属性。实际上，这种简化使

---

① Renewable Energy Certificates, U.S. Environmental Protection Agency，http://www.epa.gov/greenpower/gpmarket/rec.htm.

得可再生能源证书有可能成为可再生能源项目中一种新型的货币。能源的销售可以是其中一种收入来源，而另一种就是可再生能源证书的销售。与温室气体市场类似的是，可再生能源证书可以在自愿型和强制型两种情况下进行交易。

美国中西部州为提高以农业为基础的运输燃料产量的需求很大比例地促进了能源的可再生指数的发展，它也是美国能源可再生标准（Renewable Fuel Standard）下的产物，这个标准要求在美国境内所生产和消耗的运输燃料需含有一定量的可再生能源。能源的可再生指数是美国能源可再生标准的有效追踪记录机制，它可以帮助美国环境保护署来判断哪些公司遵守其命令。

在所有气候变化和能源生产环境影响的应对机制中，几乎没有一个能与能源效率相媲美。根据国际能源机构的估计，在建筑、工业生产和交通运输中采用节能措施，到 2050 年可以减少 1/3 的需求量。

本章将首先阐述可再生能源证书和能源可再生指数市场，并着重对催生这些市场的政策变化进行分析，包括大概的市场特点、可再生能源证书和能源可再生指数在市场中如何交易并被相应地记录下来，及投资者在上述两个市场中所面临的机遇。另外，本章也会就能源效率的重要性进行讨论。

可再生能源证书（REC）

目前美国国内 29 个州、哥伦比亚特区和波多黎各自由邦拥有州级别的能源可再生统一标准，另外，像加利福尼亚、得克萨斯、纽约和伊利诺伊的许多大城市也具有相应标准（renewable portfolio standards，RPS）。[1] 美国大多数州对于“可再生”的理解，仍然是采用美国能源部（Department of Energy, DOE）的定义——包括不同类别的能源：风能、太阳热能、分散和

① Map of Portfolio Standard Policies, Database of State Incentives for Renewables and Efficiency, North Carolina Solar Center (March 2013), http://www.dsireusa.org/documents/summarymaps/RPS_map.pdf.

集中的光电热能、地热能、沼气，以及海洋能源。但是，部分州也对能源可再生统一标准有一些特殊的地方要求，比如：新泽西州就要求在 2020 或 2021 年之前，20.38% 的发电量必须来自可再生能源，同时也要求在 2027 或 2028 年之前，4.1% 的发电量要来自太阳能。①

可再生能源证书可以反映电能中的那一部分“清洁”特性，因为它们是产自可再生能源。这些证书对于建立可再生能源使用设施有激励作用，这也是其存在的重要性之一。同时，可再生能源证书允许电能的这些清洁特性单独销售，可以脱离出实际电能的销售，因此，一个风能发电厂的老板就同时拥有了两种收入来源：销售电能本身及销售可再生能源证书。一个可再生能源证书代表了可再生资源中的某些特性——相当于一兆瓦时的产能。而其也会有一个“特定产生年代”——通常为对应的可再生能源的产生年份。

美国可再生能源方面的立法

在加州 1995—1996 年能源可再生统一标准的规划文件中，第一次提出了将可再生能源特性从其相应电能中分离出来。② 期间，加州公共事业委员会收到了诸如可再生能源信用交易等许多相关的提案，但最终分离的方案没有得到实施。

1997 年，同样的想法又出现在新英格兰一次关于将环境破坏指数添加到耗电量标签上的讨论中，相关利益者比较关心的是能源混合使用的可行性以及供电者方面排放量的申报。当然，一个可行的解决方案就是将电能和发电过程中的不同特性予以分割。

1998 年，加利福尼亚州、马萨诸塞州，及罗德岛的电能市场相继开放销售。最终，自动能源交易所成为指定的地方可再生能源证书机构。作为监管机构，自动能源交易所（Automated Power Exchange，APX）在加州市场正式开放（1998 年 4 月 1 日）前，为清洁能源专门开辟了一个单独的市

① New Jersey Incentives/Policies for Renewables & Efficiency, Database of State Incentives for Renewables and Efficiency, North Carolina Solar Center，http://www.dsireusa.org/incentives/incentive.cfm?Incentive Code=NJ05R.

② 这部分的大多数信息来自the U.S. EPA Green Power Partnership’s website on renewable energy certificates，http://www.epa.gov/greenpower/gpmarket/rec.htm。

场：一个特定的电能批发市场，旨在帮助供电者将它们自己和产品区分开来。自动能源交易所清洁能源市场中用于交易的电能都是来自于可再生能源及技术，也符合了加州法律和州内可再生能源项目的要求。就在一个月以后（1998 年 5 月），第一个可再生能源证书零售产品（名字叫作“Regen”）在马萨诸塞州的市场成功交易。[①] 一年以后，自动能源交易所开启了专为清洁能源设计的市场。

1999 年 6 月，得克萨斯州实施参议院第 7 号法案，一份包括能源可再生统一标准在内的重组法案，该法案催生了美国国内第一个可再生能源信用交易项目。当年 12 月，得克萨斯州公共事业委员会实施相关法律以保证信用交易项目的成功。

美国国内有多个不同的可再生能源证书系统并行，它们虽然没有完全记录但也非常准确地反映了国内电量格局。国家统一电网的缺失也造成了不同程度的工作难度——不同地区内能源调度和可再生能源调度。由于电网的分散特性，要在如加州等地将可再生能源在强大政策支撑下输出到其他州，有时也很困难。这也会使某些州内可再生能源得到发展（这些州中往往拥有丰沛的可再生能源储备，如亚利桑那州的太阳能或者是南达科他的风能），因为要将能源转输到其他需求量大的州会受到较大阻碍。

可再生能源证书（REC）项目类型

可再生能源证书市场通常分为两种：为适应州内能源可再生统一标准的强制性可再生能源证书的市场，以及消费者和公司在为满足电能需求并在自愿基础上销售或购买可再生能源证书的市场。在这两种市场中，可再生能源证书可以单独销售，也可以与“商品”一起销售。目前，有超过 50 个强制性可再生能源证书市场在运营；同时，不少州中也有多个可再生能源证书市场并存。目前，交易最频繁的市场有 PJM Interconnection（特别是在新泽西州市场），位于康涅狄格州和马萨诸塞州的 New England Power Pool（NEPOOL），以及位于得克萨斯州的 Electric Reliability Council。

① 零售的REC是指卖给个人或小微企业的部分。

强制性市场

在 2011 年就有 31 个能源可再生统一标准市场在运营。[1]能源可再生统一标准政策要求从可再生能源中获得高达 1.33 亿 MWh 的电量，大致相当于美国全国总电量的 3%。[2]随着对温室气体和二氧化硫的限额交易，若是电力生产机构不能满足所要求的可再生能源生产，那么它们就可以从市场中购买可再生能源证书。同理，生产的可再生能源有盈余，那么它们也可以将多余的可再生能源证书在市场中销售。

在强制性市场内，可再生能源证书通过各种交易追踪系统进行转换，包括 NEPOOL 系统、PJM 代际属性追踪系统（the PJM Generation Attribute Tracking System）、得克萨斯 GIS（Texas Geographic Information Systems）、西部可再生能源代际信息系统（Western Renewable Energy Generation Information System），以及北美可再生能源注册表（North American Renewables Registry）。目前，可再生能源证书在以下这四个州最为火爆：得克萨斯、康涅狄格、马萨诸塞，以及缅因州。

强制性可再生能源证书市场如此分散，其中一个主要原因就是控制其准入性的标准具有多重性，这种分散性，不仅在州内市场，也存在于州际市场。比如，伊利诺伊州的风能发电厂可以将其可再生能源证书卖去宾夕法尼亚州，但是，反过来就不行。[3]另一个例子，俄亥俄州可以接受来自于宾夕法尼亚州风能厂的证书，但是伊利诺伊州的厂就不能将证书卖去俄亥俄州。同时，各个州内对具体类型的可再生能源的不同要求也意味着新泽西的太阳能证书不一定能被新泽西的风能证书所代替。

可再生能源证书市场的准入考虑到如下因素：可利用的资源量、产自于哪个州、其可再生资源的交易日期。其他的一些因素也会列入考虑范围，如具体的燃油要求、生产年份，以及能源配送的要求。为了普及一些可再

---

① North Carolina Solar Center at North Carolina State University, Database of State Incentives for Renewables and Efficiency (3 February 2012)，http://www.eia.gov/todayinenergy/detail.cfm?id=4850.

② Platts："Renewable Energy Certificates"，Platts (April 2012)，http://www.platts.com/IM.Platts.Content / InsightAnalysis / IndustrySolutionPapers/RECSpecialReport1112.pdf.

③ Peter Toomey："REC Markets and Trading 101"，2011 WSPP Spring Operating Committee Meeting, Iberdrola Renewables (21 March 2011)，http://www.wspp.org/filestorage/rec markets trading wspp oc mtg 032211.pdf.

生能源，一些州会采用“乘数”和“拆分”两种方式。“乘数法”通过一些技术，在产出的 1MWh 的能源中，能够获得超过 1 个可再生能源证书，因此，这就可以激励能源公司对这项使用乘数法推广的可再生能源加大投资。但是，各州也可以将乘数法作为一种保护机制来对抗该州以外的供能者。但是，这样做的话，会严重地损害了州际间可再生能源证书的交易。同样，许多州为了某些可再生能源项目，也把“拆分”作为次级目标。对于这些次级目标来说，除了要遵守能源可再生统一标准外，能源公司也需要证明它们购买的能源中，达到了州政府规定的特定能源所占比例，比如，太阳能可再生证书（solar RECs，SREC）。在某些情况下，多重技术往往需要与证书层级或类别挂钩。

可再生证书中复杂的控制性因素也造成了大量流动性问题。比如之前的例子，当两个州的能源可再生统一标准有冲突时（比较常见的情况）：来自伊利诺伊州风能发电厂的可再生能源证书能够在宾夕法尼亚州使用，但是宾夕法尼亚的可再生能源证书却在伊利诺伊州遭遇瓶颈。另外，各州需求变化导致市场准入原则变得复杂和不确定，这也可能造成可再生能源证书市场的突变。因此，可再生能源证书并不是普通商品，它也受到选民和立法者们想法的左右。

自愿消费市场

消费者对可再生电能的需求，加上企业需要使用清洁能源的责任，很大程度上催生了可再生能源证书的自愿消费市场。可再生能源证书除了可以作为能源产品销售，还可以和其捆绑电能分开销售。单独的能源产品售卖包含了批发交易，然而分开销售一般则会涵盖批发和零售两种交易。

自愿消费市场由以下几个部分组成：给消费者提供绿色能源的机构（据美国国家可再生能源实验室提供的数据，这些机构的数量超过了 850 个）、在各州零售市场具有竞争优势的供电商，以及从事可再生能源证书的批发或零售的上游参与者。2009 年，美国国家可再生能源实验室就预估有 140 万美国用电者通过能源机构、供电商，或从可再生能源证书市场上直接购买的方式获得清洁能源。尽管目前还没有确切数据，美国国家可再生能源实验室（NREL）统计：在 2011 年有接近 4000 万 MWh 的自愿消费可再生能源证书用于销售。从绿色能源的销售总量来看，最活跃的自愿消费市场位于加利福尼亚州、伊利诺伊州、马里兰州、俄勒冈州、得克萨斯州和华盛顿州。表 7–1 总结了强制性市场和自愿消费市场的各种不同。

表 7–1　强制性可再生能源证书市场及自愿消费市场的差异总结

标准	强制性市场	自愿消费市场
需求型驱动因素	能源可再生统一标准（RPS）	消费者主动型需求，环境影响率，企业责任，碳排放
购买方式	提供者从可再生能源中获取一部分电能 捆绑型绿色能源（能源+REC） REC单独销售	捆绑型绿色能源（能源+REC） REC单独销售
交易方式	批发	批发和零售
市场区分	地方市场及国家市场	供电机构价格项目及绿色能源市场
重要价格影响因素	地区因素，能源类型	能源类型，能源生产年份
价格	较高	较低
市场规模	1.33亿MWh	0.4亿MWh

表 7–2 总结了美国国内 4 个交易最活跃的可再生能源证书市场中的规模、价格及价值特点。由于交易总量和价格没有统一报告，导致了证书市场的总体价值难以估计。尽管不同州内市场份额不大，但是强制性市场比自愿消费市场的份额要大得多。

表7–2　各州可再生能源证书市场实例

	2010年			2020年预估值		
	规模（100万 MWh）	价格（美元/MWh）	总价值（100万美元）	规模（100万 MWh）	价格（美元/MWh）	总价值（100万美元）
新泽西州	5 ~ 10	8 ~ 15	40 ~ 120	15 ~ 20	8 ~ 15	120 ~ 300
康涅狄格州	4 ~ 5	20 ~ 30	80 ~ 150	8 ~ 10	20 ~ 30	160 ~ 300
马萨诸塞州	3 ~ 5	20 ~ 30	60 ~ 150	8 ~ 10	20 ~ 30	160 ~ 300
加利福尼亚州	5 ~ 15	20 ~ 30	100 ~ 440	15 ~ 25	20 ~ 30	300 ~ 750

可再生能源证书（REC）市场的参与者

强制性可再生能源证书一般是由功能机构和独立能源生产商进行销售，为的是遵循州政府对于可再生能源生产的要求。强制性市场中也包括金融因素，这两种因素同时作为可再生和非可再生能源的投机者和拥有者。

在资源消费市场中，大部分的可再生能源证书被企业卖家购去，这也是企业寻求可持续发展的一部分努力。许多大买家中大多是美国国内影响最大的品牌商们——例如，英特尔、微软、沃尔玛、星巴克、Whole Food 品牌。[①] 一些家庭小型企业也可以通过地方的机构购得自愿消费可再生能源证书。

在强制性和自愿消费市场中，可再生能源证书可以通过交易所或第三方商人、代理商和资产管理者与买家和卖家进行交易，许多证书市场中的参与者在强制性和自愿消费市场都非常活跃。通常，可再生能源证书商人从可再生能源来源途径购买到证书，再转给功能机构或客户端用户。通常来说，代理商们都不会有证书的所有权，相反，它们在卖家和买家中牵线并从中谋利。根据美国能源局的统计，目前比较活跃的有 92 个可再生能源证书的批发市场、25 个零售市场、24 个证书代理商或代理机构，以及 19 个消费者保护机制在运营。另外，在美国可再生能源证书产品名单中，有 4 个交易所或交易机构，它们是：洲际交易所（ICE）、Flett 交易所（Flett Exchange）、Leaf 交易所（Leaf Exchange），以及环保证书交易所（Environmental Certificate Exchange）。[②] 目前，ICE 是规范运营的期货和期权交易所中唯一一个在美国国内提供 REC 合同的机构。

可再生能源证书（REC）定价

在个别州的市场中，REC 价格主要受供需动态变化的影响，这种动态变化通常是由州政府的相关条例、产能技术、产能年份、能源购买量、产能地区，以及 REC 是否满足强制性要求或能否满足消费者自愿型零售需求

① 完整的顶级买家的列表见EPA Green Power Partnership，http://www.epa.gov/greenpower/toplists/top50.htm。

② REC Marketers, the Green Power Network, U.S. Department of Energy， http://apps3.eere.energy.gov/greenpower/markets/certificates.shtml?page=2.

影响。天然气及其他传统能源价格会影响可再生能源在成本上的竞争力，这就会反应在 REC 的价格上。而减排作为 REC 的一个特点来说，碳信用价格也会影响 REC 价格。

REC 定价的不公开性使得其价格分割且不同质。同时，除了通过代理商外，REC 价格是很难得到的，因为大多数的交易都是在柜台上进行的。从代理商（例如：ICAP 和 Evolution Markets）的一些样品数据和一些机构的期刊中，能够分析出 REC 不同种类的价格走势。通过这些数据，我们可以得出自愿交易型 REC 价格一般比强制性 REC 要低很多。然而，由于 REC 产品的多重性，除了在 ICE 交易的产品外，基本没有公开可用的统一价格报告。①

强制性市场

各州内的能源可再生统一标准是影响强制性市场价格的主要因素。另外，各个州内自愿消费 REC 价格可以非常迥异，同时也受到资源质量（如风速）、地区能源价格的影响。目前，过半的州级能源可再生统一标准项目都受到被削减的威胁。近年来，持续下跌的天然气价格导致可再生资源价格相对较高，使得前述现象有上升趋势。其他价格决定因素包括：州际 REC 的可代替性和某些可再生能源的成本。

正如表 7-1 所述，在马萨诸塞、新泽西和康涅狄格的 REC 交易价格最高达到 50 美元 /MWh 和 60 美元 /MWh，而最低少于 10 美元 /MWh。在宾夕法尼亚州和得克萨斯州，REC 交易价格经常低于 10 美元 /MWh, 相较于它们，上述东北地区则有相对较为严格的能源可再生统一标准目标。同时，REC 价格在以下州及特区也持续低于 5 美元 /MWh，它们是华盛顿特区、特拉华州、伊利诺伊州、马里兰州、新泽西州、俄亥俄州、宾夕法尼亚州和得克萨斯州。

各州层面上的可再生能源类型的分离也是一个决定价格的主要因素，比如，太阳能 REC（SREC）价格通常比风能、生物能、碳氢能的 REC 价

---

① *Climate Change Business Journal*, Vol. 4, No. 6/7 (2011), http://www.3degreesinc.com/sites/default/files/CCBJ_Reprint3DegreesProfile.pdf.

格高出 6 ~ 10 倍。实际上，2001 年的 SREC 价格之前徘徊在 200 美元 / MWh，但是对于马萨诸塞和俄亥俄州来说，其价格高达 400 ~ 550 美元 / MWh，有时甚至会更高（见图 7–1）。SREC 价格信息可通过两种在线交易平台发布，它们是太阳能可再生能源证书交易所和 Flett 交易所。

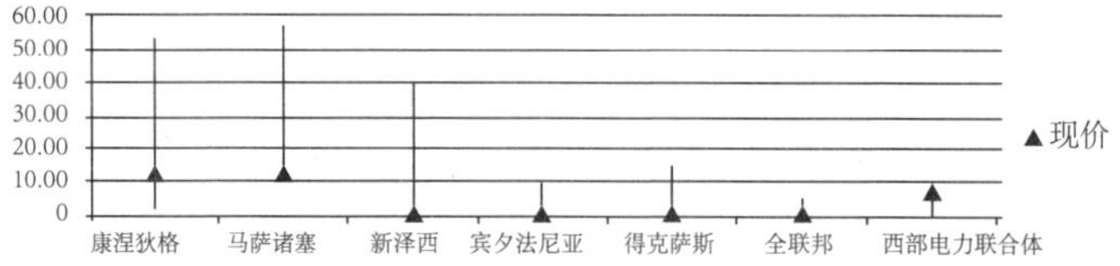

图 7–1 选定的再生能源证书市场中的场外交易历史价格范围（美元）

注：价格仅根据近几年的代理信息并运用简化的方法得出。

资料来源：Toomey：“REC Markets and Trading 101”，op. cit。

新泽西州的情况就是一个很好的案例，它反映出价格曲线和价格信号对于实体行为上的影响。拥有国内最严格的能源可再生统一标准，新泽西市场俨然已经成为美国可再生能源市场中的佼佼者。该州明文规定，在 2021 年以前，州内所售卖的能源中至少要有 20.38% 来自于可再生能源。另外也有一个附加要求，即在 2028 年以前，所有销售的能源中必须有 4.1% 来自于太阳能。这种于 2006 年建立起来的太阳能特定分离标准，到目前为止已经修改了 2 次，最近的一次在 2012 年。这种政策上的干预对市场也造成了极大的影响（见图 7–2）。于 2012 年通过的可再生能源要求也造成了价格波动。

市场对于新泽西州太阳能特定分离的强烈反应，也佐证了我们从其他环境市场（如二氧化硫市场、温室气体市场）中所总结的经验教训。市场对于价格信号的反应远远超出了大多数专家的预期。新泽西太阳能可再生能源证书市场在两年内经历了从 700 美元的高点价格下跌至 100 美元以下，同样的情形也出现在二氧化硫脱硫装置、增加燃料转换和温室气体市场的节能过程中。新泽西太阳能开发人员通过大量资金投入来推进太阳能可再生能源证书项目，使其成为仅次于加利福尼亚州和亚利桑那州的全国第三大太阳能电力州，尽管其太阳辐射量较低。这个价格信号激发了公益者和金融投资者的兴趣，他们通过为太阳能装置融资进入独立电力生产商市场。

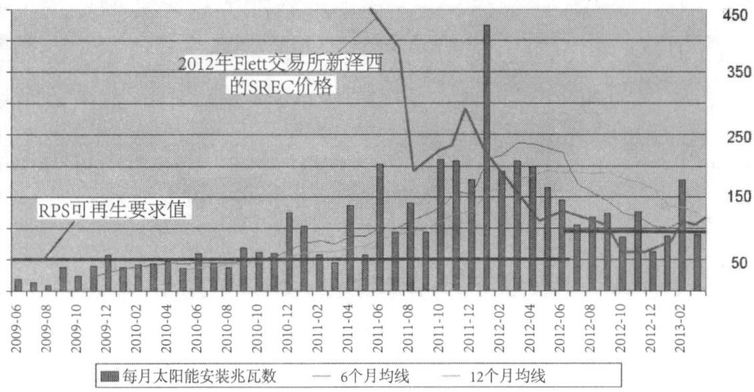

图 7-2　2009—2013年新泽西每月的太阳能安装兆瓦数以及2011—2013年Flett交易所的新泽西2012太阳能可再生证书定价

注：March 18 = 2013 Mw; total = 1,026 Mw（as of March 2013）.
资料来源：Flett Exchange（2013）。

自愿市场

一般来说，强制性可再生能源证书必须是来源于在特定区域符合可再生能源配额标准的资源。但自愿市场的可再生能源证书则没有地域的限制。它可以在美国全境采购资源。不过有一些例外，比如大多数实用绿色定价策略以及市场营销者从当地或者区域购买可再生能源证书的资源。在全国多个地区拥有设备的大型公司通常需要在全国购买自主可再生能源证书。对于自愿可再生能源证书，如果要和强制性可再生能源证书竞争，或者如果它们来自于可再生资源匮乏的地区，自愿型可再生资源证书可获得额外奖金。

自愿市场使用的可再生能源证书的批发价与强制性市场用的完全不同。一般来说，自愿可再生能源证书的交易价格从 1 美元 /MWh 到 10 美元 /MWh。决定自愿可再生能源证书和强制性可再生能源证书的批发价不同的原因也不同——州一级的可再生能源配合标准规则并不是价格驱动的，因为一般来说自愿可再生能源证书市场和强制性可再生能源证书市场间没有可替代性。在自愿型市场里，可再生资源的类型、来源地、收获期、采购量和强制性市场带来的竞争水平则更加重要。

举个例子，如图 7-3 所示，美国西部风能可再生能源证书价格与美国全境购买的风能可再生能源证书价格、其他美国全境可再生能源技术相比较，自 2008 年到 2012 年，西部风能可再生能源证书的费用超过全国采购的风能可再生能源证书。造成这个差距的首要原因是美国全境范围内风能供应充足，因而促使风能可再生能源证书价格下降。

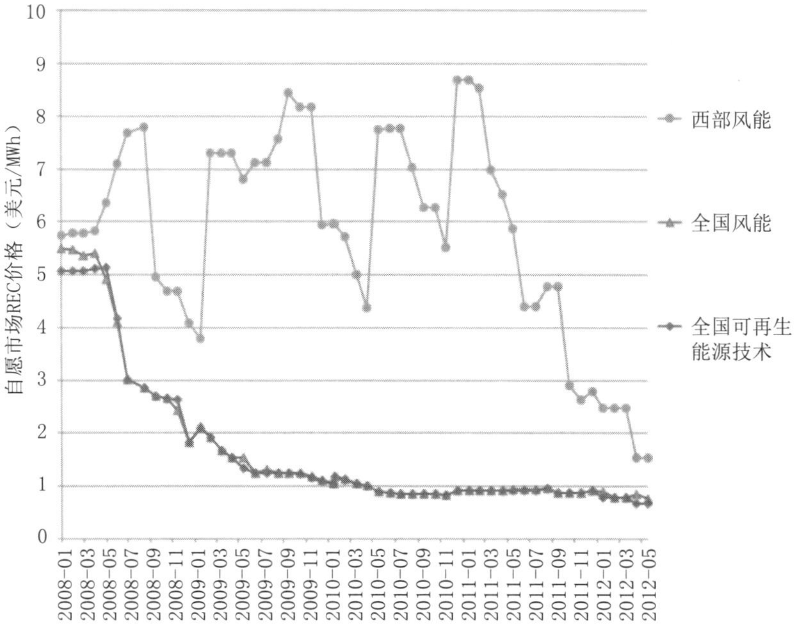

图 7-3　2008年1月至2012年6月的可再生能源证书的价格

资料来源：Spectron Group（2012）。

与批发价相比，自愿型市场可再生能源证书的零售价促使市场营销者更快回收成本，并且获得更多利润。这是因为可再生能源证书的零售价受地域和传统资源的影响更小，各州的价格更趋于一致。但是用于生产的可再生能源的类型和质量不同，又使得其价格有所不同。

2011 年，自愿型市场的可再生能源零售超过 3500 万 MWh，相比 2010 年增长了 11%。风能继续在美国可再生能源市场中占据主导，因此风能也主导着整个自愿型市场。如图 7-4 所示，2010 年风能占所有绿色能源销售量的 83.1%。尽管其他可再生能源证书的销售占比不多，但是在促进建立新的可再生能源方面，其中一些可再生能源证书仍然对于特定部门或者州有重要作用。例如，在 SREC 市场中，大多数国家仍然处于起步阶段。太阳能可再生能源证书交易预计将从 2011 年的 520Mw 增加到 2025 年的 7300Mw。

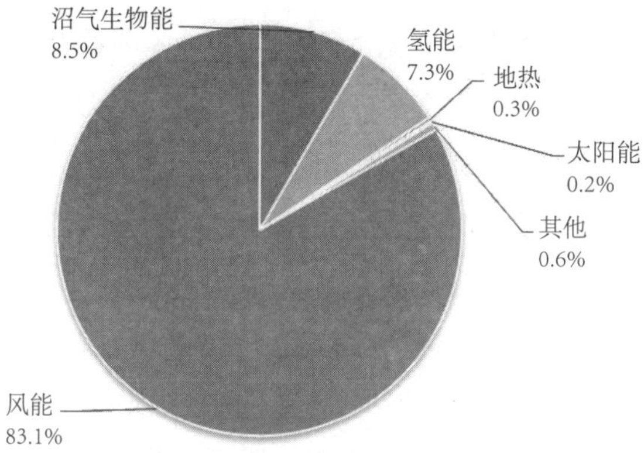

图 7–4 自愿型市场中的再生能源证书销售分类

资料来源：Jenny Heeter and Lori Bird："Status and Trends in U.S. Compliance and Voluntary Renewable Energy Certificate Markets (2010 Data)"，National Renewable Energy Laboratory (October 2011)，http://apps3.eere.energy.gov/greenpower/pdfs/52925.pdf。

可再生能源证书和可再生能源的投资机会

投资者可以从前文提到的受管辖和不受管辖的交易商或经纪人那里直接购买到可再生能源证书。根据可再生能源证书的类型和购买的地区，购买行为需要在其中一个可再生能源证书登记处登记。投资者可以投资那些通过销售可再生电力取得可再生资源证书的公司或者通过销售像风力涡轮机或者太阳能电池板这样的产品而取得可再生能源证书的公司，二者选其一。投资者还可以通过取得交易所、经纪商行、可再生能源证书登记处和追踪公司的所有权权益比率，来投资可再生能源证书，但这样的投资机会相当有限。更多额外的间接投资方式可能需要把可再生能源对于其他自然资源的影响考虑进来。举个例子，不同于化石燃料，绝大多数可再生能源使用很少的水，或者不用水，所以投资者能够将可再生资源的投资和水的投资结合在一起。这一点会在下一章节讨论。

风力涡轮机的制造商，例如苏司兰能源有限公司（Suzlon Energy）、华锐风电科技（集团）股份有限公司（Sinovel Wind Group）和维斯塔斯风力系统公司（Vestas Wind Systems），这些拥有数十亿美元规模市值的公司在全球范围运营，并且在欧洲、中国及其他地方进行股票交易。它们对可再生能源证书市场的接触有限，尤其因为风能对各项补贴的依赖越来越少，比传统的化石燃料发电的能源更有竞争力。尽管总体来说太阳能公司占据的市场份额少，但是依旧依赖于如太阳能可再生能源证书（SREC）等各项补贴来保持竞争力。然而随着近几年太阳能电池板的价格大幅下跌，相比过去太阳能对补贴的依赖也越来越少。在这种情况下，太阳能相比化石燃料发电已经有一定竞争力，特别是那些对离网电力供应有需求的国家。在太阳能发电领域，第一太阳能公司（First Solar）、太阳电力公司（SunPower，NASDAQ：SPWR）以及英利绿色能源控股有限公司（Yingli Green Energy）这些跨国公司在行业中居于领导者地位。

尽管交易所交易基金对可再生能源证书（REC）几乎没有接触，但种类繁多的交易所交易基金已经开始涉足可再生能源。其中首先涉足可再生能源的交易所交易基金之一的就是 Power Shares WilderHill 清洁能源公司（NYSE：PBW）这一基于 WilderHill 清洁能源指数的基金列明了一批绿色能源技术公司和一些传统能源公司。Amyris 公司、Solazyme 公司和 EnerNOC 公司是 2012 年顶尖控股公司。它们所管理的资产约为 1.33 亿美元。

古根海姆太阳能公司（The Guggenheim Solar）交易所交易基金（NYSE：TAN）遵循克莱摩全球太阳能指数（Claymore/MAC Global Solar Energy Index）。它不仅包括太阳能电池板制造商，也包括那些专注于太阳能价值链其他方面的公司，例如太阳能咨询、太阳能市场营销，以及太阳能企业融资。保利协鑫能源控股公司（GCL-Poly Energy Holdings）、第一太阳能公司（First Solar）以及 GT 先进技术公司（GT Advanced Technologies）是这一领域 2012 年顶尖控股公司。它们所管理的资产余额为 7100 万美元。

在风能方面，有几种交易所交易基金可供选择，这其中包括第一信托 ISE 全球风能指数基金（NYSE：FAN）。自 2012 年起，风能基金的主要控股公司包括葡萄牙电力集团可再生能源部 EDP Renovaveis、西班牙伊维尔德罗拉公司（Iberdrola）、中国龙源电力集团控股公司（China Longyuan Power Group）和维斯塔斯风力系统公司（Vestas Wind Systems）。它们所管理的资产约 2100 万美元。

概要

可再生能源对环境的好处不只是单纯的发电。更干净的空气和水、更健康的社区以及温室气体排放减少都是可再生能源的副产品，这都不会增加能源本身的成本。这些副产品并未形成专门的市场，可再生能源证书为其提供了一种使用激励。各州的可再生能源授权和联邦的可再生能源授权，还有自愿交易型可再生能源证书是可再生能源在美国发展的主要驱动力。

可再生能源证书项目同时包括自愿型设定和强制性设定。一些项目注重风力发电，另一些则关注太阳能或地热。在许多案例中，有没有可再生能源证书意味着这个项目能否实施。切记，能源与其可再生的属性是分离的。所以可再生能源证书可以与能源剥离开进行买卖，且可再生能源证书通常在实体地点而不是产生能源的地点进行销售。这使得可再生能源证书在区域上甚至是全国范围都有机会进行交易。

不幸的是，可再生能源证书的市场是不统一、不透明的、非现金且较零碎的。因为可再生能源配额制是州一级的政策，彻底理解可再生能源证书则要求理解许多不同州的市场。国家电网系统和国家可再生能源配额制的缺失造成了这些零碎的问题。所以一个潜在的可再生能源证书的投资者必须实时了解州一级的政策动态。

能源可再生指数（RIN）

随着 2015 年《能源政策法案》（Energy Policy Act）的通过，美国国会将生物燃料列为首要发展能源。生物燃料产生于植物，美国最常见的生物燃料类型是以谷物为原料生产的酒精。

《能源政策法案》的中心思想是可再生燃料标准（Renewable Fuel Standard，RFS），这始于2005年的法案并在2007年能源独立和安全法案中得到扩展。可再生燃料标准（RFS）要求在美国生产和消费的运输燃料要包含一定比例的可再生燃料，典型的就是生物燃料。2012年可再生燃料标准（RFS）就授权要求使用152亿加仑的可再生燃料。这个百分比略微比2012年美国汽油和柴油消费总量的9%高一些。现在执行的可再生燃料标准（RFS）将一直持续到2022年。图7-5显示了每年授权提供的燃料类型。

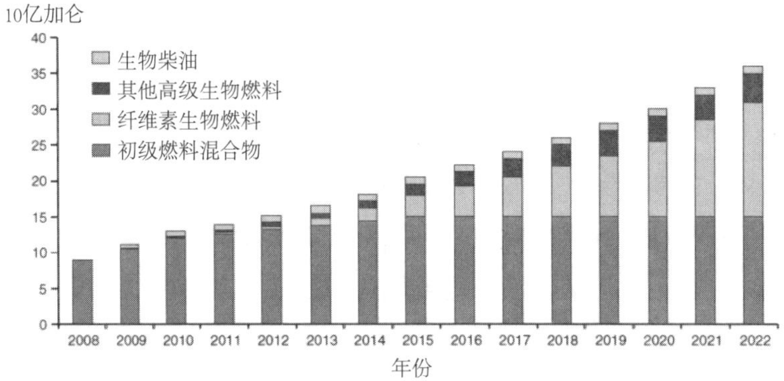

图7-5　可再生燃料标准（RFS）的分类规定，2008—2022年

资料来源：Lihong McPhail, PaulWestcott and Heather Lutman. USDA ERS, The Renewable Identification Number System and U.S. Biofuel Mandates. Outlook No. BIO03-(November 2011)。

为了追踪可再生燃料标准（RFS）的合规性，环境保护局（EPA）创造了可再生能源配额体系。一个38位的能源可再生指数（RIN）被赋予在美国生产的每一加仑可再生燃料或者进口到美国的每一加仑可再生燃料。为了符合可再生燃料配额的要求，这些数字主要被用来要求燃料淬炼厂。理解能源可再生指数（RIN）十分重要，因为生物燃料的使用已经广泛地影响到食物和燃料价格，也因为投资者可能直接对能源可再生指数（RIN）投资。去年大约签发了150亿的能源可再生指数（RIN），并且随着时间这个数字只会越来越大。一般来说，能源可再生指数（RIN）的价格从几美分到几美元不等；即使价格低廉，由于每年签发的巨大数量，其潜在价值也很可观。

一旦传统化石燃料与可再生燃料混合，如汽油或柴油与乙醇混合，能源可再生指数（RIN）可以与燃料分离，从而进行交易。所以如果能源提纯者发现从其他能源提纯者或者能源混合者处购买能源可再生指数（RIN）能够带来最理想的经济效益，他们不会选择自己混合可再生燃料。作为一种选择，能源可再生指数（RIN）可以从属于可再生燃料并由“义务方”（如法律定义的）合规使用，或者适用于将来。环境保护局（EPA）通过其平稳交易系统追踪能源可再生指数（RIN）。因此，进入该市场非常容易。使用者在环境保护局（EPA）进行注册，并建立环境保护局中央数据交易账户，然后交易通过电子化的形式提交给环境保护局（EPA）。

尽管大多数 RIN 都是源于乙醇混合物，但其他类型的可再生燃料也是合格的。RFS 越来越鼓励使用更高水平的纤维乙醇和“高级”的生物燃料（非玉米制成）。例如，有些车辆使用的压缩或液化天然气尽管不是可再生燃料，但也可以通过接受 RIN 从而受益于 RFS。因为那些使用汽油和柴油燃料的车辆往往排放的污染比使用压缩或液化天然气的车辆更多。这些激励措施促使替代燃料制造商不断增加。

RFS 规定每年必须进行一次履约评估。如果能源提炼企业或者其他义务方没有充足的 RIN 供其使用，这个赤字额将延续并覆盖在下一年的义务额上，直到下一年的义务得以实现。如果某个义务方有多余的 RIN，只要该义务方的 RIN 储备量能够提供不超过 20% 的当年义务量，则它可以出售多余的 RIN 或者为下一年的履约做储备。两年未使用的 RIN 自动作废。

实际上，义务方必须满足以下四个生物燃料履约目标或者可再生义务量：

- 总可再生燃料
- 先进的生物燃料
- 生物柴油
- 纤维生物燃料

每加仑燃料所提供的能量都是在相对于乙醇所提供的能量相比之下，

再调整为可再生能源量得出的。在这个公式中，1 加仑传统乙醇相当于 1 单位 RIN，1 加仑生物柴油相当于 1.5 单位 RIN。

RIN 市场中最大的参与者通常是能源提炼企业。因此，埃克森美孚石油公司（NYSE：XOM）、英国石油公司（NYSE：BP）、雪佛龙公司（NYSE：CVX）、马拉松（NYSE：MRO）、太阳石油公司（NYSE：SUN）以及瓦莱罗能源公司（NYSE：VLO）共同组成了 RFS 最大的义务方。其他重要的参与者还有一些乙醇生产公司。虽然它们不接收生产乙醇产生 RIN，RIN 还是会影响其产品的价格。美国最大的乙醇生产公司包括阿彻丹尼尔斯米德兰（NYSE：ADM）、POET 公司（非上市）、瓦莱罗能源（Valero），以及绿色平原可再生能源（NASDAQ：GPRE）。

能源可再生指数定价

RIN 定价主要受市场和政策信号影响。除 RFS 以外的政策信号规定每年乙醇和生物燃料的使用，作为乙醇混合物的税收抵免、进口关税和作物补贴。单位体积的乙醇特许权税收信贷（Volumetric Ethanol Excise Tax Credit，VEETC）大概是对 RIN 价格影响最大的政策驱动因素。VEETC 可用于每加仑 0.45 美元的乙醇与汽油混合物，每加仑 0.54 美元乙醇的进口关税，以及每加仑 1.01 美元的纤维素乙醇与汽油混合物的生产商的信用值。VEETC 是 2004 年开始实施的，但由于 2010 年它耗费了 210 亿美元的税收，从而被人们诟病并且要求在 2011 年底停止。因此，许多分析师预测 RIN 的价格会上涨，事实也是如此。

受市场因素的影响，RIN 的定价与玉米价格、原油价格、大豆价格、天然气价格，以及其他农业和能源领域内的大宗商品的价格密切相关。比如说，高价玉米会导致乙醇产量下降，从而造成 RIN 价格上涨。相反，高油价会使乙醇和生物燃料更具吸引力，从而导致产量增加，RIN 的价格下降。相比之下，天然气是加工乙醇的主要燃料，因此天然气成本的增加导致乙醇的生产成本也增加，因而降低了乙醇产量，RIN 的价格升高。最终，燃油效率标准会对 RIN 价格产生间接影响。随着交通工具更高效，燃料的需求减少，从而降低了 RIN 的需求。

RIN 主要是场外交易，但也在芝加哥商业交易所和洲际交易所上市交易。由于 RIN 主要是场外交易，没有一个集中的渠道公开获取 RIN 价格信息。一些私有企业，如普氏、Argus 和石油价格信息服务公司，都会为用户提供历史价格。

根据 RIN 的类型不同，其价格也有所不同。如图 7–6 所示，截至数据统计时，大部分 RIN 的成交价处于历史高位。评论家指出，尽管原因是复杂的，但价格上涨的部分原因源于 2014 年 RIN 的监管目标有所提高，并且高于当下的产量。由于价格较高，石油行业越来越多地想要废除或修改 RFS 规定的要求。

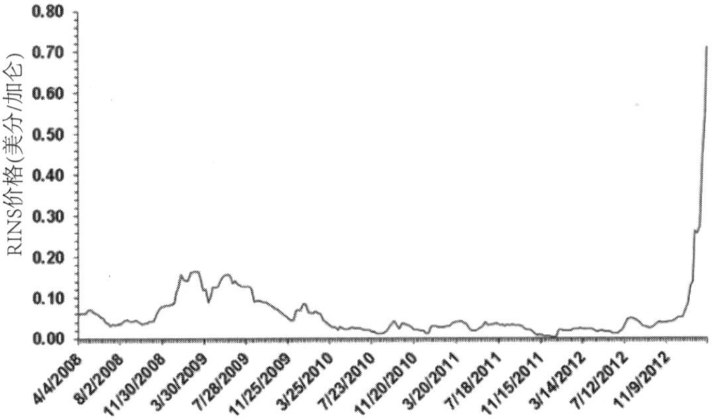

图7–6　2008年4月4日至2013年3月7日二级市场的能源可再生指数价格

资料来源：Scott Irwin and Darrel Good："Exploding Ethanol RINs Prices: What's the Story?"，*Farmdoc Daily*，Department of Agriculture and Consumer Economics, University of Illinois (8 March 2013)，http://farmdocdaily.illinois.edu/03/2013/exploding-ethanol-rins-prices.html。

项目设计缺陷

不幸的是，由于设计存在缺陷，RIN 交易出现了一些并未完成实际交付的欺诈的情况。由于缺乏一个统一的权威的 RIN 验证和监控机构，才给这些欺诈行为以可乘之机。尽管美国环保署现在负责中央数据交换（Central Data Exchange）的维护，但它只能追踪 RIN 而不负责验证其身份，这就给了卖家提供虚假 RIN 进行交易的机会。最严重的一起欺诈事件发生在 2012 年，当时 Absolute Fuels 公司的首席执行官因虚假销售超过 5000 万美元的 RIN 赝品而被捕。之后几家工业领导公司提出一些草案用来纠正这个问题，这也就是后来 2013 年颁布的 RFS 中的部分内容。[①]

设计缺陷和欺诈案例表明市场需要有完善而严密的监督机制。环保署通过批准自愿“质量保证计划”来解决这个问题，这个计划一旦实施，向环保署提交无效 RIN 的难度将比过去大。

能源可再生指数的投资机遇

目前，RIN 的直接投资机遇是有限的，主要因为 RIN 造假的购买风险。取而代之，现金结算 RIN 合同能够提供一个安全的、不涉及实际所有权的投资途径。除非环保署或独立第三方能够提出一个被主要 RIN 市场参与者可接受的认证和登记程序，否则直接购买 RIN 仍将有风险。

乙醇、生物柴油或炼油公司的股票也是可供购买的，但是这些公司对于 RIN 市场的接触较少。

概要

决策者们多年来致力于限制美国对化石燃料和国外石油的依赖，最近的 RFS 和 RIN 项目都以此为目标。主要炼油商，即被要求履约方，通过 RIN 来保证遵守可再生燃料标准，提取符合要求的用于交通运输的可再生燃料。RFS 项目因在促进乙醇生产的过程中造成了食品价格的上涨而受到审查，该项目利用玉米（但不限于玉米）来生产乙醇。玉米价格上涨是一个很严重的问题，尤其对于贫穷的国家和地区来说，生活在这些地区的人们依靠玉米提供足够的营养。玉米价格的上涨也同时导致其他食品价格的上涨。

尽管 RIN 项目因其欺诈事件而显得有些混乱，但仍然可以算得上是成功的。在某种程度上来说，如果环保署能够建立一个可靠的核准和登记制度，即便 RIN 项目的环境效益仍然有待商榷，但它已经建立了一个有效的市场。项目的长期性和可立法性是其前景乐观的重要原因。当下很多环境

---

① EPA proposals，http://www.epa.gov/otaq/fuels/renewablefuels/regulations.htm.

市场充斥着短期项目或者政策性中断的情况，但 RFS 是一直持续到 2022 年的长期项目。因此，市场参与者有足够的时间将 RFS 的影响正确地纳入决策过程中。

能源效率

能源效率（Energy-efficiency）的定义十分宽泛，它是为提供商品和服务所必需消耗的能源的总和。提高能源效率则是降低这种必需能源的消耗量。人们常常认为节能就是在自己家里给白炽灯加一个绝缘层，或者只是简单地调低空调温度。这些看上去不起眼的行为实际上却隐藏着巨大的金融机遇。本节将在回顾各种节能途径的基础上，讨论节能对于美国和全球经济以及环境问题的总体影响，并揭示出其中的投资机会。

一般来说，节能市场是不允许交易的。除了极少数的州，它们已经将节能划归到可再生能源的投资组合，或者是代替能源标准或质量保证项目中。但是即使节能不能直接交易，它仍然可以通过改变相关市场的供需平衡的方式来影响其他一些可交易的市场。比如，二氧化碳市场和二氧化硫市场。我们在第 4 章关于二氧化碳市场的论述中可以看出，节能可以减少对电力和燃料的需求。反过来说，节能对于可交易市场的影响可以减少与电力生产有关的信用需求，再生能源证书和 SO_2 信用就是根据这个原理展开的。

节能的概述及应用

在节能领域有一句俗话：最划算的能源是你从来没有使用过的能源。落基山研究所（Rocky Mountain Institute）的建立者、环境科学家艾默里·洛文斯（Amory Lovins）曾经用“负瓦”（negawatt）这个词作为节约的能源的计量单位。[①] 为了证明大规模的节能升级的可行性，洛文斯总结道：1975 年到 2000 年之间，美国能源强度下降了 39%，这相当于美国石油消耗量的 1.7 倍。事实上，美国能源消耗强度自第二次世界大战以来一直稳步下降，

① Amory B. Lovins：“The Negawatt Revolution: Solving the CO_2 Problem”，Keynote Address at the Green Energy Conference, Montreal (1989)，http://www.ccnr.org/amory.html.

如图 7–7 所示。2009 年，麦肯锡预测如果所有节能途径都能有效实施，那么节能总量将价值 1.2 万亿美元。①

图 7–7　美国能源强度

资料来源：Lester Lave：“The Potential of Energy Efficiency: An Overview”，*The Bridge*,Vol. 39, No. 2（Summer 2009）: 5 – 14。

节能通常发生在四个领域：住宅节能、商业节能、工业节能和汽车行业节能。接下来的讨论主要集中在前三个领域，关于汽车行业领域内的节能问题在其他书籍中都有详细的阐述。②

美国住宅节能

美国拥有 1.15 亿住宅，住宅领域的节能具有潜在空间。据美国能源部统计，住宅领域的能源消耗占全国总消耗量的 22%。其中，大约 60% 的能源用于加热、冷却、制冷和照明。麦肯锡公司认为，如果所有居民在住宅

① McKinsey &Company：“Unlocking Energy Efficiency in the U.S. Economy”，McKinsey & Company (July 2009), http://www.mckinsey.com/client_service/electric_power_and_natural_gas/latest_thinking/unlocking_energy_efficiency_in_the_us_economy.

② 举例而言，参见Amory Lovins, Kyle Datta, Odd–Even Bustnes, Jonathan Koomey and Nate Glasgow：*Winning the Oil Endgame* (Snowmass, Colorado: Rocky Mountain Institute, 2004)，http://www.rmi.org/Knowledge–Center/Library/E04–07_WinningTheOilEndgame。

中的节能措施都能得以实现，将减少 28% 的能源消耗，相当于每年节省了 410 亿美元。（麦肯锡预测，在住宅领域中，2290 亿美元的前期投入将节省 3950 亿美元的能源开支。[①]）

在过去几十年里，改良电器是住宅节能的重要途径。以冰箱为例，1947 年冰箱的耗电量大约是现在的四倍之多。

我们不仅可以从住宅内部找到节能空间，也可以从住宅外部入手，也就是人们常说的“建筑信封”（envelope）。住宅外部的改善大致包括：增加隔离层、更换新型窗户、安装密封管等。而住宅内部的改进通常是技术上的改进。比如，改用高效节能空调、炉灶和热水器，改善照明设计，以及更换其他新型节能设备。图 7–8 大致描述了各种电器的节能空间。

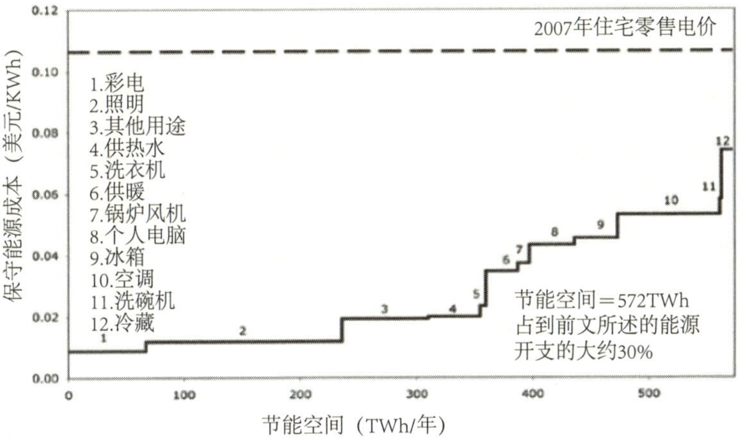

图 7–8　住宅产品的节能空间

注：kWh表示千瓦时，TWh表示太瓦时，1TWh为10亿kWh。

资料来源：National Academy of Sciences, National Academy of Engineering and National Research Council：“Real Prospects for Energy Efficiency in the United States”，National Academies Press (2009), www.nae.edu/19582/reports/24921.aspx。

虽然改进住宅节能具有巨大的潜在效益，但让居民在生活中真正养成节能的习惯才更加重要。研究表明，居民更加倾向于以行为为基础的节能

① McKinsey：“Unlocking Energy Efficiency in the U.S. Economy”，op. cit.

项目。这个项目可以提供居民的节能数据，并且可以与他们的邻居进行比较，还可以提供节能目标。此外，它还可以对居民耗能数据进行分析，从而提出更为有效的节能建议。

美国商业和工业节能

美国商业部门（包括办公室、零售建筑等）消耗了近 1/5 的能源，而工业部门（包括轻工业和重工业）则消耗大约 1/3 的能源。麦肯锡预测，如果所有商业部门的所有节能途径都能实现，到 2020 年能降低 29% 的能源消耗。从成本效益角度来看，1250 亿美元的初始投资将节省 2900 亿美元的能源消耗。①

某种程度上来说，商业和工业部门的节能升级与住宅节能的方式相似，尤其是在商业部门，加热、制冷、照明占据了大量的耗能比例。工业节能则略有不同，工业生产消耗各种类型且数量较大的燃料，包括天然气、石油燃料（比如柴油和燃料油），以及电力能源。想要在工业部门中提高节能效率，需要重新构建一张复杂的能耗蓝图，比如将热力和电力系统相结合，而这些方式往往不适用于商业和住宅领域。此外，在不需要全功率电机的时候，人们还可以通过改用能耗较小的变速电机替代传统的定速电机，从而降低能耗。

阻碍实现创新的因素

为什么这些提高能效的方法没有被利用呢？显然是因为在实现节能的过程中有层层阻碍。

首先，节能的经济效益具有不确定性。所有的收益数据都只是基于预测，而进行预测所假设出的能源使用模式和行为具有很大波动性，这就导致实际节能收益低于或高于估计值。一方面，节能效益不能确定，而另一方面，投资风险和未实现节能目标的风险却又真实存在。

美国很多州都有自己的节能规定。大多数州都要求电力公司对客户实施节能项目，当然各州的规定存在一些细微的差别，但节能的关键点都是

① McKinsey：“Unlocking Energy Efficiency”，op. cit.

一致的（我们在这里讨论的关键点只限于与节能关系最密切的一部分）。

由于电力公司的主要业务和盈利途径，因此要求电力公司实施节能项目来减少客户购买的电能并不是一个理想的激励模式。一些州鼓励公益单位来投资客户节能产品，这种公益投资的回报在于“需求管理”（即说服消费者购买不实用的产品）。如果更多的决策者采取直接向消费者提供激励的政策，而不是仅仅惩罚那些违反国家规定的电力供应商，有效节能的范围将进一步扩大。

此外，现有电力结构不利于提高能效。电费的支付通常是在月底进行，也就是电力使用以后再缴费。如果能够实时监测和显示电能消耗的数据，人们可能会更积极地节约能源。

其他阻碍因素则与信息的可用性和个人经济能力关联较小，而是主要与人的行为和对能源消耗问题的忽视联系更为紧密。一个人的行为习惯往往很难改变。举个例子来说，离开房间时关灯是一件很容易做到的事情，但如果你不注意节能，就很可能会忘记关灯。这种对节能的忽视不仅仅是一家一户，一些企业也没有关注节能问题，它们认为这些能源的费用和消耗是商业活动中不可避免的成本。然而，随着能源价格的升高，一些新型公司帮助其他公司减少能源使用量，这改变了一些企业对待能源问题的旧观念。在下一节中，我们将具体列举一些将节能阻力转变为商业机遇的新型公司。

美国节能领域的投资机遇

节能产生了各种各样的投资机遇，为了将问题简化，我们主要将这些投资机遇分为四个领域：公益和能源公司、节能服务供应商、节能设备供应商和节能金融机构领域。

公益和能源公司

该领域内，以州为基础建立的公益单位是主要的节能参与者，它们承担了加利福尼亚州、康涅狄格州、马萨诸塞州多年来的节能要求。具体的公益组织有：Sempra 能源（NYSE：SRE）、太平洋天然气和电力（NYSE：PCG）、联合能源公司（NYSE：CEG）和联合爱迪生公司（NYSE：ED）。

节能服务供应商

节能服务供应商包括共生公司、咨询公司、节能监测公司、能源服务公司等。主要代表有艾默瑞斯克公司（NYSE：AMRC）、强生自控（NYSE：JCI）、施耐德电子（EPA：SU）、西门子（NYSE：SI）、霍尼韦尔公司（NYSE：HON）、艾尼尔公司（NASDAQ：ENOC）和美国特灵公司（NYSE：IR）。

节能设备供应商

节能设备供应商提供部分建筑自动化和按需调控。主要代表有：强生自控、美国开利公司（NYSE：UTX）、思科系统公司（NASDAQ：CSCO）、KMC 自控（非上市）、陆创电子公司（非上市）和西门子公司。

金融机构

节能领域的投资者一般分为盈利公司（如银行）的私人股本基金、项目融资组合和慈善基金会。具体代表有美国银行（NYSE：BAC）、通用投资（NYSE：GE）、强生自控、福赛斯街咨询（非上市）、飞马投资咨询（非上市）和城市生活公司（Living Cities）。

可交易的节能市场

像其他排放市场一样，节能市场需要建立一系列产权交易制度才能实现节能交易。在这种情况下，需要用某种交易工具来判断节能目标是否已经实现。其中，产权的完整性应由指定的第三方进行核准。同时，应该建立起产权转让和追踪的注册制度。本节将以美国以外的可交易能源市场为例进行阐述。

印度

在印度，“执行—实现—贸易”项目（Perform, Achieve and Trade program）本质上是一个旨在减少能耗和提高节能效率的管制与交易计划。该计划是由能源部节能组设计并实施的，用于为 563 个重点污染源设立基准效率，其中包括发电厂、钢铁厂、水泥厂。这些工厂占全国能源消耗的 54%。实施这个项目后，耗能大户可以购买能耗份额（即节能证书 ESCerts），耗能少的企业则可以出售节能证书。节能证书的数量将取决于每年的目标节能数量。政府方面预计，节能交易发展到 2014 年将价值 160 亿美元。

欧洲

如表 7–3 所示，一些欧洲国家已经实施了市场能效信用，而另一些国家还处于探索阶段。表中各国的节能理念相对一致：能源节约将由指定机构进行核准并颁发白皮书（即节能贸易证书）。2005 年，意大利就已经实施了节能贸易，他们将节能贸易证书称为“节能标题”（energy–efficiency titles）。

表 7–3　英国、意大利和法国的节能组织

英国（EEC–2，2005—2008）	意大利	法国（筹划中）
驱动者		
配额系统 –重燃料能源发电的优势 –2005—2008 –只针对国内消费者 –50%“重点人群”（即低收入社保人群）	配额系统 –相当于一吨油 –2005—2009每年 –针对所有消费者 –减少50%的能源消耗（电能和天然气）	配额系统 –兆瓦时 –2006—2008（第一阶段） –针对所有消费者
义务方		
电力和天然气供应商	电力和天然气分销商	电力、天然气、液化石油气、热、冷和取暖燃料供应商
义务阈值和分配标准		
–阈值：5000国内客户 –参考分配参数：国内消费者的数量 –EEC–1:逐步拉近大客户公司	–阈值：100000客户 –参考分配参数：电力/天然气分布（市场份额） –线性：目标值是更紧凑的线性值（比如指数）	–阈值：0.4兆瓦/年度能源销售 –参考分配参数：住宅和三级部门的市场份额和营业额
交易		
–无证书 –义务可供交易 –仅多余的部分允许交易 –需监管者批准 –无现货市场 –在国家排放交易计划原则上单向交易	–证书交易 –现货市场部分 –OTC交易 –监管者批准交易规则	证书交易，仅限双向交易
成本回收		
–监管机构决定是否进行处罚 –处罚计算无具体指导 –处罚额可达年营业额的10%	–由监管者调整 –非强制性补偿比多余投资额的部分	–0.02欧元/千瓦

资料来源：EEA：“Market–Based Instruments for Environmental Policy in Europe”，European Environment Agency Technical Report (August 2005)。

结论

从投资、较少能耗以及环境效益的角度来说，节能为环保市场提供了许多有益的机遇。阻碍节能活动大规模推进的阻力是行为阻碍和资金阻碍，一些创新型企业正在探索有趣的方式解决这些障碍。企业和个人也开始意识到有效的能源管理和日常照明、加热、制冷活动中节能升级的重要性。

本章中，我们将可再生能源、能源可再生指数和能源效率赋予价格来研究环境市场。节能交易市场的出现，及时地为关于气候变化和燃料使用的政策讨论指明了出路。可再生能源、能源可再生指数和提高能源效率都对降低化石燃料依赖度有重要作用。

除此之外，方程的另一端——水，是与能源使用紧密相关的另一环境资产。这方面内容将在接下来两章中做具体阐述。水资源短缺和水质问题与能源使用有密切联系，这也是目前我们关注的重点。水体与能源存在共生关系，能源需要水来推动产生，同时水也需要能源来生产。水是常规能源生产中的关键投入，因为我们需要用水来冷却蒸汽涡轮机。水也被用于运输燃料；提取燃料，如煤和石油；还有种植生物燃料作物。同样，我们使用的水需要消耗能源来提取、运输和净化。使用可再生能源和节能电器不仅可以节约能源，也可以节约水资源。同样，在电力生产中使用可再生能源技术，比如风能和太阳能，可以有效减少水资源的使用。水资源的储藏量和水质问题也同样深受气候变化的影响。气候模型显示：降水模式的波动和气候变暖对积雪有重要影响。气候变化还可能导致干旱、难以预料的洪水等灾难，这些都将对供水带来可怕的后果。

水资源短缺对于经济、社会、环境都有巨大的影响。在接下来的两章里，我们将讨论水质和水量问题的新挑战以及如何使用金融工具和市场来解决这些问题。面对全球水资源问题的挑战，水资源市场可以和排放市场在应对酸雨和全球变暖问题上同样产生经济和社会价值。

第 8 章　水交易市场与相关资产类别

水资源将是 21 世纪最重要的商品。当今世界水资源需求量的增长速度比人类社会过往的任何时候都要快。水资源本身就是一种不可替代的稀缺资源，而现今的水资源供给却正随着冰川消融与干旱加剧而变得愈加紧张。鉴于上述严峻挑战，水资源保护问题亟待妥善解决。

水资源供给的挑战对社会、经济及环境的影响都是巨大的。水是生命延续、粮食种植以及能源生产的基本需求。大多数的制造与生产活动都会对水资源供给产生影响，因为它们总会直接地利用水作为原料或者间接地通过使用能源而消耗水资源。世界范围内 22% 的 GDP 贡献来自于水资源缺乏地区，因而水资源稀缺对经济社会发展的限制获得了越来越多的关注。

从社会角度来看，全球约有超过 10 亿人口没有安全的水源，而近 25 亿人口没有基本的卫生设施。在发展中国家，80% 的儿童疾病和死亡案例直接或间接地由缺乏安全的水源供给导致。

本章旨在描述上述水资源短缺与水资源质量问题现状、现有的处理办法与可能的处理导向。对水资源使用权与污染权的定价有着重要的社会意义与目标，并且能够为一个国家的金融与工业领域提供新的商机。

背景

尽管人类赖以生存的地球有超过 70% 的表面被水所覆盖，但仅有其中的很小一部分能够被我们所利用。全球水资源总量中仅有 2.5% 为淡水资源，而其中的大部分还蕴藏在冰川、积雪以及深层地下水中，难于开采使用。仅有 1% 的淡水资源能够较容易地为人类和动物所利用。① 也就是说，比地球水资源总量中 1% 的十分之一还少的部分是现成可用的。（在本章中，“淡水”指河流、湖泊与含水层中的含有微量盐成分的水；“清洁水”指适于饮用的水，它是淡水中的一部分。②）

另需说明的是，上述提到的可用水资源在世界范围内的分布并不均衡。南北美洲及欧洲总的来说拥有丰富的水资源储量，而中国、印度的很多地区、中东地区及非洲的很多地区却不幸地面临着愈加严重的缺水问题。让我们来比较北美洲与中国的情况。北美洲人口总量仅占全球总人口的 8%，然而却拥有全球总淡水储量的 15%。相反地，中国总人口占全球 21% 却仅拥有可开采淡水总量的 7%。③ 水资源不均衡分布与世界范围内诸多流域跨越不同国界的现实，共同造成了诸多地理政治争端与跨境紧张局势。

与水资源供给相似，世界范围内的水资源需求也呈不均衡分布态势。在（事实上是或者被认为是）水资源丰沛的地区，多重成因导致了不可持续与不慎重的水资源使用。举例而言，美国人口平均水足迹为每天 1797 加仑；南非为每天 341 加仑；而世界范围内的平均值为每天 897 加仑。④ 根据住宅统计数据显示，美国人均用水量为每天 100 ~ 150 加仑，欧洲平均值为每天 74 加仑，而中国则为每天 23 加仑。⑤

包含饮用、卫生、环境及食物制备等在内的人类基本水需求量约为 15 加仑每日。此类需求中的一部分由人口增长导致。基于全球统计数据，水需求量每 20 年增长一倍，尽管人口增长速率低于此增速的一半。持续增长

---

① U.S. Geological Survey：“The World's Water”，Water Science School (5 November 2013)，http://ga.water.usgs.gov/edu/earthwherewater.html.

② U.S. Geological Survey，http://ga.water.usgs.gov/edu/watercycle freshstorage.html.

③ Deane Dray, Adam Samuelson, Mark Zepf and Ajay Kejriwal：“The Essentials of Investing in theWater Sector, Version 2.0”，Goldman Sachs Global Investment Research (24 March 2008)，http://www.slideshare.net/Water_Food_Energy_Nexus/goldman-sachs-the-essentials-of-investing-in-the-water-sector.

④ National Water Footprint Calculator, Water Footprint Network (2012)，http://www.waterfootprint.org/?page=cal/waterfootprintcalculator_national.

⑤ Peter H. Gleick：“Basic Water Requirements for Human Activities: Meeting Basic Needs”，*Water International*, Vol. 21, No. 2 (1996): 83 - 92.

的用水需求也是人们日益提高的生活质量所带来的。这个情况在诸如中国和印度等每年有成千上万人口从农村迁往城市的国家中更为显著。这对新兴的亚洲国家（马来西亚、印度尼西亚、菲律宾及新加坡，也称 MIPS）也很重要，它们正获得金融投资者与工业企业更多的注意。与世界上其余大部分国家一样，这些国家也承受着水资源的不平衡分布。

从投资角度来看，MIPS 国家群因其良好的发展前景而具有特殊的吸引力。特别是有着良好政治环境的新加坡，就具有独特的金融中心的定位。由于其特殊地理位置，新加坡自然地缺乏水资源供给，因而要依靠从马来西亚进口水源，投资开发水处理技术以及兴建资本密集型水资源基础设施等方式来满足用水需求。马来西亚历史上曾拥有丰富的水资源，然而由于水资源管理不善现今也面临着水资源缺乏的问题。上述两个国家存在着长期的水资源供给冲突。

虽然印度尼西亚拥有亚太地区淡水总储量的 21%，但其快速发展与落后的基础设施使得水资源危机日渐严重。该国也在经历着重大的土地使用方式变化，森林砍伐以及采掘作业造成很多区域在季风洪水等极端自然事件面前变得更加脆弱。在 2010 年中，近一半总人口缺乏安全的饮用水供给，而仅有 1/4 人口能够用上自来水。①

在菲律宾，如何获得清洁水也是一个严重的问题。水传染病造成了日均 55 人死亡量及年均 15.6 亿美元的经济损失。

水危机不仅涉及量的问题，也同等重要地涉及质的问题。这两个问题是密切相关的。氮、磷等营养元素作为水、土壤与大气中的成分广泛存在于自然界中。而氮和磷更是作为肥料用以促进农作物的生长。但营养物质在水体中的过量存在会带来不良后果。暴露于过量的硝酸盐（一种氮元素的化合物存在形式）中将会导致血液含氧量降低，增加婴幼儿与成人的肺与心血管疾病患病风险。已有研究证实了长期过量摄入硝酸盐与癌症间的关系。

---

① “Indonesia Water Investment Roadmap 2011 - 2014”，World Bank (January 2012)，http://water.worldbank.org/sites/water.worldbank.org/files/publication/WATER-Indonesia-Water-Investment-Roadmap-2011-2014.pdf.

低劣的水质不仅对于人类是一个严峻的问题，对于野生动植物等也非常严峻。湖泊、溪流及水库中的高浓度氮磷元素往往会导致鱼类死亡、刺鼻气味以及水草过度生长。

水污染源一般可分为两类。点源是指那些可以归因于特定物理位置的污染（如发电厂、炼油厂等，它们一般分布在河流与湖泊旁边以利于冷却和运输）以及从污水处理厂、工厂或市政排放的氮磷营养物。非点源（造成营养物质污染的主要因素）是指带有扩散性质的污染源，这类污染源造成的污染无法归因于一个明确的、具体的物理位置，也无法明确界定排放的渠道。这种污染包括任何土地中的营养元素流失，比如农田、草地、停车场、街道、森林等，并最终进入水体。这种污染源也包括了由空气污染、地下水或者化粪池系统等进入水体的营养物质。

淡水资源的供需不平衡不仅是关乎人类健康与幸福的重要议题，同样也能够对金融和商业产生巨大的影响。现今全球水行业的估值为5000亿美元，而到2030—2035年，该数额有可能会翻倍。① 在水环境基础设施方面的年度资本投入，可能会从2010年的900亿美元增长到2016年的1310亿美元。全球在污水处理设施方面的年投入可能会从2010年的140亿美元增长到2016年的220亿美元。②

随着水的需求量超过供给量40%，到2030年，水资源短缺很可能成为和当今石油短缺一样严峻的政策问题。对于投资者与研究分析人员而言，在海水淡化、“智能”水表、高效灌溉技术、污水处理、基础设施建设、工程以及其他与水相关的领域中均有巨大的机会。到2025年，仅海水淡化行业就有预计高达250亿美元的市场。估算表明到2015年，经济合作与发展组织（OECD）国家以及金砖四国（巴西、俄罗斯、印度及中国，BRICs）的年度水投资需求将增长到超过7700亿美元。③ 如果没有对水相关产品、

① Sarbjit Nahal, Valery Lucas-Leclin, Julie Dolle and John King："The Global Water Sector"，Bank of America/Merrill Lynch Wealth Management (28 September 2011)，http://wealthmanagement.ml.com/publish/content/application/pdf/gwmol/global-water-sector.pdf.

② Jablanka Uzelac, Ankit Patel and Heather Lang：*Global Water Market 2011: Financing the World's Water Needs until 2016* (Oxford, UK: Media Analytics, 2010).

③ OECD于1961年建立，包含34个最发达国家，其模拟了经济发展和世界贸易。

服务以及基础设施的投入，到 2050 年预计 45% 的全球 GDP 都将面临危机（以 2000 年的价格计算，这个比例相当于 63 万亿美元）。受影响最严重的可能是那些严重依赖水的经济领域：公用事业、石油和天然气、矿产、食品和饮料以及化妆品行业。[①]

持续增长的对有限资源的需求

人口增长、农业需求提升、城市化以及不断增长的能源需求驱动着水的需求增长。

农业

即使不考虑水资源短缺问题，农业面临的挑战也是令人担忧的。据经济合作与发展组织估计，到 2030 年全球将需要生产比现在多 50% 的粮食来满足人口增长与增加的粮食需求。[②]

供水和农业需求之间的不平衡由两个因素导致：①浪费，主要在灌溉过程中损失；②补贴及缺少水的合理定价。农业消耗了全世界淡水取水（即指从河流、湖泊或水库等淡水水源提取）的 70%，同时农业也是非点源污染和水体污染的主要原因之一。此外，农业取水中的绝大部分都被消耗掉了，几乎没有返回其源头的部分。

比如在美国，灌溉和牲畜饮水约占取水量的 31%，并且因为农业用水反馈回水源的部分实在是太小了（不同于发电用水），农业的实际消耗达到全美水消耗量的 85%。上述情况为致力于减少灌溉及其他农业用水量的公司提供了一个巨大的机会。如果能够减少农业灌溉用水量 15% ~ 20%，我们就可以很大程度上缓解世界性的水资源短缺。[③] 我们将在本章的后续部分具体讨论。

此外，水资源所有权的分配通常给市场带来低效现象。在美国西部，

---

① Nahal et al.：“The Global Water Sector”，op. cit.

② Water Law Research Guide, Georgetown Law Library，http://www.law.georgetown.edu/library/research/guides/waterlaw.cfm.

③ Brian Richter：“Tapped Out: How Can Cities Secure Their Water Future?”，*Water Policy*,Vol. 15, No. 3: 335 - 363.

与农业相关的用户拥有高级权力，尽管他们给每单位水量带来的附加值比其他的用户低很多。因此，这其中就存在着从水使用权（简称水权）交易中获益的机会。

农业用水之所以扮演主要的非点源污染源和水体污染的角色，主要是由农药过量使用、不良的动物饲养及放养经营、过度耕种以及不当的灌溉技术造成的。这些做法都会通过地表或地下水营养元素过剩、水土流失、金属和盐类物质积累以及病原体引入等导致非点源污染。

考虑到我们消耗的食物所蕴含的水量，农业对于水资源使用带来的影响就显现出来。①生产一磅玉米需要 55 加仑的水。同样，生产一磅小麦需要 156 加仑的水。这些水量数据看起来并不多，但请注意，大部分的玉米最终要用于喂养肉牛。基于这个原因，肉类消费的增加就是农业用水需求量增加的主要驱动力。特别是牛肉的生产需要大量的水。一磅牛肉估计就要消耗掉 1857 加仑水。

生产一加仑牛奶需要 880 加仑的水，一磅猪肉需要 756 加仑水。对比一下这些用水需求与生产蔬菜水果的需求：生产一磅橘子仅需 55 加仑水。

这种差异就是用水需求量随着收入增加而增加的一个原因——增加的收入一般会带来肉类消费的增加。如果发展中国家的食物升级遵循在美国与欧洲所观察到的规律，将来的用水需求还有可能产生巨幅增长。

城镇化

根据联合国统计数据，到 2030 年，城镇总人口将接近全球总人口的 60%。②2007 年，历史上首次实现全世界城镇居民人口总数超过农村居民人口总数。然而不幸的是，许多城镇人口，特别是贫困人口仍旧缺乏安全的饮用水和卫生设施。这导致了腹泻、疟疾和霍乱等疾病在这些城镇地区频发。预计城镇化使得实际用水比人们基本饮用、清洁和卫生用水需求增加了五倍。

---

① 资料来源：the Water Footprint Network，www.waterfootprint.org。

② 参见“Global Themes Strategy: Thirsty Cities — Urbanization to Drive Water Demand”，*Citi Thematic Investing Research* (20 July 2011)，http://fa.smithbarney.com/public/projectfiles/f8e732d5-6162-4cd9-8b1d-7b7317360163.pdf。

能源

能源的生产需要消耗大量的水，并且会对水质产生影响。水是蒸汽发电厂用于冷却的重要物质。水也大量使用于提取、精炼和生产石油燃料，生物燃料作物种植以及天然气水力裂解等过程中。同样的，在处理、输送水（用于工业生产或灌溉）的过程中也需要大量的能源。鉴于水与能源间有着很强的相互关系，我们可以预见到水资源短缺将会抑制能源生产——这个问题可能会在日益增长的电能需求下显得愈加严重。

据国际能源机构（IEA）数据显示，能源生产所消耗的淡水量可能会在未来的 25 年间翻倍（从现今的年消耗 660 亿立方米增长到 1350 亿立方米）。[①] 在美国，电厂每日取水量为 1430 亿加仑，比灌溉取水量多，是公共供水量的三倍。不过与其他取水用途不同，电力生产及城镇用水中的绝大部分在使用后都可以返回水源。

正在减少的供给

不论气候变化是否是人为造成的，气候变化和水资源方面的压力显然在同步恶化。随着极端天气现象发生频率的增加，气候变化对水资源供给的影响问题成为了老生常谈。联合国防治荒漠化公约估计，地球上约 1/3 的陆地表面正在逐渐变成沙漠，而受影响的地区正在以每年超过 500 万公顷的速度增加。[②] 与水资源分布特点非常相似，气候变化对水资源供给的影响随地域的不同而差别显著。澳大利亚和美国部分地区正在经历创纪录的干旱和积雪减少，然而一些热带地区则遭受着降雨、泥石流和水土流失的大幅增加。

水的定价与补贴

在导致世界面临如今水资源危机的众多原因中，最重要的可能就是缺

---

① 资料来源：International Energy Agency：“World Energy Outlook 2012”，http://www.worldenergyoutlook.org/publications/weo-2012/。

② 1平方英里约259公顷。

少合理的水资源价格。对稀缺资源的错误定价已经一次次地被证明将导致资源的非最优配置。水在芝加哥和纽约的运送价格分别为每加仑 0.002 美元及 0.004 美元。[①]在新德里，水的价格仅为水的运送成本的 1/5。[②]上述价格中甚至没有考虑水资源本身的价格，而是基本上将其看作一种免费且无限的资源。美国政府向饮用水及污水处理系统补助了超过一半的成本。研究人员粗略估计，如果没有此项补贴，美国的农民将需要多缴纳 25% 的费用。不幸的是，类似的不合理定价并不鲜见，它导致了用水需求量增加以及资源的配置不当。

预算约束确实会给政治家们施加减少水补贴的压力。这一系列因素很有可能会对投资者与分析师愈加相关。当补贴减少的时候，无论是工业还是居民用水水平都必然会产生变化。这样的变化可能意味着智能水表的新机遇；泄漏检测设备的更新换代；如半导体制造等用水密集型产业的改变；当然也包括农业的改变。[③]

必须要强调的是，此处对于定价的讨论仅适用于超出基本用水和卫生需求的部分。

解决供求不平衡的方法——交易角色

随着经济增长和农业取水增加，预计到 2010 年全球用水需求量将从 4500 万亿立方米增加到 6900 万亿立方米。历史上人们采取过增加供给来源的方式来满足用水需求，比如兴建大型公共基础设施和投入科技研发。这些方式包括兴建储存和运送水的基础设施，比如水坝和运河，以及增加技术研发投入，比如兴建海水淡化厂。上述大型项目通常投入大，时间长，并且对生态系统和当地社区有破坏性影响。然而，随着水价和水资源使用

---

① 芝加哥的价格来源：Whet Moser：“Chicago’s Proposed Water Rate Hike:At What Cost?”，Chicagomag.com (14 October 2011)，http://www.chicagomag.com/Chicago-Magazine/The-312/October-2011/Chicagos-Proposed-Water-Rate-Hike-At-What-Cost。纽约的价格资料来源：the rate schedule effective 1 July 2012, NYC Water Board。

② Nahal et al.：“The Global Water Sector”，op. cit.

③ Dray et al.：“The Essentials of Investing in the Water Sector”，op. cit.

权的明确，一系列能够提高水资源利用效率的措施变得可行，能够快速实施并且可能比传统技术方法成本更低。诸如时序灌溉、污水回用以及工业用水效率提升等具有“简便易得”特点的措施将值得关注。

一个有利于定价和水权转移的水交易项目能够为发起上述低成本措施而提供激励。此外，水的合理定价还可以促使消费者实现最有价值和最高效的使用。

由于水资源是一种地域性或区域性的资源，当地的可用性，供需特点以及环境压力将在很大程度上决定着哪种策略是最优的。交易可以提供比单纯的当地资源更多的选择，就像历史上出现过的酸雨污染物和二氧化碳交易一样。例如海水淡化这样一个备受关注的满足淡水需求的技术，平均成本为 650 ~ 2200 美元 / 英亩—英尺 ①。相比之下，优化的灌溉时序可以净节约 24 ~ 148 美元 / 英亩—英尺，而例如改变膏体尾矿开采等工业措施则可以产生 370 ~ 740 美元 / 英亩—英尺的净节约。②

有一个例子是关于位于南澳大利亚的阿德莱德市所面临的投资决策的。阿德莱德政府面临满足城市用水需求的任务。需要在建设海水淡化能力为 100 千兆升（giga liters，GL）每年的海水淡化厂与采购等量可靠性高的维多利亚—穆雷河（VM）的使用权间作出决策。③海水淡化项目需要 18.3 亿澳元的支出，满负荷运行成本为每年 13000 万澳元，或者说 0.005 澳元 / 加仑。而交易的选择则需要为可靠性高的 VM 使用权花费 19000 万澳元，以及介于 0.0008 ~ 0.001 澳元 / 加仑的运行成本。④ 显然，交易的选择在资本支出和运行成本角度来看更加实惠。并且，交易的选择提供了在水量丰年中更好的操作灵活性，因为未使用的权利可以出售给其他的市场参与者。

---

① 英亩—英尺即面积1英亩和深度1英尺的空间体积，约为326000加仑。

② 尾矿是指有矿石在有经济价值的部分被分离之后的残留物，膏体尾矿是指深度脱水后的尾矿。

③ 一千兆升等于810.7英亩—英尺。维多利亚—穆雷河域是穆雷河在维多利亚地区的盆地。“高可靠性”这一术语将在本章后面解释。

④ 基于2011年2月澳洲政府环境—心理项目投标（Australia’s government environmental purchasing program）的均价。

另一个例子是关于满足南印度城市金奈（Chennai）的用水需求的。[①] 该市常年面临水资源短缺，居民和关闭的工厂因此被迫定量配给水资源。加上缺乏调节地下水的法规，通常的技术方案是开掘深管井（将直径100 ~ 200毫米的不锈钢管钻入地下含水层）。不过这个方法很快就被证明是徒劳的，因为地下水水位下降造成了海水倒灌进入地下含水层。1996年，当地政府与世界银行一道进行了其他解决方法的可行性研究。技术方案为Veeranam计划——包括155英里的管道运送及建设一个海水淡化厂。交易方案为从距离城市较近的Araniar-Kortalaiyar（AK）的水稻田主手中购买地下水使用权。该地下水源被认为能够提供满足城市用水需求的水量。根据表8-1中数据所示，水交易这一方案是目前为止成本最低的选择。

表8-1　金奈供水方案的成本与供给量比较

方案	产量（加仑/日）	成本（美元/加仑）
回用工业废水	6075956	0.0038
购买AK地下水使用权	59967044	0.0001
Veeranam计划	11887740	0.0009
海水淡化厂	26417200	0.0034

注：本表分析数据基于55印度卢比对1美元的汇率。回用工业废水成本较高时因为当地政策法规所致。

城市的政策制定者并不热衷于交易水权这一方案，因为他们担心这样会激怒当地农民。因为他们认为AK的地下水资源被农民们认为是自己不可剥夺的资源，任何想要将水出口到金奈的尝试都是在政治上不利的。不过最终该选择勉强通过。在2003年，该市70%的水都来自于从农民手中购买的水权。

事实上，农民们很失望，不是因为他们“不可侵犯的”权利被剥夺了。他们失望于不能将全部希望出售的水权卖给城市使用。

① India's Water Economy: Bracing for a Turbulent Future (Washington, DC: World Bank,2005), https://openknowledge.worldbank.org/handle/10986/8413.

这个故事说明，当具有转让性质的权利能够合理定价与分配时，理性行为者将会自行最优化资源的使用。在该案例中，水稻农就发现通过出售水权所获的收益是比用这些水来耕种的收益要高的。

虚拟水：综合交易

虚拟水概念是最近才产生的，不过其基本原理已经存在几千年了。虚拟水是一种表达水在食物或其他在世界范围内交易的物品中蕴含量的方式。虚拟水的概念使人们产生出这样的想法：那些相对来讲缺少淡水资源的国家将用水密集型产业外包给淡水资源储量丰富的国家效果会更好。在没有专门运行的水市场的情况下，有一种替代的水交易正在进行：全球粮食贸易，它实际上就是一种虚拟水交易，尽管我们不经常这样提及它。

当今，许多国家将玉米生产或其他用水密集型活动放置在那些拥有相对丰富的水资源的国家中进行。例如中国就在几个非洲国家和菲律宾投资了超过 600 万英亩的大米、白糖、玉米及生物燃料的生产种植。沙特阿拉伯在苏丹、坦桑尼亚、印度尼西亚以及其他拥有丰富淡水资源的国家投资了超过 500 万英亩的水稻、小麦、蔬菜以及其他农产品的生产种植。据联合国环境规划署估计，虚拟水交易规模大约为每年 612 万亿加仑（2.32 万亿立方米），其中最大的净进口国（及地区）分布在中东、北非、墨西哥、欧洲、日本及韩国等地。如果没有这样的虚拟水交易，那么计算得出在 1997—2001 年之间，全世界每年会多使用 92 万亿加仑（3520 亿立方米）水。[①] 如果以芝加哥供水价格——每加仑 0.002 美分为标准计算，通过虚拟水交易实现的大约每年 92 万亿加仑的节水量就意味着每年 1860 亿美元的节约量。

水的质量与数量交易

让我们回忆一下污染权和使用权之间的区别。二氧化硫、氧化亚氮、

---

① Mesfin M. Mekonnen and Arjen Y. Hoekstra："National Water Footprints Accounts: The Green, Blue and Grey Water Footprint of Production and Consumption"，Value of Water Research Report Series No. 50, UNESCO-IHE (May 2011), http://www.waterfootprint.org/Reports/Report50-NationalWaterfootprints-Vol1.pdf.

二氧化碳及其他温室气体的排放限额等都是污染权。而水的数量的交易是本书中第一个有关使用权的例子，它包含了使用一种预先指定量的自然资源（在此即为水）的权力。

尽管存在一些妨碍水交易的阻力，但它们并非不可克服，通过良好的合同与市场设计是能够解决的。水作为商品的一些独有特点能够将其与其他环境资产区别开来：

· 水是一种地域性产品。一般生产过程中大量的水需求搬运工作庞杂而昂贵，因此水的传递仅能在不超过 500 公里（1 公里约为 0.621 英里）的相邻河道间实现（如果需要抽提上山，则能够传输的距离更短）。因为这样的特点以及水从上游用户向下游用户流动的特点，风险和对策必须基于流域的基础来理解，而非像碳交易那样可以按照全球范围来理解。

· 水的可用性随时间和空间而变化，因此它的短期与长期可用性是不确定的。

· 水是一种有限但可再生的资源，它的可用性被当地基础设施等从物质上约束，也在很多地方被复杂的历史水权制度从法律上约束。

· 水在大多数国内生产活动中是不可替代的，尽管它可以被更加有效地利用。

尽管有上述独有特点，但水市场与其他市场一样必须在一个权限确定的环境中才能茁壮成长。与那些为二氧化硫与二氧化碳交易而构建的机构很相像，水市场也需要类似的市场基础设施以求存在与发展。监测、检验、产品标准等都是必需的，但建立市场框架的基础仍旧是明确的产权。

建立一个有组织的水市场所必备的结构变化已经在世界上的很多地方进行着。包括标准化、分级和量化准则、确认产权的法律框架、适当的监控和检验程序、跟踪传输的能力等设计要素都随着水市场的初见规模而发展进步。尽管许多市场都还处于发展初期，但它们为那些正在考虑应用市场手段有效管理水的质量和数量的人提供了重要的概念性的参考。

水污染物排放交易

水交易的基本原理是非常简单的。从水质方面看，通常要设置流域内污染物排放量的限额。与温室气体或其他环境商品的限额交易项目相似，因为许可证要被分配给参与的（即有限额的）资源，污染物减排目标就需要设立起来。当有限额的资源与许可证匹配起来，人们就会积极地削减污染物排放，因为任何未使用的许可证都能够用于出售并获利。这样的许可证买卖能够使得有限额的资源利用最低成本的机会来降低污染水平。①

举个例子，工厂和农田排放出的氮和磷（均为营养物质）正在以减少水中溶解氧含量的方式污染美国的切萨皮克湾。其结果是对海洋生态系统与人类健康造成危害。2005 年，一个营养物限额交易项目启动，它通过发行“水质信用”来约束污染企业的营养物质排放量。不同的立法建议呼吁该系统进行扩展。这项计划最终可能被扩展到将渔民包括进去，因为减少海湾死水（富营养化）区域能够提高捕捞收获。2012 年一份来自切萨皮克海湾委员会的报道称，实施一项流域范围内的限额交易系统能够为受制于环境保护局水污染物管理条例的企业每年节约近 12 亿美元的成本。②

水温度的交易

有关水质量的交易也可以基于水的温度进行，因为水生态系统（特别是某些种类的鱼）对水温的突变可能会特别敏感。因而，水温信用被用于减少工厂、发电厂或污水处理系统向湖泊或河流排放大量的高温废水之类的事件。监管部门允许农民和其他土地拥有者种植树木和其他植被来荫蔽河岸，从而取代安装昂贵的水冷却系统的方式而自然地给河水降温。这种做法同时也改善了动物栖息地并且产生了其他的环境效益。之后将水温信用下发给冷却水流的一方，并允许其出售给受监管的企业，比如污水处理部门。

以保护当地渔业资源为目标的创新性区域市场的发展实现了调节美国

① The World Resources Institute has written extensively on water quality trading，http://pdf.wri.org/water_trading_quality_programs_international_overview.pdf.

② Erich Hiner：“Could Cap and Trade Cut Costs for Water Polluters?”，*American Water Intelligence*, Vol. 3, No. 6 (June 2012)，http://ehiner.wordpress.com/2012/07/29/could-cap-and-trade-cut-costs-for-water-polluters/.

西部河岸（riparian）水温的效果，这个例子告诉我们，很多环境产出可以通过设计适当的市场实现。[①]在2006年，俄勒冈州环境质量部（Department of Environmental Quality，DEQ）敲定了维拉米特河（Willamette River）温度要求，以在春秋两个产卵期及夏季的成长和迁徙期来保护鲑鱼。

水温度交易的发展说明市场可以在解决营养负荷问题及影响水质属性（如温度）中起到积极作用。这样的交易对于关注含有地表径流的房地产和农业用地的投资者和分析师来讲也具有一定的重要性。另外，河岸的重建在一些适当地建立了此类市场的地区可能是一个新的收入来源。[②]

水的数量上的交易

水量交易是一个可以交易使用水的权力的系统。这类市场中最成熟的在澳大利亚，该国政府担心农民正在消耗本国的水储备，因而于20世纪90年代起就开始建立这类市场。在1994年，澳大利亚政府理事会（Council of Australian Governments，COAG）主导的水改革使得水权与土地所有权分离。[③]这一改革也试图开放州际水交易。在2010年，澳大利亚水市场价值估计为近31亿澳元。同样的，某些类型的水交易也发生在美国西部的一些州以及加拿大阿尔伯塔省。水交易体系也存在于南非和智利。

因为澳大利亚的系统是运行时间最长且最先进的，我们在本章中将对其详细讨论，以揭示水量交易的益处。

澳大利亚的水市场

澳大利亚是一个干旱国家。在澳大利亚的很多地区，长久的干旱威胁着农业灌溉及长期供水安全，因而“短缺”理所当然地成为了一个关键议

---

① 术语“河岸”意思是指，在自然水脉之上或与其有关的地域。

② Department of Environmental Quality：“Water Quality Trading in NPDES Permits Internal Management Directive”，Oregon Department of Environmental Quality Internal Management Directive (December 2009)，www.deq.state.or.us/wq/pubs/imds/wqtrading.pdf?.NPDES是国家污染物排放消除系统（National Pollutant Discharge Elimination System）的简称。

③ COAG包含总理、各州州长、各领土首领以及澳洲地方政府协会主席等。其主要任务是发起、发展和监督一些需要政府配合的重大政策改革。

题。降雨在地理上分布不均并且季节性很强。

在 1970 年之前，澳大利亚的水权与土地相绑定。可用的水的分配是按照先到先得原则进行的，而且用户面对的价格（或者说边际成本）接近于零。政府通过增加基础设施投资来满足增长的用水需求，而这往往更多地被政治目的驱动而不是常规的成本—效益评定。在早期，分配水源按照一系列定量的条例进行。这些分配程序既用于城市和乡村，也用于地表水和地下水。农民之间（以及更小程度上，在灌溉和其他用途间）对有限水资源的竞争总是伴随着这样的感觉：一些潜在的新用户能够比已经存在的老用户给水带来更高的边际价值。这种观点后来被正式的分析所证实了。

1994 年，随着 COAG 对澳大利亚水行业改革战略框架的采纳，可交易水权的全国统一系统化进程开始了。

赋权法例

COAG 计划要求建立水权利交易机构。2004 年 6 月，COAG 通过谈判实现了建立新的国家水权交易市场的协议——全国用水计划。该计划标志着澳大利亚在跨界水资源调控方面的重大进展，因为它代表着大规模地将价格及交易准则纳入水资源管理。

在澳大利亚的大部分州，许可证制度正在调节水的获取和分配。虽然许可证往往等同于水的“所有权”，但水在澳大利亚仍旧是一种法律上的公共利益。许可证只是简单地给予其持有者在特定时间和空间内对适量水的使用权。

在澳大利亚的水交易包括水的享有权利和季节性的水分配。二者间的区别与房屋的租赁和购买之间的区别类似。一个代表着暂时的使用，另一个则是永久的拥有。

· 水权的交易（有时将其称为“永久交易”）涉及将现行的使用水的权利转变为享有水资源的权利。永久性的权利包括两种类别，一种是高保证性的，另一种是一般保证性的。高保证性的权利对应的水资源分配接近权利所含的总数，而一般保证性的权利对应的分配结果变动性很大，从 0%

到 100% 都有可能。高保证性权利的价值远高于一般保证性权利。

· 季节性的水分配交易（有时将其称为“暂时交易”）涉及将部分或全部的在当下的灌溉季或者约定季数中的水分配权转交给另一方使用。

水交易计划给当前的水使用设置了一个限额，并且允许当前分配许可证的交易。这样的交易使得新用户能够获得水的供给，而那些没有完全使用配额的现有许可证持有者能够出售多余的水权。除了提供一个使用水限额，澳大利亚的水交易计划还通过建立不同类别的水使用许可证来调节不同种类的水使用方式。水证中蕴含着不同的使用优先级，因而在短缺的时候，那些持有低保证性许可证的用户就是最先失去权利的，而永久保证性许可证持有者们（比如饮用水供应商和水稻农等常年灌溉者）的权利则是被保全的。比如在新南威尔士州，因为权利是基于优先级而划分的，那么在短缺进一步加剧的情况下，使用权将从最低优先级的许可证持有者处开始减少。[①]

国家和地区有在注册表中记录水使用权、所有权以及其他交易细节的法律责任。因此，可以在注册表中得到地区性的登记信息、兼容性和可得性的变化。全国水市场体系正在承担着提高效率、效力及登记表兼容性的任务。

2011—2012 年间的权利交易量为 3800 亿加仑（约合 1437GL），分配交易量为 1.1 万亿加仑（约合 4297GL）。以市场价值的角度来看，2011—2012 年澳大利亚水市场的整体成交额估计为 16.6 亿美元。这个量较前一年增加了 12%。[②]

穆雷—达令流域的案例

穆雷—达令流域（由流域内两条主要河流——穆雷河与达令河得名）是目前为止在澳大利亚范围内区域性水交易系统最活跃的地方。澳大利亚

① 资料来源：“Australian Water Markets Report 2011 - 2012”，Australian Government National Water Commission (2013)，http://www.nwc.gov.au/data/assets/pdffile/0008/29186/Introduction.pdf。

② 由于1千兆升（GL）等于810.7英亩—英尺，在此例中，相应数字应分别为1164976英亩—英尺和3483578英亩—英尺。

70% ～ 80% 的水交易均在此发生（从水量上看）。该流域位于安达利亚东南部，是澳大利亚最大的农业主产区。穆雷—达令流域降水量很少；农业用水主要来自于地表水。然而，该流域有着种植大需水量作物（包括棉花和水稻这些一般需要大量灌溉的作物）的悠久历史。[①]

基于地理、水的可用性及其他因素，权利与分配的价格千差万别。澳大利亚国家水委会称，一般来讲水权的价格比分配的价格要高。直觉上来讲这是因为交易权利是永久性的转移，而交易分配则是暂时性的。权利与分配的价格似乎也由基本的供需因素所影响：价格往往在那些需水量最大而水资源短缺的地区更高。

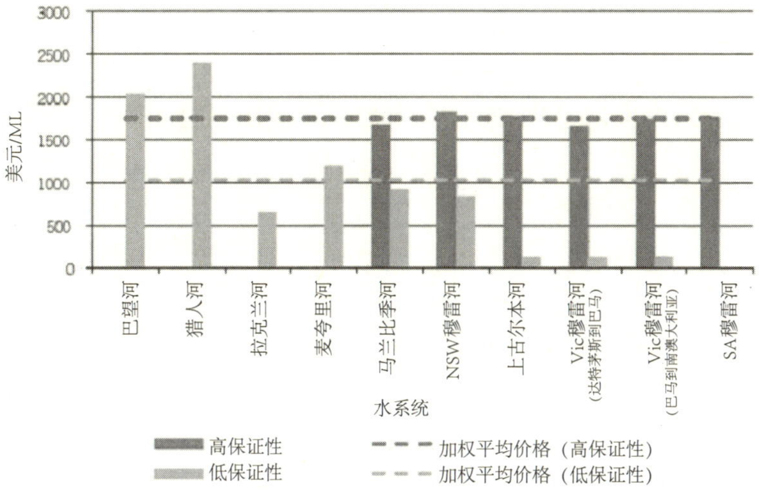

图8–1　2011—2012年穆雷—达令水系统中的权利价格

注：ML =兆升；NSW=新南威尔士；Vic 穆雷河指维多利亚穆雷河域的面积；Dart.=达特茅斯；SA = 南澳大利亚。

资料来源：“Australian Water Markets Report 2012 - 2011”，op. cit。

为了说明价格随地理条件的变化，图 8–1 给出了穆雷—达令水交易体

① 此讨论中提到的澳州区域的相关地图可参见：http://www.murrayriver.com.au/river-management/murray-darling-basin-commission/。

系中不同地理分区的权利价格。如图 8–1 所示，尽管高保证性的分配体现出良好的（价格）一致性，低保证性的分配却有着更宽的价格范围，这取决于它们的位置。

图 8–2 说明了穆雷—达令交易项目所辖不同水系统中价格随时间的变化。根据图 8–2 所示，价格在所有受影响的水系统中（逐年）急剧下降。国家水委会称，较低的价格通常是由相近年份中降雨量的增加而造成的。尽管上述价格的降低遵循着其他市场（如二氧化硫市场）中相似的路线，但定论它们完全一致或许还为时过早，因为穆雷—达令市场的情况主要与可用水量相关。尽管如此，上述价格下跌还是让人们联想到排放市场中的价格下跌现象。

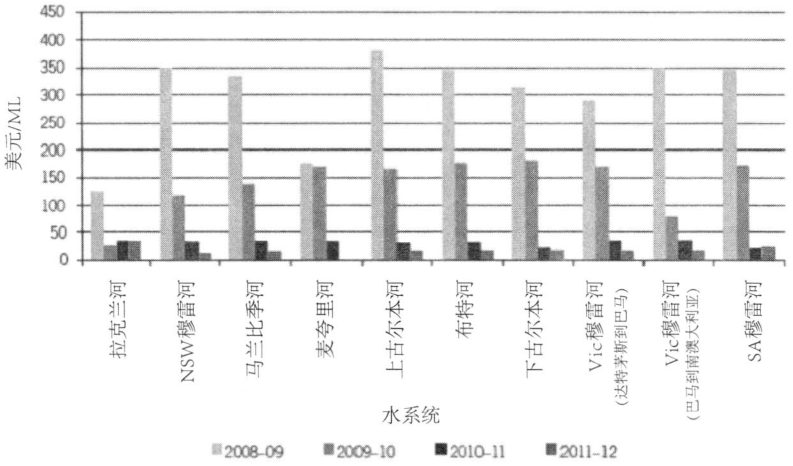

图8–2　不同水系统中分配的价格，2008—2012年

资料来源：“Australian Water Markets Report 2012 - 2011.” op. cit。

图 8–3 显示出穆雷—达令流域内马兰比季河的高保证性市场的许可证价格。马兰比季河是该流域内超过 15 处分立的活跃市场之一。

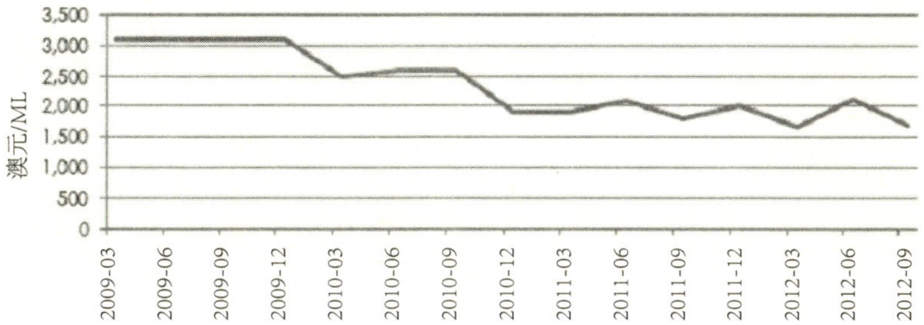

图8–3　马兰比季河高保证性市场季度性加权平均（基于水量）价格

注：该图中的价格单位为澳元。

水交易对澳大利亚的影响

水交易给澳大利亚带来了很多影响。本节中，我们关注农业部门中的一个特别的影响来揭示水市场对农业经济、投资、环境，以及或许是最重要的——市场参与者的影响。

在穆雷—达令流域实现的水市场给那里的用水方式带来了很多重要变化。由澳大利亚农业、渔业和林业部进行的调查表明，水交易正在为灌溉型农业综合企业提供更多最优化农场水管理的选择。一些灌溉者的用水量减少了（从而低于许可的用水量），另一些则超过了许可的用水量，这样一来减少用水量的那些人就可以将用水许可证出售给用水量超标的那些人。

水交易还允许农民在一年中根据可用水量调整使用方式。研究表明，在最近的一次干旱期间，一些灌溉者选择减少水的消耗并将用水许可证出售，而非试图在这样干旱的情况下进一步灌溉作物。此外，水交易还使得那些需要相当稳定的灌溉水平的农民（比如那些种植木本作物的农民）能够从那些可以根据年度调整作物种植方案的农民手中购买用水许可证。调查还表明，水的使用率在 2006—2010 年间下降了，因为农民们通过改变灌溉方式而减少了水分配。因此，该地区逐渐出现了从低水价值的（用水不经济的）农产品向高价值的农产品生产的转变，比如园艺、蔬菜以及水果。

澳大利亚水市场是世界上最早的大规模水权交易试点之一，它成功地为市场参与者提供了重要的价格信号。像其他排放权市场一样，澳大利亚（水）市场纳入了重要的设计环节。其制定者清楚地界定和分配权利，对交易商品的使用建立清晰的限制，通过登记表机制提供可转移性，并强调水资源的管理和监控。其他积极的因素还包括自然特性：澳大利亚的降雨是高度不确定的，这使得水的供给也非常不确定；体系中大多数的水能够从一个区域交易到另一个区域，使得水成为了一种更具可替代性的商品（相比仅能进行区域内交易来讲）；水可以在水库中跨季度储存，因而可以实现供给调控。澳大利亚水相关的部门也在努力为市场参与者提供经济研究和相关数据，这是任何成功的市场所需的重要条件。

解决水资源短缺的技术方案

对全世界而言，水权交易可能会对未来几年内的淡水供应产生积极影响。基于现有人口与经济增长势头的用水需求估计，到 2030 年用水需求将超过目前供给量的 40%。世界 1/3 的人口（主要分布在发展中国家）所生存的流域将产生超过 50% 的水量缺口。

有很多种方法可以解决水资源短缺问题，但如果不了解水的真实价格就无法定义“最优方案”。然而不幸的是，由于缺少有组织的水市场，我们常常只能猜测哪种方案是最好的。价格不仅能帮助我们识别哪种方案最优，也可以鼓励技术本身的发展。

在二氧化硫、二氧化碳及其他环境相关市场中可见，技术方案的发明者往往由市场价格驱动。如今在大多数国家看到的那些意图控制和管理水资源短缺的管理方式，都不能提供市场所能提供的激励。尽管法规和相关处罚像棍棒（也就是惩罚）一样有效，但当谈及胡萝卜（也就是激励机制）时情况就比较复杂。出于这个原因，我们认为定价和市场是更好的解决方案（定价必须只应用于超出健康、饮水及卫生需求以外的那部分水）。为了让水市场良好运转，有效的监管制度必须到位，从而合理定义权利并提供有效的检测和执法。在下面的部分中，我们讨论几个当今应对水资源短缺的技术。

水环境基础设施

通过修复漏水的管道和阀门来升级水环境基础设施是发达社会减少水流失（而从效果上说就是增加了水的供给）的最大的机会之一。尽管美国被认为是世界上水环境基础设施最完善的国家之一，然而美国土木工程师协会的报道称，每年全美范围内从老化的水环境基础设施中渗漏出来的水有 2 万亿加仑，价值 30 亿美元。在美国，有高达 20% 的水是由于渗漏损失的。如果完全更换美国的水环境基础设施估计将花费 3000 亿到 1 万亿美元。而不幸的是，在美国和大多数发达国家，水环境基础设施投资面临资金长期不足的窘境。补救这一问题既是重大的挑战又是重大的投资机会。以营利为目的的水管理公司及公私合伙企业可能是解决资金缺口的关键。

在这些为致力于改进水环境基础设施的公司中有滨特尔集团（NYSE：PNR），主要生产水泵、阀门以及其他水业控制装置；米勒公司（NYSE：MWA），主要涉猎水的传动与运输装置；以及沃茨水工业集团（NYSE：WTS），主要经营阀门和相关的水业产品。

测量、监控和核查

人们常说被测量的东西才能被管理，水资源也不例外。不幸的是，很少的水资源被纳入测量，而被合理管理的则少之又少。能源效率的提高可以为希望减少能源开支的公司和个人提供最好的回报，通过合理的测量和监控提升水资源效率可能是减小水供给风险敞口的最经济、最适用的方式。合理的水资源管理需要智能化的工具来自动收集实时信息。这些信息对于做好水资源管理的决策是必需的，而这些信息和决策对于投资者和分析师都极为重要。特别是在水价上涨的地区，水资源的高效使用会有显著的经济效益。换句话说，随着水价格上涨，与水资源相关的测量、监控和核查的需求也应该会增加。

IBM (NYSE:IBM) 是在水资源利用监测方面走在最前沿的公司之一，并且在水资源使用的检测技术方面的试验项目已经取得了积极成果。举一个例子，提供每15分钟水资源消耗数据的实时检测器被运用在爱荷华州的迪比科居民家中，搜集来的数据能够提醒居民在用水中潜在的泄漏和异常情况。在这一试验项目中，该城市的用水量降低了6.6%，即每年可以省下大约6490万加仑的水资源。

其他致力于用水监控和测量的公司包括纯净科技（TSE:PUR），它提供水基础设施方面的监测和监视，以及TaKaDu，一家为公共设施提供水资源网络监测的以色列公司。

在灌溉和农作物科学方面的进步

灌溉是水资源使用量最大又最没有效率的方式。根据美国内务部的数据，灌溉大概消耗了美国34%的水资源。联合国估计，全球大约70%的水被用于农业，并且这一数字由于农业用地的增加而将继续增长。比如电力公用设施和工业用户这样的用水方会返还他们使用的水资源，灌溉用水则不可能返还。更糟糕的是，超过一半的灌溉用水在灌溉的过程中就被损耗殆尽，包括蒸发和灌溉系统的渗漏。由于这些原因，灌溉效率的提升是节约用水的重要途径，特别是在发展中国家。

大多数发展中国家仍在使用漫灌的方式，在水灌溉到作物之前就损耗了将近一半。微灌和滴灌系统可以将超过90%的水浇灌到作物的根部，是灌溉技术的巨大进步。即使是传统的沤灌技术也可以将50%～70%的水带到作物根部，相比漫灌技术有了明显的进步。提供先进灌溉设备的公司包括Toro公司(NYSE:TTC)、印度Jain灌溉系统(BOM:500219)以及John Deere (NYSE:DE)。

另外，随着世界上一些区域降水量的下降，各种耐旱种子将会有更大的需求。世界上很多大型作物科技公司提供这样的种子以及其他产品来提高作物的耐旱性，比如说杜邦(NYSE:DD)、Monsanto (NYSE:MON)和Syngenta AG (VX:SYNN)。[①]

① VX是瑞士证券交易所。

水处理和过滤

2008 年，高盛预测全球水资源以及废水处理产品和服务的消费为 1640 亿美元。[①]具体的水处理方式需要根据终端用水者的需求而定，但一般而言，水需要进行物理上的过滤，将泥沙分离出来，然后通过消毒和相似的流程进行化学过滤。当水处理系统设计和建造的时候，越来越多的住宅用水系统暴露在一些不易被察觉的污染物中。农业经营、医药产品和其他家庭污染物的残留需要更加先进的清洁技术，化学处理方法是对付这些污染物的更优的方法，新的过滤和超过滤的方法正愈加流行。

除了处理方法以外，水资源的储存和循环也日益重要，特别是在绿化灌溉废水的轻处理和补给地下水蓄水层方面。

在水处理和过滤方面的投资机会非常广泛，相关的公司包括法国 Veolia 环境公司 (NYSE:VE)、巴西 Sabesp 公司 (NYSE:SBS)、美国 Aqua 公司 (NYSE:WTR)、天津创业环保集团股份有限公司 (SHA:600874) 和英国 Severn Trent Water 公司 (LON:SVT)。

脱盐

鉴于我们所述的淡水资源稀缺的情况，脱盐系统正越发受到关注。脱盐是指将海水中的盐分和其他矿物质移除的过程。根据全球脱盐协会估计，截至 2009 年，全球有 14000 家脱盐工厂在运营，脱盐系统市场的年增长率大约是 12%。这些工厂只提供少量的水资源供给，但在中东效果特别显著，因为那里能源成本相对较低而水资源短缺却很严重。

传统上说，脱盐系统要生产可饮用水需要很大的能源投入，脱盐工厂大约 60% 的运营和维护成本要归结于能源成本，这抑制了该系统的发展。传统的地表水处理方式，每处理一立方米（大约为 264 加仑）的水就要消耗 0.2 ~ 0.4 千瓦时的能量，[②]而脱盐要消耗 2.6 ~ 3.7 千瓦时的能量。

脱盐工厂效率的提升，特别是膜分离技术的进步使得该技术和传统的净水技术相比具有了成本上的竞争力。然而，尽管有了这些效率方面的改

---

① Dray et al.：“投资水资源领域的关键”，op. cit.

② 10个100瓦的灯泡一小时消耗1千瓦时的能量。

进，就目前而言，脱盐的成本在世界上大多数地方仍然让人望而却步。洛杉矶国家经济发展公司预测，在废水处理设施的整个生命周期内，需要花费至少1000美元来处理每英亩的水。

随着脱盐公司按照两位数的速度增长，很多投资人开始对这类项目感兴趣。一般投资者面临的困难是只能从脱盐本身获得一部分收益。Dow化工公司(NYSE:DOW)、GE、西班牙ACCIONA公司(MC:ANA)、Veolia环境公司以及Hyflux有限公司(SI:HYFL)是脱盐公司中的佼佼者，但他们的收入主要来自于脱盐项目以外的商业项目。[①] 有一小部分公司确实是主要专注于脱盐项目，例如：IDE技术是一家专注于脱盐技术的以色列的私人公司、Consolidated Water公司(NASDAQ:CWCO)在加勒比开发和运营脱盐工厂。

有趣的是，澳大利亚市场最便宜的水处理津贴是147美元每兆升(ML)，而全球最高效的脱盐工厂位于以色列，生产每兆升淡水要花费510美元。一些经济学家认为市场会有助于降低水资源的价格，采用交易的方式要比高资本支出的水资源项目更加经济。

水资源相关的投资机会

水资源相关的投资机会包括股权投资、交易所基金以及水基金和指数。

股权投资

水资源相关的股票机会蕴藏在过滤、基础设施、脱盐、工程、处理、测试和水资源价值链的其他方面，这些领域主要可以分为三类：处理、管理和基础设施。

很多大型银行和投资管理机构发布水资源相关的股票清单，通常按照市场模块进行分类。已经有很多公司可供投资者选择。很多世界大型公司，包括GE、Dow、联合技术等都在水资源领域较为活跃。正如前文所述，很多大型企业只从水资源相关的业务中获得了很少一部分的收入，而真正从

① MC是巴塞罗那证券交易所，SI是新加坡证券交易所。

水资源项目中获得大部分收益的大型公司主要是两家法国公司，分别是Veolia环境和Suez环境(SEV:EN)。从水资源项目中获得绝大多数收益的小规模公司包括Pentair、Kurita水工业公司(TYO:6370)、Aqua和Christ水科技(VI:CWTE)。

交易所基金

交易所基金已经越来越受到投资者的欢迎，它可以帮助投资者接触到大宗商品以及其他难以直接投资的资产类别。水资源的ETF也不例外，投资者对水资源的兴趣在增加，相应的水资源市场相关的ETF产品的数量也在增加。以下就是其中的一些基金产品：

· PowerShares水资源投资组合（PHO）是最受欢迎的水资源类ETF。所有的资产都在美国，该基金重点关注工业用水公司而不是基础设施，主要包括中型和小型的专注于水资源储存和净化的公司。其中比重最大的是美国自来水公司、美国福斯公司和Toro公司。

· PowerShares全球水资源组合（PIO)中工业股票和水资源基础设施股票的比例大约是60 ：40。比重较大的两家公司是Pentair和福斯公司。它和PHO很相似，但更加全球化一些，尽管主要涵盖的还是美国的公司。

· 标普全球水资源指数的成分股更加均匀地分布在水资源基础设施和服务公司之间，比如相关的装备和材料公司。它涵盖美国和全球的公司。

· ISE第一信托水资源指数基金主要覆盖了美国的股权ETF，集中于废水处理和可饮用水工业。比重最大的是Veolia环境和Mueller水产品公司。

水基金和指数

少量的专注于水资源的共同基金在过去几年涌现出来。其中比较受欢迎的有以下这些：

· Calvert全球水基金覆盖了大概100家水资源公用设施、水资源科技以及水资源基础设施的公司，其中大部分是小型到中型的公司。此基金包含的总资产超过980万美元，三年的年回报率为12.99%。

· 安联RCM全球水基金(AWTZX)主要投资于标普水资源指数和

Palisades 水资源指数。它所投资的公司既包括了水质量相关的公司，也包括了水数量相关的公司。AWTAX 持有 20 ~ 50 只股票，总资产有 1 亿 2600 万美元，三年的年回报率为 14.29%。

· Palisades 水指数跟踪水资源整个价值链相关公司的表现。该指数覆盖的领域包括公用事业、水处理公司、分析基础设施、资源管理以及多元化业务的公司。

· 道琼斯美国水资源指数由国内外水资源业务相关的公司构成。纳入该指数的公司被要求最少拥有 1500 万美元的市值。

· 标普 1500 水资源公用事业指数是标普 1500 综合公用事业指数的一个子集。它涵盖了 50 家水资源业务相关的公司。这 50 家公司均匀分布在水资源公用事业和基础设施以及水资源设备和材料中。

结论

下一章节将集中讨论水质量的话题，水质量问题和水数量问题同样值得关注，并且密切相关。水质量问题有深刻的社会意义，当今世界上每 6 个人中就有 1 个人无法获得安全的饮用水资源，[①]两倍于这个数目的人无法获得合理的卫生设备。令人担忧的是，发展中世界的儿童死亡总数中，有 80% 和不卫生的水资源相关。[②]农业和工业活动也造成了水资源的质量持续下降，关于水力压裂行业的一大担忧也在于水质量和能源制造之间的紧密联系。因此，下一章将探讨市场可以在水质量问题中起到什么作用。

① 联合国发展项目："2006人类发展报告，超越匮乏：能源、贫困和全球水资源危机" (2006)，http://hdr.undp.org/sites/default/files/reports/267/hdr06-complete.pdf。

② Peter H. Gleick：《全球水资源 1998—1999: 淡水资源半年报》(Wahsington，DC：Island Press，1998)。

第 9 章　水质量交易及其相关资产类别

前一章讨论了水数量和不断增长的人口对水资源的急切需求。认识到水资源危机不仅涉及数量，也同样涉及质量是很重要的。在很多方面，水的数量和质量是紧密相关的。营养物质（如氮磷元素）天然存在于水、土壤和空气中。化肥中的氮磷元素可以促进农作物生长，然而在水体中的氮磷元素如果过量则会导致富营养化等有害后果。摄入过量硝酸盐（氮元素的一种形式）会导致血氧含量降低，从而增加婴儿、儿童及成人患肺与心血管疾病的风险。也有研究表明长期过量食用硝酸盐与癌症有着直接的关系。较差的水质不仅对人类是一个严重问题，对于野生动物亦是。湖泊、河流与水库中的高浓度氮磷元素经常是导致鱼类死亡、恶臭及水草过度生长的罪魁祸首。

本章的目的在于阐明上述问题如何得以解决。政策制定者对此的关心是不言而喻的。再次强调，水污染定价能够实现社会目标，并为金融和工业部门提供商机。

本章分为六个部分：①简介；②水质量交易的背景；③水污染源；④成功的交易项目所面临的实施障碍和必要条件；⑤活跃的水质量交易项目；⑥结论。

背景

水质量交易的基本原则非常简单。通常要对进入水体的污染物量设定限额。与温室气体或其他环境商品的限额交易项目很相似，需要建立污染物减排目标并将许可证分配给参与的（也就是有限额的）资源。一旦有限额的资源与许可证匹配起来，人们将被激励去将污染物排放量减少至减排目标以下，并努力将任何剩余的许可证出售出去。这种购买与出售许可证的形式让有限额的资源借最低成本机会来减少污染水平。[①]

举个例子，工厂和农田排放出的氮和磷（均为营养物质）正在以减少水中溶解氧含量的方式污染美国的切萨皮克湾。这对海洋生态系统与人类健康是有害的。在 2005 年，一个营养物限额交易项目开始了，它通过将水质许可证分配给污染企业来限制其营养物质排放量。[②]不同的立法建议呼吁该系统进行扩展。这项计划最终可能被扩展到将渔民包括进去，因为减少海湾死水（富营养化）区域能够提高渔业收获。2012 年一份来自切萨皮克海湾委员会（Chesapeake Bay Commission）的报道称，实施一项流域范围内的限额交易系统能够为受制于环境保护局水污染物管理条例的企业每年节约近 12 亿美元的成本。[③]

不幸的是水质的恶化太普遍了。EPA 在一项 2006 年的调查中估计，美国 48% 的河流及 60% 的湖泊、水库及池塘正遭到破坏或者其原有用途受到威胁。从全球来看，532 个海滨区域面临富营养化或营养过剩的状况。在墨西哥湾、切萨皮克海湾及其余的世界各地，缺氧区（含氧量不足的水域）的形成都导致了所谓“死区”的形成。[④]

水污染的来源

水污染源一般可分为两类：点源污染和非点源污染。点源是指那些可

① 世界资源研究中心（The World Resources Institute）已经在水质量交易市场方面撰写了大量报告，http://www.wri.org/publications/4131。

② Chicago Climate Exchange. Outline for Pennvest's Role as Nutrient Credit Clearinghouse in Pennsylvania's Water Quality Nutrient Credit Market (November 2009).

③ Chesapeake Bay Commission："Nutrient Credit Trading for the Chesapeake Bay: An Economic Study" (May 2012), www.chesbay.us/Publications/nutrient-trading-2012.pdf.

④ Mindy Salmon, Evan Branosky and Cy Jones：*Water Quality Trading Programs: An International Overview*, World Resources Institute Issue Brief No. 1 (March 2009).

以归因于特定物理位置的（如发电厂、炼油厂等，它们一般分布在河流与湖泊旁边以利于冷却和运输）和从污水处理厂、工厂或市政排放的氮磷营养物。非点污染源（造成营养物质污染的主要因素）是指带有扩散性质的污染源，这类污染源造成的污染无法归因于一个明确的、具体的物理位置，也无法明确界定排放的渠道。这种污染包括任何土地（比如农田、草地、停车场、街道、森林等）中的营养元素流失并最终进入水体。非点源也包括了由空气污染、地下水或者化粪池系统等进入水体的营养物质。

成功的交易项目所面临的实施障碍和必要条件

尽管水交易中存在障碍，但它们并非不可克服，如果有好的合同和市场设计，这些障碍就可以被扫除。本节讨论水质量市场如何运作，讨论成功项目所需的共同要素，并关注一些水作为商品时与其他环境资产相异的独有特点。

尽管有上述独有特点，但水市场与其他市场一样必须在一个权限确定的环境中才能茁壮成长。尽管监测、检验、产品标准等都是必需的，但建立市场框架的基础仍旧是明确的产权。与那些为二氧化硫与二氧化碳交易而构建的机构很相像，水市场也需要合理的市场基础建设以求生存与发展。只有把使用限额落实到位，交易才会顺利开展。

建立一个有组织的水市场所必备的结构变化已经在世界上的很多地方进行着。包括标准化、分级和量化准则、确认产权的法律框架、适当的监控和检验程序、跟踪传输的能力等设计要素都随着水市场的初见规模而发展进步。尽管许多市场都还处于发展初期，但它们为那些正在考虑应用市场手段有效管理水的质量和数量的人提供了重要的概念性的参考。成功实现水质交易项目的必备要素总结如下。

行动的监管或立法授权

与其他的环境市场相似，建立水质量交易市场最主要的驱动力几乎总是对于环境恶化的政策响应。在美国水质量市场的案例中，这个驱动力是

《净水法案》(Clean Water Act，CWA)。CWA 要求每个州对点源可以向水体排放的物质种类进行限制。如果点源污染物排放者违背这些标准，它们将会被罚款或者进一步接受法律惩罚。如果水质未达到CWA 建立的标准要求，则该州必须建立最大日均负荷总量(total maximum daily load，TMDL)，该指标是能够保证水质达到标准的最大污染接纳量。建立 TMDL 包括将污染限额与水体中所有种类的污染相匹配。这些来源可以是如农场之类的非点源，也可以是如发电厂之类的点源。只有建立起来 TMDL，众多水质量交易项目才能建立起来。

水污染限额的确立

点源的限额

污染物限额是特定污染物在特定时段内的限量及年度的设施流量。例如，污水处理设施的限额可能允许污水处理厂每年排放不高于 30 万磅的氮。为了实现这个数量，政策制定者需要核实污水处理厂的设计容量——比如年处理 1 亿加仑水，并对所排放的每加仑水分配对应的氮限额——比如每升(水)6 毫克(氮)。假如污水处理厂满负荷或低于负荷运转，将污染排放控制在限额之下就不会有很大困难。不过在美国的很多地方，城镇和郊区的增长使得很多污水处理厂要面临待处理水量的增长。实际处理量超出设计处理量是很多污水处理厂排放超过其限额的一个主要原因。

非点源的限额

大多数水质量交易项目无法像对点源一样对非点源设置限额。因为非点源(比如农场)实在是太多了，想对每个农场设定限额从而实施一个项目是困难且不实际的。对每个农场排放量的测量、检测和监控会让绝大多数水质量交易项目泡汤。

然而，因为非点源是造成很多水体污染的主要原因，它们显然应该被纳入交易项目中考虑。通常情况下，非点源污染的纳入是通过建立一系列管理实践的基准，这些基准实践必须在获得额外实践的许可证之前到位，额外实践是那些在一个交易项目中被认为能够抵消水质质量许可证的实践。通常基准实践包括所谓的最佳管理实践，比如沿河岸种植植被缓冲区，利用覆盖作物减少流失等。额外活动（比如免耕农业或者安装围栏以将动物与水道隔开等）可能被允许抵消许可证（这些额度之后可以在交易项目中用于出售）。

其余纳入非点源的方式包括建立完成能够符合许可证发放要求的（如上所列）管理做法的强制日期。截止日期前采取的行动是不符合条件的。不过截止日期可以被看作是任意的，它为一个更易于执行的项目提供了条件。

测定、监测及检验

对于点源来讲，严循项目规则进行测定、监测及检验相对来讲较易执行。大多数点源实体需要经营许可证并且必须向 EPA 或其他环保机构提供严循的证据以分配需求。但对于非点源来讲，测定、监测及检验则会困难很多。可以直接通过现场采样实现，也可通过特定地点估计或通过为实施特定管理做法而建立预定减排的性能标准等实现。

活跃的水质量交易项目

一项最近的研究估计，全球有 21 处活跃的水质量交易项目（见表 9-1）。[①]表 9-1 将这些项目分为交易和抵消项目两类。抵消项目涉及一个单一的买家与一个或多个买家，而交易项目则涉及众多的买家和卖家。这 21 个项目大多数都很小。如下着重讲述一个交易项目和一个抵消项目。

表9-1　活跃的水质量交易和抵消项目

项目名称	起始年份	地点	交易/抵消的种类	污染物	交易或抵消结构
交易项目					
Tar-Pamlico营养物质交易	1990	新喀里多尼亚，美国	点源-点源/非点源	氮/磷	双边/交换
南湾气泡许可证交易	1996	新南威尔士，澳大利亚	点源-点源	氮/磷	双边

① K. Fisher-Vanden and Sheila Olmstead："Moving Pollution Trading from Air to Water:Potential, Problems, and Prognosis"，*Journal of Economic Perspectives*, Volume 27, Number 1(Winter 2013): 147 - 172.

续表

项目名称	起始年份	地点	交易/抵消的种类	污染物	交易或抵消结构
樱桃湾水库流域磷交易	1997	哥伦比亚，美国	点源-点源/非点源	磷	交换
Chatfield水库交易	1999	哥伦比亚，美国	点源-点源/非点源	磷	双边/交换
南方国家河流域交易	2000	安大略，加拿大	点源-非点源	磷	交换
长岛声氮许可证交换	2002	康涅狄格，美国	点源-点源	氮	交换
Neuse河流域总氮交易	2002	北卡罗来纳，美国	点源-点源/非点源	氮	双边/交换
猎人河盐度交易	2004	新南威尔士，澳大利亚	点源-点源	盐度	交换市场
大迈阿密河流域交易试点	2006	俄亥俄，美国	点源-非点源	氮/磷	交换
明尼苏达河流域交易	2006	明尼苏达，美国	点源-点源	磷	双边
马里兰水质量交易	2008	马里兰，美国	点源-点源/非点源	氮/磷/沉积物	交换市场/双边
宾夕法尼亚营养物许可证交易	2010	宾夕法尼亚，美国	点源-点源/非点源	氮/磷/沉积物	交换市场/双边
切萨皮克湾流域营养物质许可证交换	2011	弗吉尼亚，美国	点源-点源/非点源	氮/磷	双边/交换
抵消项目					
Rahr麦芽	1997	明尼苏达，美国	点源-非点源	CBOD5	双边
Pinnacle食品	1998	特拉华，美国	点源-非点源	氮/磷	双边
南明尼苏达甜菜制糖合作社	1999	明尼苏达，美国	点源-非点源	磷	交换
Bear溪	2001	哥伦比亚，美国	点源-点源	磷	双边
Piasa溪流域项目	2001	伊利诺伊，美国	点源-非点源	沉积物	双边
清洁水服务/Tualatin河	2005	俄勒冈，美国	点源-点源/非点源	BOD/NH_4/温度	双边
红杉木河营养物交易试点	2007	威斯康星，美国	点源-非点源	磷	双边
阿尔卑斯奶酪公司/Sugar溪	2008	俄亥俄，美国	点源-非点源	磷	双边

注：在第五列中，各缩写是指生化需氧量（BOD）、五日碳生化需氧量（CBOD5）、氨（NH_4）。

猎人河盐度项目（交易项目）[①]

在引进猎人河盐度交易项目之前，河水盐度时常过高，以至于无法用来灌溉作物。盐度增加的主因是附近工厂向河流排放污水，这造成了沿岸工业和农业团体间的紧张关系。澳大利亚新南威尔士州猎人河流域覆盖大约 2.2 万公里（见图 9-1）。沿河的农业活动包括酿酒、乳制品、蔬菜、饲料、牛肉及马匹饲养。该河沿岸也有着世界上最大的 20 家煤矿及包括澳大利亚最大发电厂在内的很多发电厂。

图9-1　猎人河流域地图

虽然河流与土壤中的一部分盐分是天然存在的，但河水的盐度因为煤炭开采和发电厂运行而增高了。这在低流量的情况下非常的麻烦，因为排

① 关于猎人河盐度项目（Hunter River Salinity Program）的信息资料来源于the Department of Environment and Conservation of New South Wales, Australia，http:// www.epa.nsw.gov.au/licensing/hrsts/和http://www.epa.nsw.gov.au/resources/licensing/hrsts/hrsts.pdf。

放高盐度的水对河流造成的负面影响会特别大。因而，一个解决方法是仅在有足够的低盐度淡水稀释的情况下才允许向猎人河排放含盐水。

为了实施交易系统，在河流沿岸设立了流速监测点。当河流流量过低时完全不允许排放。当河流流量较高时，则允许由盐度交易许可证系统控制的限量排放（见图 9–2）。当河流处在汛期时，允许盐浓度不超过上限的（废水）无限量排放。项目如此执行，每个参与者相互协调其排放量以期不违反总的排放限制。

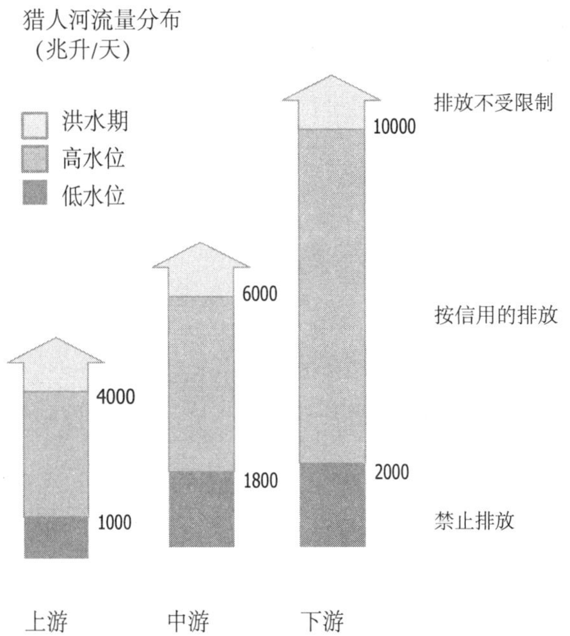

图9–2　猎人河流量分布

在系统中有总共 23 个许可证持有者，它们共持有 1000 个许可证（见表 9–2）。在项目初期每个许可证持有者分配得到一定初始数量的许可证，每个许可证允许它们排放含盐水总量的 0.1%。

表9–2　规定初期许可证持有者及许可证分配情况

许可证持有者	证件编号	处所名称	许可证数量
Bengalla采矿有限公司	6538	Bengalla矿	35
Bulga Coal管理有限公司	563	Saxonvale煤矿控股	40
Camberwell煤矿有限公司	3390	Camberwell煤矿控股	15
煤矿与联合工业有限公司	640	亨特流域运营	120
煤矿与联合工业有限公司	1976	Mt Thorley煤矿控股	0
Cumnock第一煤矿有限公司	37	Cumnock第一煤矿	15
Dartbrook煤矿有限公司	4885	Dartbrook煤矿	15
Drayton煤矿有限公司	1323	Drayton煤矿控股	25
猎人流域煤矿有限公司	4460	Mt Owen煤矿	15
Lemington煤矿有限公司	1497	Lemington煤矿控股	40
Liddell运营有限公司	2094	Liddell煤矿控股	55
Macquarie生产	779	Bayswater电站	230
Mt Arthur煤矿有限公司	113	Bayswater煤矿	25
Muswellbrook煤矿有限公司	656	Muswellbrook二号露天煤矿	10
Nardell煤矿有限公司	10337	Nardell煤矿有限公司	30
Ravensworth运营有限公司	10860	Ravensworth东矿	0
Ravensworth运营有限公司	2652	Ravensworth运营Narama矿	100
Redbank计划有限公司	11262	Redbank电站	35
Rix’s溪有限公司	3391	Rix’s溪煤矿	25
联合煤矿有限公司	3141	联合煤矿	10
Wambo采矿有限公司	529	Wambo采矿公司	35
Warkworth采矿有限公司	1376	Warkworth煤矿控股	40
新南威尔士环境保护局	无	无	85
总计			1000

许可证交易通过网上电子平台实现。交易可以在一天或几天内完成，期间发生着相关成员间的谈判。每个许可证对应河流的特定分区（上游、中游或下游），并对应特定的时间。跟踪许可证转移的登记表是公开的。图9–3 为登记表的快照。

River Register

Block Number 2003-56(4) Fixed

Total Allowable Discharge: 847 Tonnes (not applicable if in flood)

DATE WHEN BLOCK PASSES SINGLETON 25/02/2003

Credit Holder	Site Discharge Period: Discharge Start	Site Discharge Period: Discharge Stop	Sector
Dartbrook	24-02-2003 05:00	25-02-2003 05:00	UPPER
Muswellbrook No. 2	23-02-2003 11:00	24-02-2003 11:00	Block Classification: High
Bengalla	24-02-2003 07:00	25-02-2003 07:00	Sector Credit Discount Factor : 1
Hunter Valley Operations West	24-02-2003 03:00	25-02-2003 03:00	MIDDLE
Hunter Valley Operations North	24-02-2003 18:00	25-02-2003 18:00	Block Classification: High
Liddell Coal	24-02-2003 08:00	25-02-2003 08:00	Sector Credit Discount Factor : 1
Bayswater Power Station	24-02-2003 03:00	25-02-2003 03:00	
Mount Owen	24-02-2003 13:00	25-02-2003 13:00	
Ravensworth/Narama	24-02-2003 18:00	25-02-2003 18:00	
Lemmington	25-02-2003 00:00	26-02-2003 00:00	LOWER
Wambo	24-02-2003 16:00	25-02-2003 16:00	Block Classification: High
Redbank	24-02-2003 18:00	25-02-2003 18:00	Sector Credit Discount Factor : 1
Bulga/Saxonvale	24-02-2003 09:00	25-02-2003 09:00	
Warkworth	24-02-2003 18:00	25-02-2003 18:00	
Mt. Thorley Operations	24-02-2003 18:00	25-02-2003 18:00	

DATE AND TIME OF ISSUE: 25/02/2003 08:51:58 EASTERN STANDARD TIME
Start and stop times are from discharge points.

注：Credit Holder指许可证登记的公司；Site Discharge Period指的是获准排放时间；Sector（UPPER、MIDDLE、LOWER）是指分区（上游、中游、下游）。

图9-3　猎人河盐度交易计划登记表

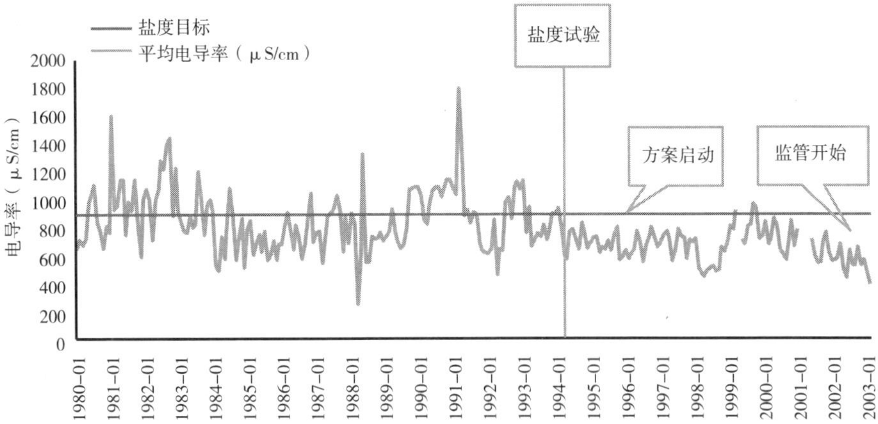

图9-4　辛格尔顿流域电导率值（月均数据），1980—2002年

这一项目的成功可以从河流的导电性中体现。盐分越高的水导电性越强，导电性是用来估算河流盐分的方法。图 9–4 可以看出，从 1994 年开始这个项目试验起，通过导电性测量到的河流的盐分在逐步增加。

俄勒冈州温度项目（抵消项目）

水质量交易也可以建立在水温度基础上，因为水生态系统，特别是某些种类的鱼可能会对水温的突变特别敏感。因而，水温许可证被用于减少工厂、发电厂或污水处理系统向湖泊或河流排放大量的高温废水之类的事件。监管部门允许农民和其他土地拥有者们种植树木和其他植被来荫蔽河岸，从而取代安装昂贵的水冷却系统的方式而自然地给河水降温。这种做法同时也改善了动物栖息地并且产生了其他的环境效益。之后将水温许可证下发给冷却水流的一方，并允许其出售给受监管的企业，比如污水处理部门等用于达到水温要求。

水温度交易在环境市场中是一个相对较新的现象。2006 年，俄勒冈州环境质量部敲定了维拉米特河温度要求，以在春秋两个产卵期及夏季的成长和迁徙期来保护鲑鱼。这标志着通过环境市场降低水温在美国的首次尝试。这个模型被证明对于俄勒冈州以外的流域也有重要作用。EPA 估计，俄勒冈州、华盛顿州及爱达荷州有超过 3500 英里的流域对于鲑鱼来讲温度过高。俄勒冈州环境质量部开发了一个工具来计算将水温降低到所需水平需要多少树荫。这个工具告诉那些进行树荫恢复的人想要实现所需温度降低量要种植多少树木或其他植被。它还为外部检验者或监测器去核实适量的降温行动提供了必要的度量。①

在首次此类交易中，俄勒冈州梅德福污水处理厂被委以冷却出水的任务。该厂每天向罗格河排放约 2000 万加仑温度略高于河水自然温度的水。尽管温度变化很小，但升温的水还是会导致鲑鱼卵过早孵化出来，而此时还没有足够的食物给幼鱼吃。

梅德福并未通过安装昂贵的冷却水设备来解决问题，而是获准从罗格

① Oregon Department of Environmental Quality, Water Quality Trading in NPDES Permits Internal Management Directive (December 2009).

河沿岸 40 英里范围内的土地所有者手中购买温度许可证。交易是由与土地拥有者一同种植植被（用以冷却水道）的淡水信托调节的。每位土地拥有者同意出售正在修复的土地 20 年的地役权，以实现修复、监测和检验。①

为了满足环境与质量部对水处理设施的要求，修复工作必须依据严格的时间表来执行，以期在 2022 年能够完成。在 2032 年之前，每个沿河的恢复工程都要接受第三方审计，以确保发放给土地拥有者的许可证的合法性，而这些土地拥有者一般来讲会收到每英亩修复土地 100 ~ 300 美元的补贴。除了第三方审核，项目规则还要求污水处理厂购买两倍量的抵消其温度影响的许可证。这是为了保证项目整体上能够被限制在其许可证内，并且至少达到能够抵消由污水处理厂带来的温度增长的环境收益。即使按照保守的工程规则估计，污水处理设施估计能够实现用大约一半传统冷却技术的成本来实现温度降低，从而为城市纳税人节省约 800 万美元。②

以保护当地渔业资源为目的的美国西部调节沿岸水温创意区域市场的发展，提醒我们通过合理设计的市场能够实现很多环境产出。水温度交易的发展证明市场不仅能够有助于解决数量或营养物负荷的问题，也能够在其余水的数量属性方面像温度一样起作用。它对于那些着眼于有着地表径流的房地产和农业的投资者和分析师来讲也是很重要的。在那些合适地建立了这类市场的地方，河道重建可能是新的收入来源。不过在这么早的阶段确定这类市场的潜在规模很困难。据估计，仅俄勒冈州市场单独来讲就可能值超过 1 亿美元 / 年。③

结论

水是地球上少数几个我们生存不可或缺的必需品之一。它对我们的生存来讲是必不可少的并且对我们的日常行为有着深刻的影响。考虑到摆在

① Mark Freeman：*City of Medford Partners with Landowners to Help Shade Rogue River*，Mail Tribune (14 July 2013).

② 同上。

③ Freshwater Trust：*Water Quality Trading: Program Overview*，http://www.thefreshwatertrust.org/main/wp-content/uploads/2013/09/WQT_Program-licensing/Overview_WEB_General.pdf.

我们面前的如此大规模的水问题，从农业冲刷流失到年久失修的水利设施以及增长的人口问题，在我们与水资源的相互影响及管理水供给的方式方面需要有更多真正的改变，只有这样我们人类才能更长久地生存繁荣。全球水行业的重大变化既是不可避免的又是合乎需要的。本章讨论了这些变化将如何以新的市场、技术及政策发展的方式提供机会，以应对淡水资源日益增长的需求和日益减少的供给。鉴于水在我们日常生活中的重要性，对水市场突出的批评（包括人们应该自由且无限制地使用水的言论等）是可以理解的。本书作者深信，在超出基本健康与卫生需求量的水分配方面，市场一定会扮演重要的角色。水市场正处于起步阶段，作者认为有基于这些早期建立市场的努力而进一步改善（市场）的方式。我们继续改善和扩大市场对于水的影响是十分重要的。

市场能够也正在被用来减少空气污染和解决水质量和数量问题。这些都是紧密相关的十分关键的可持续性议题。海洋、陆地及大气生态系统对生命质量共同产生着巨大的影响。比如全球气候变化和水资源短缺问题能够从陆地和海洋两个方面影响我们生产食物的能力。海洋和陆地资源的状况影响着我们所生产的食物的数量和质量。人口增长、环境污染以及经济繁荣影响着食物需求的数量和种类。这给土地和海洋施加了巨大的压力。下一章将讨论这些因素对渔业资源环境的影响。再次说明，经济手段与市场可以对促进渔业资源可持续性利用产生影响。

第 10 章　可持续渔业管理及其相关资产类别

全球各地的鱼类资源正在迅速下滑。在超过半数的鱼类资源中，鱼类的捕获量已经是或者说接近其最大的可持续产量。尽管这部分归咎于不断增长的人口对于鱼类资源的需求增加，它同时也要归因于糟糕的渔业管理。管理不善，不仅导致鱼类资源的减少，还导致海洋环境遭受了沉重的代价，以及这些捕鱼和加工行业的经济情况表现不佳。

本章的目的是描述全球渔业的衰退是如何形成的以及由此造成的经济影响是如何解决的。本章将专注于美国和新西兰的渔业来重点讨论可持续发展，基于市场的渔业管理对经济和环境的益处。本章将解释总捕鱼量每股的定价将如何实现社会和环境的目标同时为渔民、加工商和相关产业提供改进的商业机会。

本章共分为五个部分：①全球渔业的衰落原因；②全球渔业衰退的影响；③问题的解决方案；④一个成功的案例——墨西哥湾的红鲷鱼；⑤结论。

全球渔业的衰落原因

政策缺陷和管理不善

世界上许多渔业是无效经营的。这就是美国直到 20 世纪 70 年代中期的情况。开放渔业使渔民会尽可能多地捕捉鱼而不在总体上考虑总的资源。这一政策的方法，或它的不足，往往会导致“公地悲剧”（一个已在前面的章节中讨论过的概念）。在这一制度下，渔民将最大化他们的捕鱼量，而最终损害整体渔业的可持续发展。由于鱼类资源下降，显而易见的是集体的行动，至少在一定程度上，集体行为将是需要的。

在1976年，美国国会通过一项法案来规范渔业。这仅仅只是个开始。在那之后的数十年里该法案已经经历了无数次的变化，现在通常是交付给《马格努森—史蒂文斯渔业养护管理法》（Magnuson-Stevens Fishery Conservation and Management Act，MSA）。MSA在美国各地建立了200海里的专属经济区（Exclusive Economic Zone,EEZ）（预防资源被外国开放利用），创立了区域性渔业管理委员会，并制定了10个国家标准的渔业管理计划。尽管这些努力，鱼类资源依旧下降，私营部门的经济回报受到了损害。[①]

管理计划通常包括各种措施，旨在提出解决过度捕捞和减少经济回报下降问题的措施。不幸的是，其中的许多工具非但未能解决问题，有的甚至恶化了问题。其中最流行的工具便包含对总可捕量（Total Allowable Catch，TAC）的限制，其在特定物种的总量中制定了一个界限使人们能够在特定区域的特定时期进行捕捞。其他的措施旨在通过施加旅程限制或通过在捕鱼开始之际设定窄的时间段来限制捕捞量。因为个体户船只或渔业公司通常没有限制，它们被诱导尽可能多地捕捉或者眼睁睁地看其他渔民捕捉有限的供应量。这种做法，加上捕鱼的狭窄时间段衍生了这种称作为渔而竞赛的现象，即渔民试图在最短的时间内最大限度地捕鱼而造出更多更大的船只，同时长时间在极端的条件下进行捕捞工作。这些指挥与控制方法在很多时候，会导致技术创新从而在法律的约束下尽可能增加捕鱼量。在指挥与控制的政策下，渔船的供大于求是很常见的现象。

其他传统的管理手段包括限制海上作业天数、在特定时期关闭渔业来防止幼鱼供应的供给消耗殆尽、限制敏感的栖息地的进入权，以及限制抓无意识捕捉的其他鱼类。这些管理技术，尽管是在美好的愿景下实施，却提供一种通常不能够合理地结合渔民们总目标的激励结构，因此总是被抵触并且效果往往惨淡。事实上，其中许多的惨淡结果都是由政府提供的财政补贴而放大了。

① U.S. Department of Commerce National Oceanic and Atmospheric Administration："Magnuson-Stevens Fishery Conservation and Management Act"(May 2007)，http://www.nmfs.noaa.gov/sfa/magact/MSA_Amended_2007%20.pdf.

贸易的渔业补贴

据估计，全球渔业当前的补贴是每年 300 亿 ~ 340 亿美元，相当于总渔业产出的首次销售价值的 35% ~ 40%。为了优化商业捕鱼的经济，补助通常是以资助国内渔船建设和现代化，基础项目例如港口建设和进步、燃油折扣、直接收入支持、鱼的价格支持和停运渔船的补助形式。[①]

尽管不是所有的渔业补贴都会造成负面的结果，绝大多数都为捕鱼过量创造了激励，否则在标准的经济环境中，它将会是无利可图的。这不仅导致负面的经济后果，而且也导致渔业进一步枯竭。因为有着多种补贴，世界贸易组织正在寻求降低商业渔业补贴。

治理不善

最近的研究证实了政府与违法、无管制和无报告的（illegal, unregulated and unreported，IIU）捕捞之间的关系。如我们所怀疑的那样，国家在政府管理的得分越低往往有着更高的 IIU 率。解决政府问题因为它与渔业息息相关，显然是非常复杂。其中一种已经在菲律宾和南非取得成果的方法是将决策的权力下放，让渔业的成员直接进入决策过程。随着那些受渔业法规影响最大的人参与决策，渔业群体变得更愿意遵守新的规则和参与数据采集、监测和评估工作。[②]

数据不足

正如许多地球的自然资源一样，我们也只是刚开始了解渔业功能和它们如何与其他系统交互影响。尽管因为糟糕的管理者或为渔业糟糕的管理而感觉问心有愧，一些决策制定者往往容易被忽视，但是当他们决定该如何最好地保护环境同时优化产出时，他们往往是面对着非常有限的数据和大量的不确定性。由于缺乏可靠的数据，过半的美国渔业状态都被划分为不确定性状态。

---

① U. Rashid Sumaila, Ahmed S. Khan, Andrew J. Dyck, Reg Watson, Gordon Munro, Peter Jydemers and Daniel Pauly：“A Bottom-up Re-estimation of Global Fisheries Subsidies”，*Journal of Bioeconomics 12* (2010): 201 - 225.

② David J. Agnew, John Pearce, Ganapathiraju Pramod, Tom Peatman, Reg Watson, John R.Beddington and Tony J. Pitcher (2009)：“Estimating the Worldwide Extent of Illegal Fishing”，PLoS ONE, 4(2).

为了在可以捕捉的范围实施最有效的限制，决策制定者有必要了解生物学、生态学和渔业的生产力，还有它与更广泛环境和其他物种的相互作用。考虑到如果要在一定程度上满足预期，这样的数据是很少的，决策者必须采取管理和运用不完全信息进行政策行为以及保持政策的灵活性以备新数据产生。

全球渔业衰退的影响

降低的经济回报和生产力过剩

在没有基于市场的激励时开放渔业管理不仅对资源的过度利用而且对过度投资提供了激励。从表 10–1 可以看出，尽可能多地捕鱼比赛已经导致了渔船数目的显著增加。在 1990 年，鳕鱼之外鱼类卸货量（鳕鱼在 1977 之后就不是美国船队专属的了）仅仅只是比 1935 年高 40%，尽管同期的渔船增加了 460%。尽管没有在图 10–1 中所描述，船只的大小和甲板上捕捉鱼类的装置数量也同时增加了。[①]

表10–1　按照持股规模大小分类的账户数量

年份	小	中	大	总和
初始	415	125	12	554
2007	368	112	17	497
2008	346	111	17	474
2009	313	108	18	439
2010	297	109	19	425
2011	284	116	18	418
2012	273	117	17	407

注：初始值计于2007年1月1日，而在2007—2012年的值则于12月31日计算。小账户持有<0.05%；中等账户持有0.05% ~ 1.4999%；大账户持有≥1.5%份额。

资料来源：National Oceanic and Atmospheric Administration (2012)。

① Dietmar Grimm, Ivan Barkhorn, David Festa, Kate Bonzon, Judd Boomhower, Valerie Hovland and Jason Blau："Assessing Catch Shares' Effects Evidence from Federal United States and Associated British Columbian Fisheries"，Marine Policy 36 (2012).

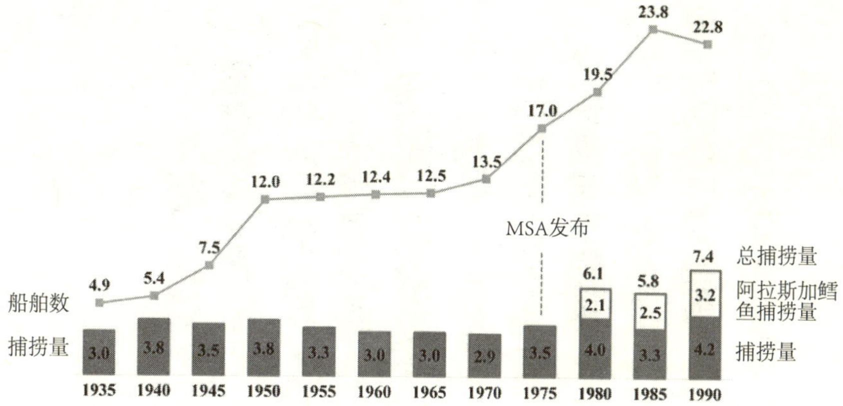

图 10–1　全美国国内商业船只（千）和捕获量（亿英镑）

除了渔船的过度投资，鱼类的加工产业在许多传统管理的渔业中变得过度资本化了。为了处理同时间到达的供过于求的鱼量，处理者必须增加容量从而无需在正常情况下使用它。

产生于传统管理程序下的鱼量过剩同时也导致了渔民的回报过低。他们在一个供过于求的市场买卖同时往往需要冷冻鱼从而减少其相对新鲜的鱼类出售的溢价。相关的负面影响包括不良的处理方法和成品鱼使用的比例降低。

安全问题

随着鱼类资源的下降，安全隐患也随之增加。渔业贸易是世界上最危险的职业之一。在美国，渔民职业病死率为普通工人的 35 倍。安全问题源于诸多因素（见图 10–2）。其中主要的原因通常被认为是长时间的工作和恶劣的条件如远离医疗援助的危险水域。在传统的管理中，捕鱼比赛鼓励渔民在危险的天气条件下作业并且使用他们的设备至极限，从而试图通过几天不眠的工作来最大化他们的捕鱼量。[①]

① Dietmar Grimm, Ivan Barkhorn, David Festa, Kate Bonzon, Judd Boomhower, Valerie Hovland and Jason Blau：“Assessing Catch Shares’ Effects Evidence from Federal United States and Associated British Columbian Fisheries”，Marine Policy 36 (2012).

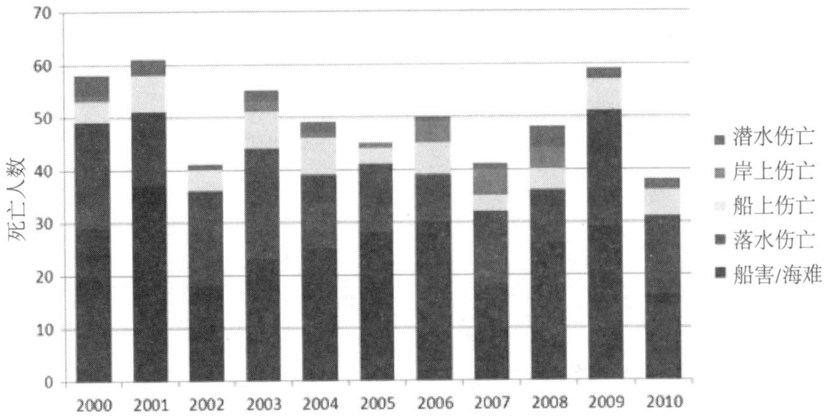

图10-2 美国与渔业相关的伤亡

资料来源：Center for Disease Control and Prevention："Commercial Fishing Safety"(March 2014)，http://www.cdc.gov/niosh/topics/fishing/。

鱼类资源的减少

尽管全球鱼类消费量在过去的半个多世纪以来稳步增长，可用以满足日益增长的人口的鱼类却在逐步下降，随着野生鱼类数量的降低，大部分增加的鱼类需求已经在水产养殖业（例如，养鱼场）上得到了满足。据估计，全球 28% 的渔业是过度捕捞、耗尽或正在恢复的（见图 10-3 和图 10-4）。自 20 世纪 70 年代以来，这个数字已经翻了三倍。在这 28% 中，19% 是过度捕捞，8% 是耗尽，1% 是恢复中。据估计，全球 20% 的渔业是适度开发或处在开发中的。一半的渔业是充分开发的，意味着他们正在充分捕鱼，或者接近他们的最大可持续发展产出。在美国，54 种鱼群被分为过度捕捞而 45 种鱼群正要经历过度捕捞。[①]

① Dietmar Grimm, Ivan Barkhorn, David Festa, Kate Bonzon, Judd Boomhower, Valerie Hovland and Jason Blau："Assessing Catch Shares' Effects Evidence from Federal United States and Associated British Columbian Fisheries"，Marine Policy 36 (2012).

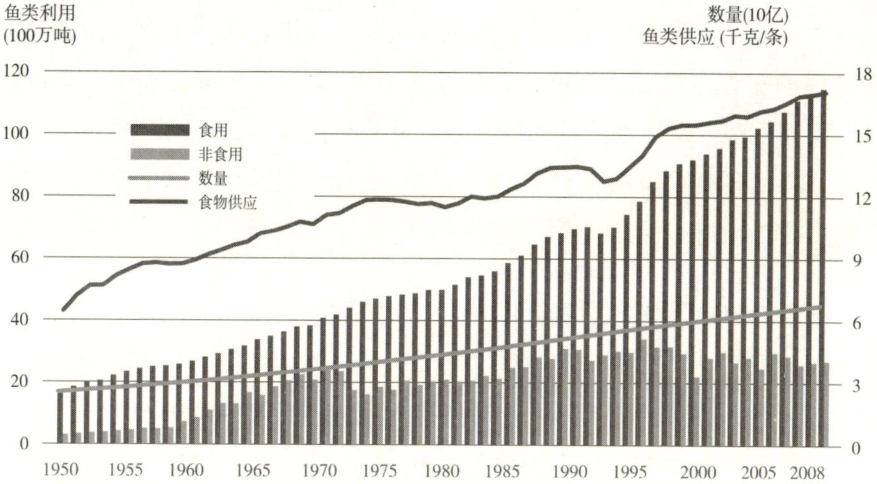

图10-3　世界鱼类利用和供应

资料来源：Food and Agriculture Organization of the United Nations Fisheries and Aquaculture Department："The State of World Fisheries and Aquaculture" (2010)，http://www.fao.org/docrep/013/i1820e/i1820e.pdf。

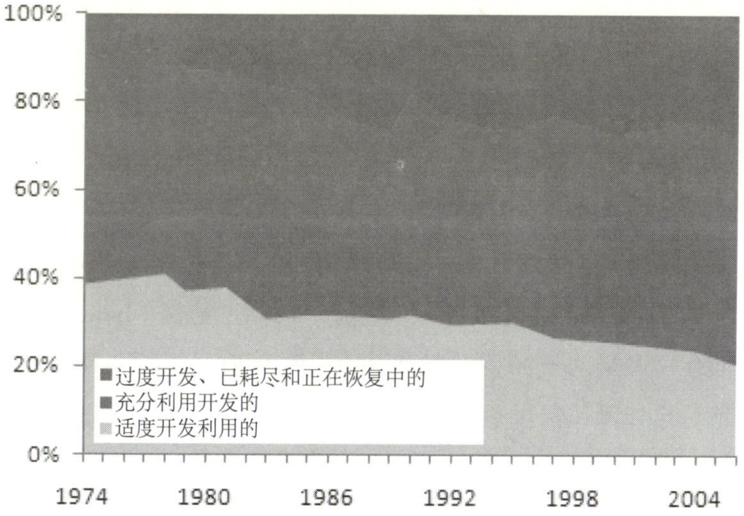

图10-4　1974—2006年全球鱼类资源的状况

资料来源：Food and Agriculture Organization of the United Nations：State of theWorld's Fisheries and Aquaculture 2008 (Rome, Italy: FAO, 2009)。

近年来，当地鱼群的下降导致需求需要通过进口来满足或以前被视为无价值的物种来替代。在欧洲，大众渔业政策（Common Fisheries Policy）是一个管理整个欧盟渔业的高度复杂的并且极度无效的政策。尽管有这一政策，在欧洲水域 88% 的鱼类遭受了过度捕捞而且捕捞船队估计已经超出足够多的 2 ~ 3 倍。因此，欧洲现在要进口 60% 的鱼类。[①]

不断增加的副捕捉、丢弃和其他的环境损害

商业捕捞已经有了广泛的负面环境影响，包括鸟类、哺乳动物和爬行动物的死亡，海底的破坏，以及对副捕捉到的不必要的海洋物种的潜在丢弃。副捕捉及丢弃是其中最有害的影响。副捕捉是指无意捕捉了一个物种，而该物种本不是目标物种或捕捉了目标物种的幼体。副捕捉有可能仍然保有市场价值并且能够被持有与销售。丢弃一般是指物种缺乏足够的经济价值或是规定禁止捕捞的；弃扔往往是直接扔回到水中并通常在这个过程中死亡。据估计，在全球的基础上，丢弃占每年鱼类捕获的 8%(680 万吨）（见图 10-3）。[②]

问题的解决方案

市场理论为基础的渔业管理

基于市场的渔业管理方法被称为捕鱼份额，有限捕捞权限项目（Limited Access Privilege Programs，LAPP），或个人转让配额（Individual Transfer Quotas，ITQ），其最初于20世纪70年代在澳大利亚、新西兰、冰岛开始发展。捕捞份额为个体渔民提供了一个安全的鱼量份额。这一份额是对捕鱼季的总捕鱼量的百分比限制。捕捞份额在捕捞季节之前按照年化分配。

许多捕鱼份额项目允许渔民间进行捕捞份额的交易，并且偶尔在当事

① Marine Resources Assessment Group："Towards Sustainable Fisheries Management: International Examples of Innovation" (2010)，available online at http://www.pcfisu.org/wpcontent/uploads/2010/12/MRAG-report best-practice-examples1.pdf.

② FAO Fisheries and Aquaculture Department："The State of World Fisheries and Aquaculture"，op.cit.

人之外进行交易。例如，如果一个渔夫决定一个季节不捕鱼，他可以把他的捕鱼份额卖给那些想要捕捉超过已分配份额鱼量的人。这是类似于本书中其他部分所描述的总量控制与交易的概念。渔民的捕捞配额的销售可以是以永久转让或临时租赁的形式。捕捞份额项目通过允许渔民以更低的生产边际成本来从其他渔民手中以高成本购买份额，从而形成了更有效的结果。在大致相同的情况下，以市场为基础的管理方法为提供清洁空气和清洁水资源提供了激励，渔民有了保护渔业长期可行的动机同时还增加了他们工作效率的全新和创新的实践奖励。

捕捞份额也消除了捕鱼竞赛的需要。渔民在他们的捕鱼方法中可以更加精准地进行计算，这让他们可以使用更少的装备同时还能在他们期望得到最高的回报时为市场提供鱼类。因为他们不再局限在狭小的时间段捕鱼，渔民可以等待最佳的天气条件和合理的工作节奏。重要的是，监测和验证要求来保证渔民遵守法规在捕捞份额的情况下变得更轻松且容易执行。这部分是由于强制执行的法规的减少，也因为渔民们被激励来维持的渔业的长期可行性，因为如果在未来几年渔业变得过度捕捞，他们的捕鱼份额将下降。如果渔民捕鱼超过他们的配额，他们需要在市场上购买更多的配额或支付大额的罚金。

提高经济效益

对渔业而言，以市场为基础的管理项目例如份额已经在许多的渔场中显著地改善了渔业的经济（见图 10–5）。在许多渔场的捕捞份额研究中，以每艘船为基础的收入已成倍地增长。急剧增加的原因包括减少拖网时间、减少捕获鱼的丢弃量和更长的捕鱼季节从而使得捕鱼的环境变得更好。由于平滑的鱼类供应和提高了销售新鲜鱼类的能力，渔民同时也就获取了更高的价格。[①]

---

① Grim et al. (2012).

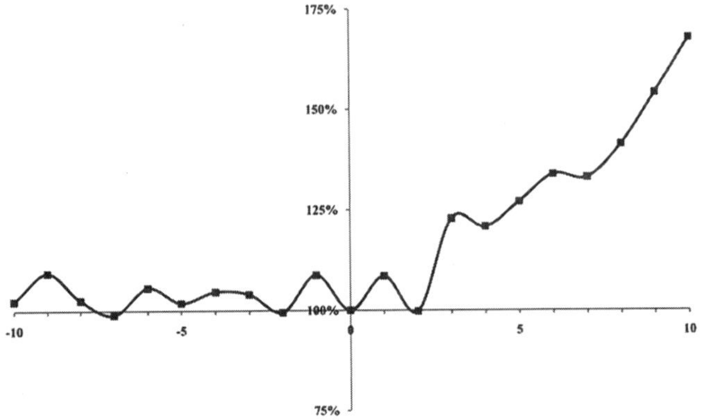

图10-5　捕鱼份额管理实施前后一年渔业平均收入百分比

资料来源：同上。

在捕鱼份额管理下，鱼类加工业相对于传统的管理方法更容易受到渔业平滑供给的影响。从图 10-6 中可以看出，不列颠哥伦比亚公司（BC）左口鱼渔业每年经历了两次大量的供给，分别为每年四月 45% 和九月 33% 的鱼类供给。在捕鱼份额管理的办法下，四月的供应量只占总体的 14%。平滑的鱼量供应通过更好的处理也使质量得到了提高。[①]

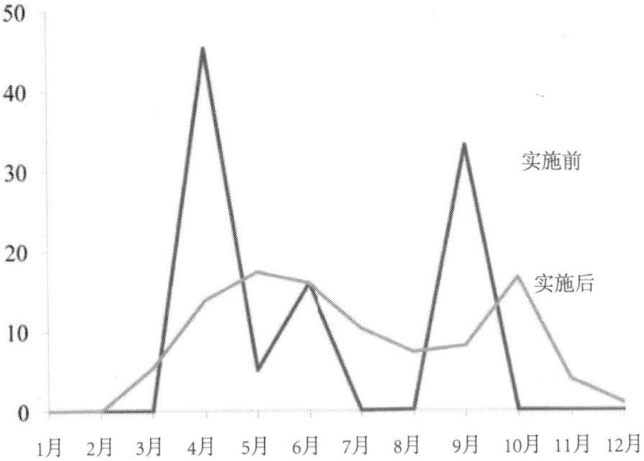

图10-6　不列颠哥伦比亚公司左口鱼每月捕捉的百分比，在1991年捕捞份额实施前后两年平均值的对比

资料来源：Grim et al.（2012）。

① Grim et al. (2012).

提高安全性

捕捞份额的项目已被证明是有效地提高了渔民的安全。消除“捕鱼竞赛”使渔民们可以在更好的工作时间和最优的天气条件下工作。对于捕捞份额有效性的研究安全表明，基于市场的管理制度的实施，缩短的捕鱼季节和捕鱼量，导致安全度比起以前下降了平均 20% 的水平。在捕鱼份额实施之后的五年，根据死亡率、船舶的损失、搜索和救援任务测算的安全度和安全生产的行为平均提高了 250%。渔业在传统的管理制度下，平均只有捕鱼份额制度下的安全系数的 26% ~ 38%。在美国，阿拉斯加左口鱼和银鳕鱼捕捞引起的搜索和救援任务从每年 33 起下降到 10 起以下，捕捞引起的死亡人数在五年内下降了 15%。[①]

不断增加的鱼类资源

任何捕鱼份额项目的基础都包含了总允许捕鱼量（Total Allowable Catch，TAC）实施。虽然传统管理的渔业也可能包含 TAC，坚持 TAC 在捕鱼份额项目中更为常见。从图 10–7 中可以看出，它已被美国和 BC 渔业所证明，在捕鱼份额管理下，超过 TAC 的捕鱼量会降低。这部分是归因于在捕鱼业增加了监测和核查。同时，随着部分的渔民成为业主，在渔业的长期可持续发展中，渔民将会获取更大的经济利益。[②]

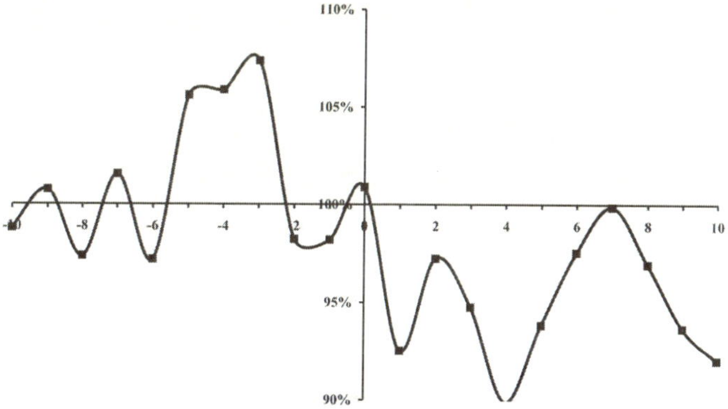

图 10–7　每份TAC的捕获量（美国和BC渔业之间的平均值）

资料来源：Grim et al.（2012）。

① Grim et al. (2012).

② Grim et al. (2012).

作为实施了捕捞份额方案的结果，新西兰大螯虾和罗非鱼渔场为增加潜在的鱼类物种提供了一个很好的例子。两种渔场都对捕鱼份额有着长期且深入研究的历史。从图 10–8 中可以看到，大螯虾渔业在 TAC 中比起先前的水平下降了 50%。10 年来，大螯虾的数量翻了一番，这使得渔场经理可以提高 TAC。罗非鱼看上去类似地在生物的总量中增加了（60%），尽管其渔场的初始 TAC 设置得太高。[①]

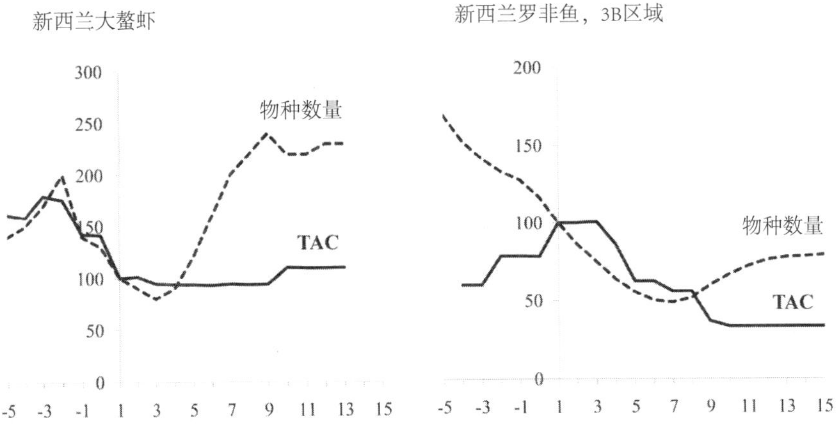

图10–8　物种数量相对于TAC管理前后的对比（新西兰大螯虾和罗非鱼）

资料来源：Grim et al.（2012）。

减少的副捕捉鱼类和丢弃量

在基于市场的管理程序下例如捕捉鱼份额，在美国和不列颠哥伦比亚公司渔场得到的丢弃率在 5 年后下降了 31% 并且在 10 年后下降了 66%（见图 10–9）。

几乎所有的渔场研究都得到比传统的管理更低的丢弃率。一些渔场的丢弃率经历了巨大的下降。在捕鱼份额管理下的十年间，不列颠哥伦比亚左口鱼渔场丢弃率下降超过了 90%，阿拉斯加鳕鱼、阿拉斯加银鳕鱼和阿拉斯加左口鱼丢弃率减少了 50% ~ 65%。一些在美国和英国的哥伦比亚的

① Grim et al. (2012).

渔场通过实施捕捞份额项目也在非商业和禁止副捕捉物上得到了改善。阿拉斯加银鳕鱼渔场实现了非商业的副捕捉物下降近 50%，同时蟹和鲑鱼的丢弃量下降了近 90%。[①]

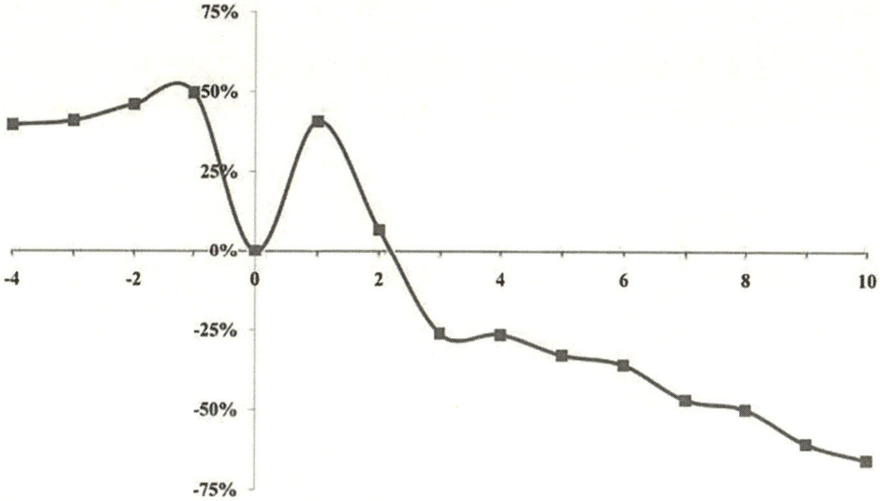

图10-9　丢弃率下降值相对于TAC管理前后的对比

资料来源：Grim et al.（2012）。

捕捞份额在许多方面促使了副捕捉物和丢弃量的减少。首先，当渔船试图捕捉尽可能多的鱼时，所有系统都将不再有完全的自由。捕鱼竞赛消失并且允许渔民在追求目标物种时变得更加有策略性。此外，由于每个渔夫的配额是绑定在渔场长期储量水平的，他们会受到激励去避免捕捉幼鱼和其他鱼，从而可能有助于渔业长期可持续发展。

以市场为基础的管理系统已被证明对丢弃和副捕捉物有着积极的影响，而其他技术措施也已被投入使用。最经常使用的设备被称为副渔获物减少设备，它是能让渔民从他们的拖网中整合或大或小的物种的系统。同时使用的还有能让海龟从拖网逃出同时能和目标物种分离的设备。驱鸟设备以及不同类型的钩和饵也被用来减少鸟和海龟的死亡。

---

① Grim et al. (2012).

一个成功的案例

基于市场管理的系统市场在美国的实现：墨西哥红鲷鱼个人捕捞配额项目[①]

美国是世界上第五大捕鱼的国家，每年有着超过500万吨的捕捞量。美国渔业是受到1996年的MSA法案管理并且由国家海洋渔业服务执行。该法案建立了八个按区域细分的渔业管理委员会（见图10–10）。

图10–10 美国的渔业管理区

美国第一个个人捕捞配额（Individual Fishing Quota，IFQ）系统是在1990年为了中大西洋蛤蜊/海蛤而引进。早期的项目很受欢迎，因此额外的项目被直接引入，直到1996年美国国会宣布在额外的IFQ上实施的临时禁令，阐述了需要对它们的影响作进一步的研究。经过进一步的研究，美国国会允许额外的IFQ项目开发。现在美国有12个主要的ITQ渔场和3个相关联的配额IFQ渔场在不列颠哥伦比亚。本节将重点放在关注于墨西哥湾红鲷鱼的IFQ市场。红鲷鱼的IFQ市场不仅为潜在的IFQ影响提供了一

① 资料来源：National Marine Fisheries Service Southeast Regional Office，http://sero.nmfs.noaa.gov/sustainable_fisheries/lapp_dm/documents/pdfs/2013/2012_rs_annualreport.pdf。

个很好的案例研究，而且为投资者和分析师提供了通过直接参与接触到水产市场的机会，因为它对外部的投资者是公开参与的。

在先前数次的尝试执行 IFQ 项目之后，红鲷鱼执照持有人在 2006 年 11 月 22 日发布（见图 10-11 的详细日程时间表）了基于历史登陆的首次渔业份额。预定 IFQ 捕捉量为 419 万磅重。由于渔业的下降，2007 年年底的 298 万磅初始捕捞限额比起前 IFQ 水平是显著降低的。长此以往，渔业的捕捞变得更健康，捕捞的限额也有所增加，并在 2012 年底达到了 371 万磅。在一艘每磅 3 美元的船上，这一捕捉量的初始降低意味着超过 360 万美元的亏损。然而，假设同样的 3 美元的价格，在 2012 年底产量增加近 220 万美元，弥补了大部分的初始损失。

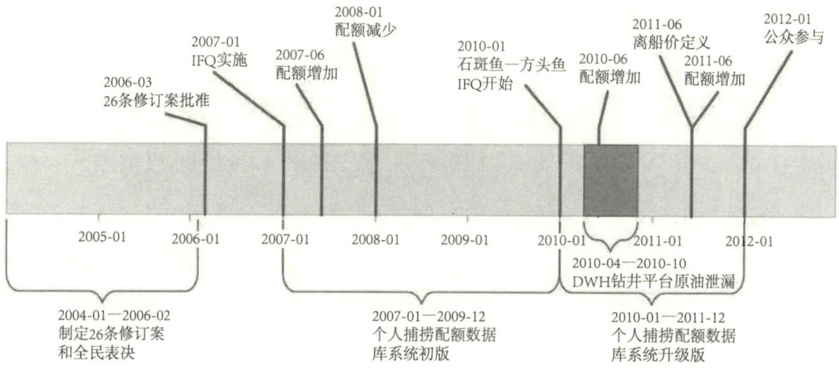

图10-11　项目时间表：红鲷鱼个人捕捞配额计划

资料来源：National Oceanic and Atmospheric Administration：“2012 Gulf of Mexico Red Snapper Individual Fishing Quota Annual Report”（July 2013），http://sero.nmfs.noaa.gov/sustainable_fisheries/lapp_dm/documents/pdfs/2012/2013_rs_annual report.pdf。

红鲷鱼 IFQ（RS-IFQ）是仅仅针对红鲷鱼的项目（即单一的物种），该计划的参与者使用一个在线账户来管理交易，例如份额转让和再分配以及捕捞的相关信息。部分地，因为项目的在线账户系统，RS-IFQ 比大多数 RS-IFQ 或者捕捉份额项目有着更好的数据。

在 RS-IFQ 的配额指的是在一个给定的年份里实际被处理、捕获或者是出售的重量。另一方面，配额是指占渔业总配额的百分比。每年，分配是基于年度配额和账户所有者持有的配额比例来分配。分配可以转移到其他持有人的账户或可用于捕捞红鲷鱼。红鲷鱼配额可以用成比例增加或减少的个人配额百分比来基于渔业的状况进行调整。作为一个例子，让我们假设今年红鲷鱼的配额是 100 磅。在这个例子中我们的渔民有 10% 的配额。他每年的配额是 10 磅。如果明年的配额提高到 200 磅，我们的渔民将有 20 磅的配额。他可以选择将这种配额出售给另一个渔民或用它为自己捕捉更多的红鲷鱼。

RS–IFQ 实施的主要动机与其他许多开展 IFQ 的渔场相似。该渔场的特点是渔船和设备的产能过剩，这是由于为了保护渔场的健康而实施的短暂捕鱼季所导致。不幸的是，在 IFQ 管理制度以前，无论是鱼还是渔民都遭受健康的威胁。正如你将在下面的段落中看到的，早期的迹象表明，RS–IFQ 项目产生了社会、经济和生物上的效益。

自从 RS–IFQ 项目的方案实施以来，渔业经历了许多股东人数的合并（见表 10–1）。特别是，小股东已从之前 IFQ 下的 415 位账户持有人的水平显著下降至 2012 年 273 人的水平。这种减少大部分发生在 IFQ 项目的第一年，但是尽管小股东的数目在下降，他们仍占据着账户总数的绝大多数，同时每年都有新的股东进入。2010 年，由于墨西哥湾石斑鱼方头鱼 IFQ 项目的开启，项目在股东数目上有了 4.41% 的增长。许多红鲷鱼渔民也捕捉石斑鱼或方头鱼，因此参与了 IFQ 项目。有趣的是，份额和分配的交换发生在这两个项目中，虽然这些项目之间的数据交换是不可行的。

2012 年年初，该 RS–IFQ 项目允许不捕鱼的个人去购买和交易双方的分配和份额。在此之前，为了开一个账户，需要有一个有效的海湾珊瑚礁鱼许可证，但一旦开放，一个账户可以在没有许可证的条件下持有份额和分配。这允许了外部投资者更容易进入 RS–IFQ 项目。在 2012 年，只有 30% 的 RS–IFQ 账户属于没有捕鱼许可证的参与者。

湾区的红鲷鱼渔场，类似许多美国渔场，在长期的船舶专门捕捉红鲷鱼和为之准备的设备下已经是过度资本化了。自从之前 IFQ 时期之后，作为历经整合的行业，捕捉红鲷鱼的船舶数量已经下降了约 23%（见表 10–2）。

表10–2 捕捞红鲷鱼的船舶数量

年份	总和	佛罗里达	阿拉巴马/密西西比	路易斯安那	得克萨斯
2002—2006平均值	485	–	–	–	–
2007	305	219	3	25	58
2008	297	216	12	24	45
2009	289	217	10	23	39
2010	384	306	12	20	46
2011	362	290	23	17	32
2012	371	304	21	19	27

资料来源：National Oceanic and Atmospheric Administration (2013), op. cit。

在 RS–IFQ 中的交易活动比大多数渔业记录得更好。虽然在项目的早期年份价格和交易量的数据并不像它们今日般监测得好，份额与分配的交易已在 RS–IFQ 的历程中被完整地记录了。在表 10–3 中可以看出，最大的份额在 RS–IFQ 的第一年里被转让了。这是类似于初始发生在渔业的合并反应。除了 2008 年，份额的交易在每年都稳定在 75 ~ 80 交易量。

表10–3 份额交易量

年份	交易量	%	平均%
2007	108	10.7428	0.0995
2008	42	4.8150	0.1146
2009	75	6.0233	0.0803
2010	79	8.4748	0.1071
2011	78	5.0979	0.0654
2012	81	7.5608	0.0933

资料来源：同上。

海湾的红鲷鱼渔场的配额转让也得到了很好的记录。配额是指在一个给定的年份账户可以处理、贷款或出售的红鳍鱼的磅数。从表 10–4 和表 10–5 可以看出，自从项目开始后，交易的配额就已经开始逐年递增，相当于在过去两年的 100% 的配额，尽管在每一笔交易中的磅数已经稳步下降。

虽然分配和配额的转让已经有一个稳定的增长，账户数量却有所降低从而拥有了红鲷鱼同时还持有了份额。在 IFQ 项目的初始阶段，那些拥有红鲷鱼的人中 87% 拥有份额；该数字现在已经下降到 57%。这表明简单地交易红鲷鱼代替红鲷鱼捕鱼正变得越来越普遍。这很重要，因为它表明随着低效率的渔民把份额卖给那些更有效率的人，捕鱼份额项目的市场力量正开始推动资源分配到它们的最高和最佳的使用处。

表10-4　分配额交易量

年份	N	Lbs	平均lbs	lbs中位数	配额（%）
2007	808	1686218	2087	671	56.5
2008	683	1371100	2007	600	59.7
2009	843	1539479	1826	500	67.0
2010	1719	3065736	1793	500	96.1
2011	2155	3639394	1689	500	110.3
2012	2251	3741966	1467	400	100.8

注：N表示分配交易的数量；lbs表示磅。
资料来源：同上。

表10-5　份额转让价格

年份	N[1]	所有交易的%	平均的价格（美元/磅）	中位数的价格（美元/磅）	通胀率调整的价格（美元/磅）[2]
2007	21	19	11.04	12.51	11.99
2008	22	52	11.56	10.50	12.28
2009	38	51	20.64	20.00	21.74
2010	33	42	19.58	21.50	20.36
2011	26	33	28.87	27.00	29.39
2012	35	43	35.68	35.00	35.68

注：N表示分配交易的数量。
[1]价格大于9美元/磅和小于36美元/磅的分配交易的数量。
[2]通货膨胀调整表，源自：http://www.bea.gov/，以2012年作为使用GDP平价指数的基年。
资料来源：同上。

在 RS-IFQ 下，许多价格形式表明这个市场确实达到了它的预期影响。

渔民可以将较少的资本成本投于船只和不必要的设备，从而在更多的日子里进行捕鱼，利润从而增加了。渔民们能够全年间提供新鲜的鱼从而避免一旦允许捕鱼时间段过窄而造成的供应过剩的问题。这些大部分反映在份额和分配的转让价格以及离船转让价格。

在项目的早些年间，对份额和分配的转让者而言价格信息不是必要的。结果，大约有半数的份额转让者获得了遗漏的或错误的价格信息。然而，即使在去除了局外的价格报告，在 RS–IFQ 中，可用的数据依然为份额价值提供了深入了解。在表 10–6 中可以看到，自从 IFQ 项目开展以来，在每磅的基础上的份额的价值翻了近三倍。

自从项目开始后，分配转让价格同时也在稳步上升，从最初的平均价格为每磅 1.97 美元至 2012 年的每磅 3 美元。

表10–6　分配转让价格

年份	N[1]	所有交易的%	平均的价格（美元/磅）	中位数的价格（美元/磅）	通胀率调整的价格（美元/磅）[2]
2007	155	19	1.97	2.00	2.14
2008	152	22	2.31	2.25	2.45
2009	283	34	2.69	2.75	2.83
2010	344	20	2.88	3.00	3.00
2011	476	22	2.96	3.00	3.01
2012	781	31	3.00	3.00	3.00

注：N表示分配交易的数量。
[1]价格大于1.2美元/磅和小于5.0美元/磅的分配交易的数量。
[2]通货膨胀调整表，源自：http://www.bea.gov/，以2012年作为使用GDP平价指数的基年。
资料来源：同上。

红鲷鱼渔业在离船价格（到岸价格）上也出现了增加（见表 10–7）。离船价格是由红鲷鱼抵达码头时渔夫所接受的价格。平均离船价格在 2012 年为 4.44 美元 / 磅，与之相对的是 IFQ 项目执行前的平均 2.80 美元 / 磅。

表10-7　红鲷鱼的离船价格

年份	N[1]	所有交易的%	平均的价格（美元/磅）	中位数的价格（美元/磅）	通胀率调整的平均价格[2]
IFQ之前[3]	–	–	2.80	2.81	3.32
2007	2455	92	3.74	3.75	4.06
2008	2023	85	4.06	4.25	4.31
2009	1963	79	4.13	4.25	4.35
2010	2319	71	4.17	4.25	4.34
2011	2985	77	4.26	4.25	4.34
2012	3319	84	4.44	4.50	4.44

注：N表示分配交易的数量。

[1]价格大于2.6美元/磅和小于10.0美元/磅的分配交易的数量。

[2]通货膨胀调整表，源自：http://www.bea.gov/，以2012年作为使用GDP平价指数的基年。

[3] IFQ执行前2006—2002年的平均水平。

资料来源：同上。

在 IFQ 项目下，捕捉红鲷鱼的尝试也会被监测和记录。尝试被定义为每次行程的平均捕捞次数并且项目也会根据行程的次数和每次行程的平均长度来跟踪在海上的时间。因为 IFQ 允许在捕鱼季节内对天数进行延长，对定额中以及其他珊瑚礁鱼类物种的规范进行改变，因而很难理解 IFQ 的直接影响是什么。从表 10–8 中可以看出，行程的次数减少而行程的长度却增加了。平均每趟捕获也比 IFQ 之前的水准有所下降。

表10–8　红鲷鱼的收获状况

年份	行程	离开的天数[1]	每次行程的平均天数	每次行程的平均RS捕获次数
2002—2006平均	4709	12856	2.64	1417
2007	2632	11165	4.33	1075
2008	2343	9464	4.24	937
2009	2451	9444	4.05	898
2010	3220	13207	4.45	949
2011	3823	14613	4.31	847
2012	3893	14230	4.37	934

注：[1]离开的天数是从SEFSC海岸的日志记录好比是2013年12月3日，因此可能不包含2012年完整的数据。

资料来源：同上。

IFQ 项目除了给渔民带来积极的经济影响外，该项目也帮助渔业更接近实现生物的和环境的目标。在 2005 年，海湾的红鲷鱼渔场过度捕捞是十分确切的。结果，提高渔场的健康状况的议题在 2007 年被放入了议程，其中包括捕捞配额减少、试图减少副产品，以及其他措施。在 2009 年和 2013 年对渔场的随后评估中，产卵生物群的库存量由于 2007 年所采取措施而增加。产卵种群生物量增加允许了随后的几年中每年的捕捞限额的增加（见表 10–9）。虽然商业配额仍然持续增加，值得注意的它仍然是低于 RS–IFQ 前的水平 419 万磅。

表10–9　IFQ商业定额（去除内脏后重量）

	1月1日	定额的增加	增加的日子	12月31日
2007	2297297	689189	6月1日	2986486
2008	2297297	N/A	N/A	2297297
2009	2297297	N/A	N/A	2297297
2010	2297297	893694	6月2日	3190991
2011	3190991	109910	5月31日	3300901
2012	3300901	411712	6月29日	3712613

资料来源：同上。

RS–IFQ 的核查和监测是由一系列的包含美国国家海洋和大气管理局（NOAA）执法办公室人员、美国海岸警卫队（the U.S. Coast Guard）、国家野生动物官员和狩猎监督官组成。众所周知，市场化的项目比如捕捞份额太难而无法监控和验证，但事实上，这一点做到了。监测是通过滨水巡逻船遇到卸货船只时，监测卸货，同时通过特殊的机构随机监测渔船。自从项目实施以来，违反的情况从大的违反（例如物种丰收的错误报告）演变为不重要的冲突（如在未经许可的地点卸下捕获的鱼）。在 2012 年，执法官员总共花了 11836 小时监控红鲷鱼和海湾捕鱼 IFQ 的渔业。共有六次执法行动产生并且保住了 5855 磅（价值 27482 美元）。在表 10–10 中有着自 2007 年项目运营起的执法行为的概述。

表10–10　联邦IFQ法的执行

年份	总IFQ案件数量	红鲷鱼案件数量	查获的捕捞量（磅）	查获的价值（美元）
2007	20	7	7678	33270
2008	17	6	1622	6525
2009	20	2	250	910
2010	9	4	538	2170
2011	10	6	6683	26619
2012	6	5	5855	27482

资料来源：同上。

结论

在捕捞份额项目已经实施的地方，它已经导致了许多渔场的经济、环境和社会的收益。传统的渔场经常试图通过限制渔民捕鱼的时间来规范过度捕捞。这导致了渔船的大小和数量的增加因为人们要在短的时间段中尽可能多地捕捉鱼。这种捕鱼竞赛把渔民的生命置于危险之中，因为他们要忍受较长的时间和恶劣的天气条件。结果导致了渔业的过度投资和未能妥善解决减少从海洋捕捉的鱼类数量的目的并维持鱼类的健康。

捕捞份额通过把渔民的激励与渔业长期健康发展联系起来弥补了许多问题。渔民成为鱼群的一部分业主，维持渔业健康事关他们的财务利益。因为相比于在捕鱼时间上设置上限，可以从海里捕捞的鱼的量上也设置上限，渔民不会再去投资他们的渔船，从而使他们可以自行决定如何捕鱼。这导致更好的渔业经济和更安全的捕捞环境。

捕鱼份额的生态效益是很多的。渔民不仅不再被鼓励过度捕捞，而且能够减少经常发生在捕鱼竞赛中由于链网和装置引起的“误抓”。因为渔民可以用他们的方法更加谨慎并更容易避免非目标物种，副捕获物和丢弃也被大大降低。

本章主要对可持续发展和食物链的重要组成部分（渔业）之间的关系。

下一章将重点关注在例如飓风、台风、大风暴、洪水灾难性事件增加时，可持续发展与人为排放量增加的潜在影响的关系。这些天气情况在金融产品的上下文中讨论来减轻天气事件的影响，最主要的是巨灾保险。这些天气状况导致的损失正越发影响那些渔船和设备遭受损坏的渔民的个人财产和生计。

第 11 章　气候风险与相关资产类别

2012 年 10 月 29 日，飓风桑迪（Sandy）登陆位于大西洋东北海岸的美国新泽西。桑迪的超强风力使得洪水肆虐，波浪跨过了东海岸线。自 1938 年新英格兰超级飓风之后，该地区从来没有经历过这样的飓风。最终，美国以及从牙买加到加拿大之间的大部分地区保险损失达 300 亿美元，非保险损失达 350 亿美元，并有 210 人丧生。[①]不幸的是，这并非一起单独的事件而是一系列灾难性事件的继续而已。

我们无法否认自然灾害事件（如飓风、地震）在过去的几十年中不断地增加。[②]美元价值也受到这些事件影响。由于美国人口逐渐向海岸地区流动，这些人口动向需要新的和更多的基础设施，也包括商业建筑、工厂、昂贵的住房，结果被保险财产的价值就不断增加，那里的自然灾害进一步给人类带来了损失，这在一定程度上造成了美元贬值。因此，我们需要更多的资本充盈到保险和再保险领域。再保险意指对保险公司的风险进行分担，即一家保险公司收取一定比例保费，承担另一家保险公司的一些风险。

本章将涉及四种主要的满足资本需要的方法，包括固定收益工具、期货和期权。首先将讨论市场新参与者的创作、现有供应商的改进、百慕大保险和再保险中心的构建。第二，关注巨灾债券（catastrophe bonds，CAT bonds）。第三，讨论行业损失担保（Industry Loss Warranties，ILW）的增

① Munich RE NatCatSERVICE (Download Center for Statistics on Natural Catastrophes)， www.munichre.com/en/reinsurance/business/non-life/natcatservice/index.html.

② 同上。

长、指数保险产品和掉期互换产品。最后，将讨论气候衍生品的角色问题——巨灾期货和期权、供暖日或降温日合同（heating/cooling degree day contracts）。

本章将进一步探讨环境和资本市场的交叉领域，讨论以上所列金融工具和它们所带来的投资和风险管理机会。本章将分成三部分：①对过去25年巨灾事件的回顾；②对处理保险和再保险时所发生的四个变化进行解释；③总结这些市场的潜在重要性。

近期自然灾害、保险和未保险损失的简介

20世纪70年代的十年间很少发生自然灾害。大多数的保险和再保险公司能够通过本公司资本应对其风险暴露。直到20世纪80年代末，保险损失还没有超过10亿美元。但1989年，情况发生了变化。南加州四级飓风雨果（Hurricane Hugo）登陆美国查尔斯顿，它导致了巨大的损失，南加州有27人丧生，加勒比海地区有34人丧生。总计损失达100亿美元，约一半损失在保险范围内。而在雨果之前最大的飓风损害发生在1965年的飓风贝琪（Hurricane Betsy），其造成的损失仅为23亿美元。这就很容易让人理解为什么保险和再保险行业的发展会如此的缓慢。不幸的是雨果只是开始，其后三年，四级飓风安德鲁（Hurricane Andrew）袭击了佛罗里达南部、路易斯安那州和巴哈马群岛，造成了160亿美元保险损失。而在安德鲁飓风之前，美国因飓风所造成的保险损失，从1949年至当时也就约168亿美元。现如今应当激发保险和再保险市场的发展，增加资本和风险分担水平来适应这一现状。

大量证据表明自然灾害数量在大幅增加，对金融的影响也较其他历史时期更为明显。表11-1中，历史上十大最严重的自然灾害发生在1990年之后，其中八个发生在近十年。这部分原因在于全球人口的增加，人口向更高风险的海岸线流动，以及保险财产的增加。以美国人口最多的三个州——加利福尼亚州、得克萨斯州和佛罗里达州为例，图11-1显示，自

1960 年之后，这些州的人口都增加了 2 ~ 3 倍。这些州往往是飓风、地震和干旱的多发区。

表11-1　按被保险损失排序的全球十大最重损失事件，1980—2011年

时间	事件	被影响区域	总损失（百万美元，原始数据）	被保险损失（百万美元，原始数据）	人口死亡数
2005/08/25–30	飓风卡特里娜、风暴潮	美国：洛杉矶、新奥尔良、斯莱德尔、密西西比、比洛克西、帕斯卡古拉、韦夫兰、格尔夫波特	125000	62200	1322
2011/03/11	地震、海啸	日本：本州、青森、东北地方、宫城县、仙台、福岛、水户、茨城县、枥木县、宇都宫	210000	40000	15840
2012/10/24–31	飓风桑迪、风暴潮	巴哈马、古巴、多米尼加共和国、海地、牙买加、波多黎各、美国、加拿大	65000	30000	210
2008/09/06–14	飓风艾克	美国、古巴、海地、多米尼加共和国、特克斯和凯科斯群岛、巴哈马	38000	18500	170
1992/03/23–27	飓风安德鲁	美国：佛罗里达、霍姆斯特德、洛杉矶、巴哈马	26500	17000	62
2011/08/01–11/15	洪水	泰国：披集府、那空沙旺、大城、巴吞他尼、暖武里府，曼谷	43000	16000	813
2012/07–09	干旱、热浪	美国：中西部	20000	15000 ~ 17000	100
1994/01/17	地震	美国：加利福尼亚、北岭、洛杉矶、圣费尔南多谷、文图拉、奥兰治	44000	15300	61
2004/09/07–21	飓风伊万	美国、加勒比海地区、委内瑞拉、哥伦比亚、墨西哥	23000	13800	120
2011/02/22	地震	新西兰：南岛、坎特伯雷、克赖斯特彻奇、利特尔顿	16000	13000	185

资料来源：Munich Re：Geo Risks Research, NatCatSERVICE (2014)。

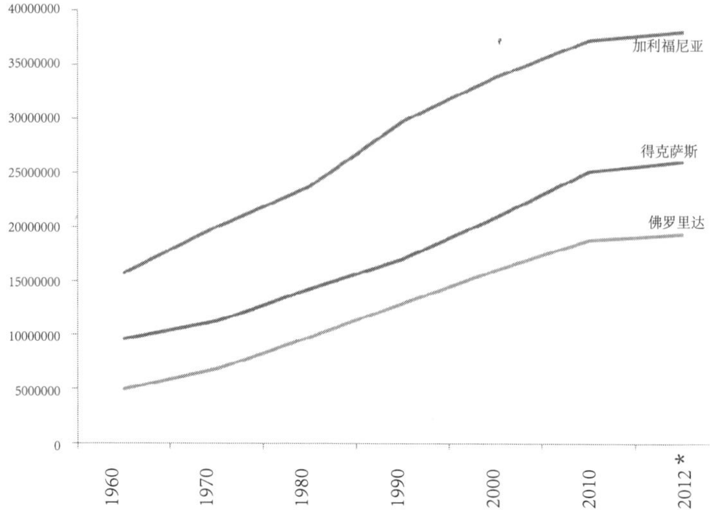

图11-1 美国三个州的人口增长

灾害次数增加的同时，保险和再保险损害也随着人口增长和财产价值增加而不断上升（见图 11-2）。

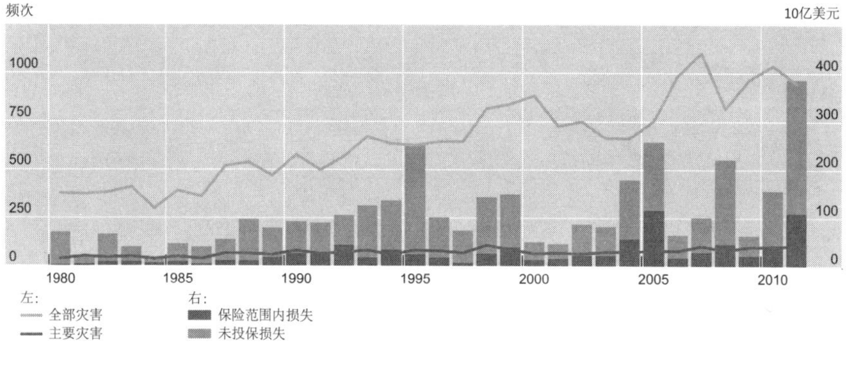

图11-2 自然灾害：频次和损失

资料来源：Sebastian von Dahlen and Goetz von Peter："Natural Catastrophes and Global Reinsurance–Exploring the Linkages"，*BIS Quarterly Review* (December 2012)，Data: Artemis, Guy Carpenter。

虽然自 1980 年以来，北美所遭受的保险损失占了全球大部分，但是亚洲和南美的保险损失也在不断增长（见图 11-3）。

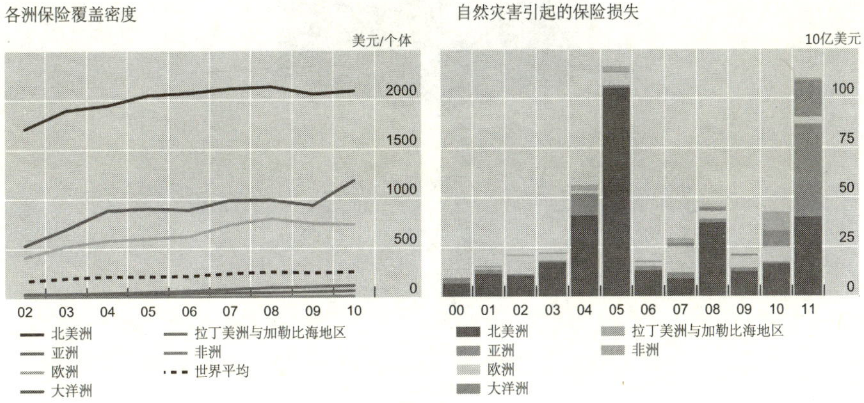

图11–3　保险覆盖密度与巨灾损失

注：保险覆盖密度是用来衡量保险风险的工具。
资料来源：同上。

接下来将讨论的概念和产品是一种转移风险的途径，主要包括保险、再保险、巨灾债券等。这部分将讨论风险是如何转移的（主要的风险转移行为发生在首次承保人转移给再保险人之间），再保险人之间的风险转移（retrocession），以及机构（如那些开始承担这些风险的对冲基金和其他金融机构）的角色。虽然我们主要关注保险和再保险公司，但许多损失是发生在未保险人身上的（见图 11–4）。2011 年，公共和私人领域共花费 4.596 万亿美元在一些保护保险损失的类型上。其中仅有 2150 亿美元是由首次保险公司投入到再保险的。约 1650 亿美元的再保险资金来自财产险和意外险，后者覆盖范围为 650 亿美元的应对巨额风险和 180 亿美元的具体巨灾合同。

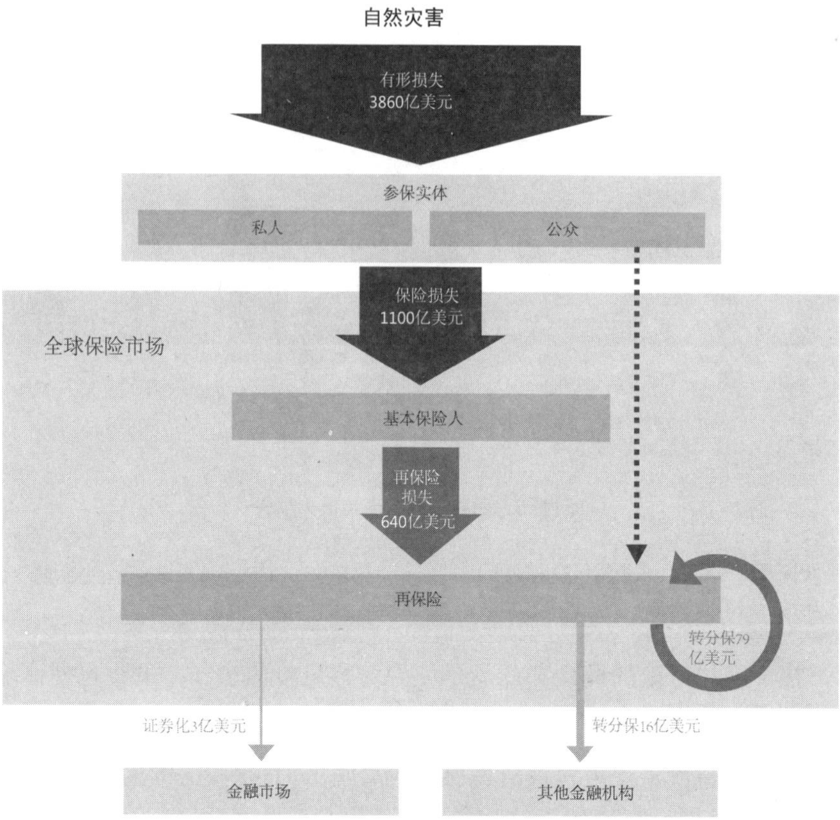

图11-4　2011年的巨灾风险转移

注：The size of the arrows is proportional to the volume of losses caused by natural catastrophes in 2011. Reinsured losses are estimated from the average reinsurance share of insured peak losses for major natural catastrophes (106$ 0.6 billion = 64$ billion). In line with this estimate, seven of the 10 largest reinsurance companies, accounting for about %40 of the market, declared a combined 26.4$ billion in catastrophe-related losses in their 2011 annual reports. Losses transferred via retrocession are estimated by apportioning insured losses in proportion to the premium payments the ultimate bearers received in 2011. The loss-sharing with financial markets comes from a triggered catastrophe bond.

资料来源：同上。

再保险人之后再向其他再保险人（retrocession）和对冲基金投保了250亿美元的保险。如图11-4中所示，巨灾债券的资产证券化仍只占整个市场的一小部分。

解决额外资本的需求问题

再保险市场和以百慕大为中心的市场

再保险市场

再保险行业的首要功能是减缓给初次保险公司承保的巨灾风险所带来损失的风险。再保险人是基于自然灾害事件的偶发性和非联系性，通过购买广泛的资产组合和跨地域的风险类型资产来减缓风险的损害。由于保费的收取时间跨度较长，而保险索赔往往是在短时间内发生，再保险人往往将时间划分为多元化、分段化的形式。保费的累积并非立即用于保险的索赔中，而是将其投资到资产中，用于未来可能发生的保险索赔。虽然这种方式增加了再保险的回报，但是也同时增加了它们暴露在市场当中的风险。如图 11–5 所示，2008 年的金融危机导致了全球保险公司股价下跌 59%。较之 2005 年和 2011 年，这两年再保险人遭受了破纪录的巨灾损失，再保险人最大的风险并非来源于已经写于其政策上的东西。①

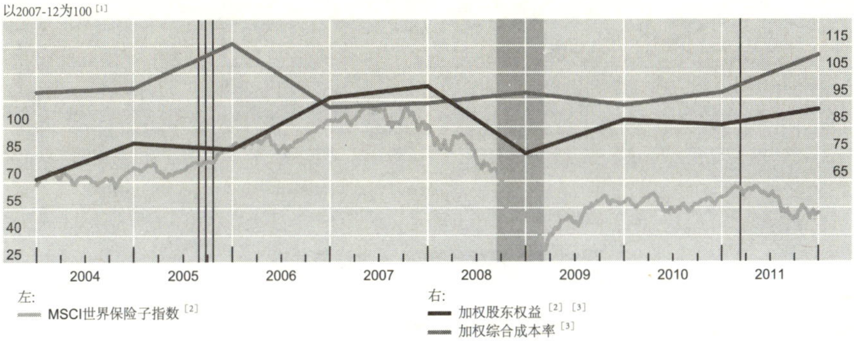

图11–5　再保险业财务指标

注：[1] The vertical lines indicate the dates of Hurricanes Katrina (29 August 2005),Rita (24 September 2005), and Wilma (22 October 2005), and the Great East Japan earthquake and tsunami (11 March 2011). The shaded area represents the period between the Lehman Brothers bankruptcy (15 September 2008) and the equity market trough (9 March 2009).

[2] The MSCI insurance sub-index and shareholder equity are rebased; 31 December 2007 = 100. The

① Munich RE NatCatSERVICE (Download Center for Statistics on Natural Catastrophes), www.munichre.com/en/reinsurance/business/non-life/natcatservice/index.html.

combined ratio weighted is in percent.

[3] Ten largest companies, excluding Berkshire Hathway and Reinsurance Group of America, weighted by their yearly respective market share in gross premium income. The combined ratio expresses losses plus expenses as a share premium income.

资料来源：同上。

台风海燕（Typhoon Haiyan）是百年一遇的事件？

奇怪的是，再保险公司失败的案例是相当有限的（见图11-6）。2013年11月，台风海燕袭击了像纽约和伦敦这样的主要城市，使得许多再保险公司陷于危难中。台风海燕为有史以来最大的5级超强台风，席卷了东南亚地区，造成5000人死亡，对菲律宾、中国（包括台湾岛）、越南和其他附近的一些国家及地区造成了巨大的损失。据估计12%的与自然灾害相关的风险由再保险行业转移到了其他再保险人手中，这意味着大部分的风险仍旧停留在本行业中，而非通过行业外的其他金融工具得到了减缓。

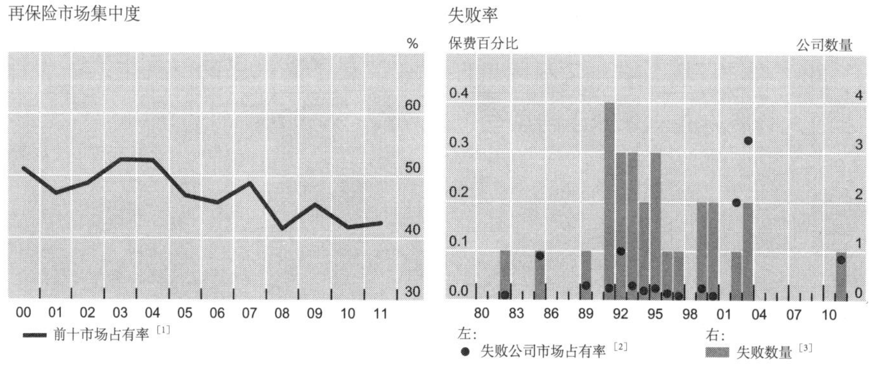

图11-6　再保险市场集中度与失败

注：[1] Market share of the 10 largest reinsurance companies, measured as a share of gross premiums written by reinsurance companies worldwide in the non-life (property and casualty) business.

[2] In relation to total market size as measured by gross premiums written (premiums ceded by insurers to reinsurance companies).

[3] Number of failures of reinsurance companies worldwide, per calendar year.

资料来源：同上。

百慕大市场中心的建立

百慕大是全球一半以上主要再保险公司的基地，被认为是全球保险中心和保险业的领导者。截至2012年，百慕大是1400家保险公司的基地，总资产达 4420 亿美元。[1] 这主要是由于百慕大优惠的税收政策——没有对公司利润课税——同时它也具备了较为稳定的政治、经济环境。

再保险能让保险公司分散风险，提供融资，增加保险公司能够保险的领域。首次承保人将发生在他们身上的部分风险通过背书（writing homeowners）或自动政策（auto policies）转移给了另外的保险承保人或再保险人。再保险人有时通过转移这些风险给其他的再保险人以分散风险。

在 20 世纪 60 年代早期，"圈养"保险公司——由大公司控制的对雇主利益进行承保的公司——开始在百慕大建立起来。随着这些公司数量的增加，百慕大开始建立基础设施以允许保险行业增长。1978 年，《保险法》（The Insurance Act of 1978）通过，一个由保险公司集团组成的对百慕大政府就保险行业政策建言献策的保险咨询委员会（Insurance Advisory Committee）也成立了。

随着飓风雨果和安德鲁从平静岁月唤醒了保险和再保险行业，新的公司不断设立以应对额外资本的需要。保险行业的重组导致了 1992 年创立于百慕大的 Mid Ocean Reinsurance 公司的发展。在这之前，没有任何再保险公司是专门从事巨灾财产再保险的。即使额外的资本通过新的再保险公司被注入该领域中，但保险行业需要转向非传统的融资方式以吸引额外的风险资本。巨灾债券就是这一类型的资源。随着这些新的融资方式的介入，以巨灾基金形式表现的投资者也会出现。

百慕大股票交易所

百慕大股票交易所（Bermuda Stock Exchange，BSX）是世界上最大的全电子离岸交易所，为国际和国内股份、债务、存托凭证、保险资产证券化和衍生权证提供清单和交易机会。截至 2013 年 5 月，百慕大股交所已实现了超过 70.6 亿美元的交易量，主要是与保险相关的交易产品，包括巨灾债

① ILS Flock to the BSX，Bermuda Re/insurance (Spring 2012)，http://www.bermudareinsurancemagazine.com/article/ils-flock-to-the-bsx.

券和再保险相关投资基金。①

巨灾债券

巨灾债券（CAT 债券），是一种固定收益投资工具，其息票的支付或本金的偿还或两者同时的支付是与具体的巨灾事件联系起来的。巨灾债券已经成为主要的将被保险的巨灾事件的风险转移到资本市场的方式（见图 11–7）。

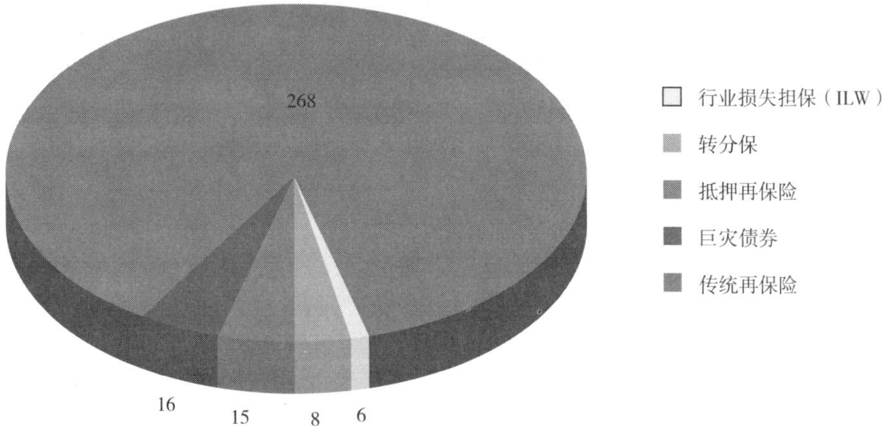

图11–7 全球财产巨灾再保险来源分类与规模（单位：10亿美元）

资料来源：Guy Carpenter：“Capital Stewardship: Charting the Course to Profitable Growth”，Marsh & McLennan Companies (September 2013)，http://www.guycarp.com/content/dam/guycarp/en/documents/dynamic–content/Mid–Year–Market–Overview–Sept2013–.pdf。

承保人主要是保险和再保险公司、企业和政府机构，而投资者主要就是大型机构投资者、对冲基金、养老基金、债券基金及保险和再保险公司。

巨灾债券、行业损失担保、Sidecars②、抵押再保险③等往往被认为是一种替代性的能力（Alternative Capacity）。在这些工具当中，巨灾债券是规模最大的，其增长也很稳定（见图 11–8），据券商 Aon 估计，到 2018 年巨灾债券规模将达到 1000 亿美元。

① ARTEMIS：“Over $7 Billion ILS and CAT Bonds Listed on Bermuda Stock Exchangefor First Time”，www.artemis.com (May 2013)，http://www.artemis.bm/blog/2013/05/21/over–7–billion–ils–and–cat–bonds–listed–on–bermuda–stock–exchange–forfirst–time/.

② Sidecars 允许投资者通过购买承保方订立的保险政策的一部分和保险公司一起分担利润或损失。

③ 抵押再保险（collateralized reinsurance）是私下结构化的允许投资者关联到传统再保险市场的保障。

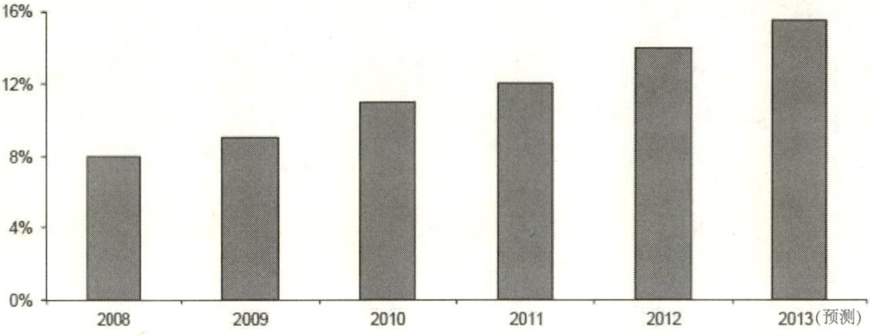

图11-8　全球财产巨灾再保险额的百分比增长

替代性工具的选择机会已经增加，同时也已经进入到市场中。图 11-9 提供了替代性工具进入和发展的时间轴。巨灾债券并非是发展的全部，却是主要的驱动力。

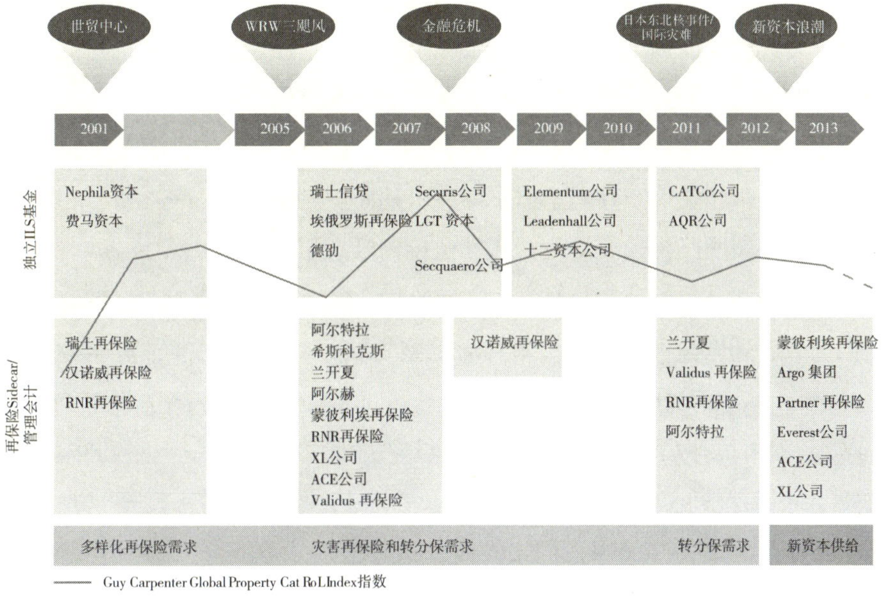

图11-9　替代性工具发展，2001—2013年

资料来源：Carpenter (2013), op. cit。

巨灾债券源于 20 世纪 90 年代，是为了应对美国几次飓风所造成的大规模经济影响。这种债券由评级机构评级和由投资银行销售，非常类似于传统的债券的模式。巨灾债券是作为特殊目的的载体（Special Purpose Vehicles，SPV）的一种，通常其指定支付地点在百慕大或开曼群岛。SPV与投保人（sponsor）存在一个再保险的协议。投资者通过一级发行购买债券。销售债券所得的收入将存入信托账户中。投保人（sponsor）同时也会将保费支出存入信托账户。债券销售的利润和投保人的保费总是会被投入到库券货币市场账户当中去。每季度，投资者将能够获得资金投入的利润和保险息票所产生的利息。如果一旦发生巨灾债券募集说明书当中描述的事件，SPV就会将其所有的信托账户当中的抵押品转移给投保人。

由于资本市场具有较大的能力来吸收风险，巨灾债券已经成为对保险公司非常有用的工具，其他的机构有针对巨灾风险的投资组合，诸如再保险等，但是巨灾债券较之它们多元化了保险公司的资本金用途。另外，由于信用危机，资本市场参与者和机构资本已经将巨灾债券视为一种多元化的资产分类，即其盈利或损失并非直接与金融市场挂钩。在投资组合中的这些工具所具有的多元化利益已经得到了许多重要的研究成果的支持。例如，2009年，康明斯（Cummins）和维斯（Weiss）测试了巨灾债券与其他债券工具和指数的投资表现相关性。针对全球金融危机期间（2002年1月—2007年6月）的测试结果表明巨灾债券的收益和其他投资没有相关性（见图11-9）。

巨灾债券有时被认为是具有内在风险的，因为其两极性（binary nature）。它们的收益通常是要么与损失填补启赔型（indemnity trigger）或者指数启赔型（index trigger）挂钩，要么与参数启赔型（parametric trigger）相连（见下一节）。损失填补启赔型是属于在预先设定的地域范围内或行业领域内，事件发生之后保险公司真实发生的损失。例如，2013年1月1日至2014年1月1日，伊利诺伊州暴雪天带来的损失超过2000万美元。如果债券所承保的巨灾发生了，那么债券购买人将有可能损失其全部投资。虽然特定的灾害发生的可能性是极小的，但是下跌的幅度将会非常大。如果灾害没有发生，那么保险公司只需要支付给债券购买人预定费率的收益就行。

第一只巨灾债券在1995年发行。在1996—1997年间，市场发行了数只巨灾债券，这些债券均有来自美国和国外的赞助者和背书人参与，能够覆盖到的风险包括地震、风、冰雹、航空、海洋及其他，并且地域覆盖面积广泛。

巨灾债券的发行在这 15 年中稳定地增长着。但是如果就这些年的被保险损失规模来看，发行量还是相当小的。图 11–10 表明了过去时间中保险的增长，以及 10 年来的保险种类。

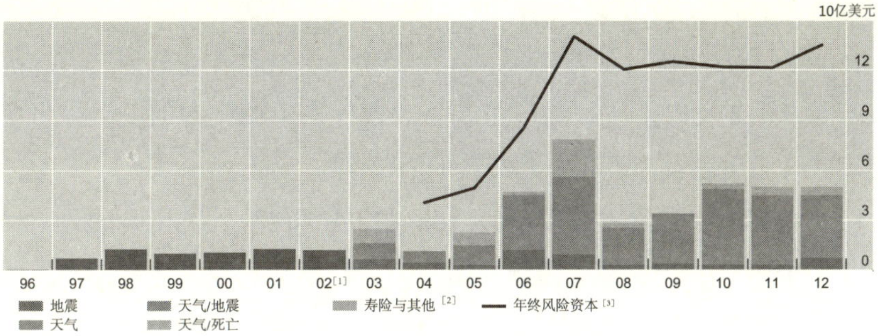

图11–10　巨灾债券发行的保险类型

注：[1] Data before 2003 are not broken down by type.

[2] Includes mortality, peril, life, and worldwide risks.

[3]Values for 2012 are partial-year. Source: Sebastian von Dahlen and Goetz von Peter："Natural Catastrophes and Global Reinsurance — Exploring the Linkages"，Data: Artemis, Guy Carpenter.

巨灾债券的优势在于能够复制传统再保险合同。这构成了保险公司偏爱于巨灾债券的原因。巨灾债券固有的灵活性保证了其能够满足购买者的特殊和具体的需要。另外，由于巨灾债券从一开始就可以完全抵押，不像大多数传统的再保险协议，购买者和投资者能够缓释对手方的信用风险。部分由于投资者需求的增加，巨灾债券开始流行，或者由于承保人支付给投资者要其承担风险，已经明显减少了背书的时间（the time of writing）。

行业损失担保、指数保险和掉期产品

行业损失担保

传统的保险或再保险政策是一些关于保护或赔偿的合约，而行业损失担保（Industry Loss Warranties，ILW）则是较前者有差异的合约。赔偿合约的支付是基于有形财产已经发生实际损失，如保险公司支付被保险人已发生的损失。另外，这些有差异的合约支付会基于一些事件，如资产在市场

中价格的变化。行业损失担保的一个例子是，当市场价格上升时，购买者是获利的，反之亦然。例如，一个再保险公司能够提供一项基于事件的政策。旧金山发生的里氏 7.0 级的地震就能够触发政策支付。这一支付将基于保险公司支付的保费。就旧金山的这个假设，再保险政策仅承保 20 万美元保费所覆盖的 1000 万美元的范围。

1000 万美元的支付是基于核查者已经确认了的，在业已划定地域范围内发生了 7.0 级及以上地震。保费就是对事件发生的概率加上多方当事人的信用风险溢出以及为了吸引购买者的溢价的综合函数。

行业损失担保是资本市场所假设的保险或再保险巨灾风险的另一种方式。其一个明显的特点是利用行业损失指数和参数指数作为支付发生的基础。[①] 行业损失指数大多数情形下是被用于美国财产索赔服务（Property Claims Service，PCS）。财产索赔服务行业损失评估行业代表的调查，如保险人和紧急情况经理人。其他常用的数据或指数一般是慕尼黑再保险公司（Munich Re NatCatSERVICE）、卡维尔飓风指数（Carvill Hurricane Index）、PERILS 公司（PERILS）、瑞士再保险西格玛（Swiss Re sigma）等。[②]

参数触发型较之行业损失触发型的区别在于前者基于巨灾事件的物理特征，如上述涉及的旧金山的例子。然而，由于参数触发型不是基于被保险损失，被保险人可能无法获得较为准确的因巨灾事件所造成损失的数量。[③] 值得注意的是，巨灾债券同样也会因行业损失和巨灾参数而触发。下面一部分将进一步讨论指数型保险。

如上所述，行业损失担保合同是典型的基于地理位置，事件种类（风暴、地震），难以置信的事件，经营种类，发生的时间等而构建的。通常行业损失担保的触发是基于被保险损失超过了在行业损失担保协议中预设的水平。被保险损失的触发是由于保险行业报告了在假定时间内特定或一系列巨灾事件的发生。行业损失担保的销售方，即再保险人，会获得来自购

---

① ILW也可以采用一种能够保护买家赔偿金的双重触发机制设计。

② “Industry Loss Warranties: The Basics”，de Burca PLLC (August 2011)，http://www.jdsupra.com/documents/9eae-29ba-0249-46d3-86b9-711cea275007.pdf.

③ “CAT Bonds Demystified: RMS Guide to the Asset Class”(2012)，https://support.rms.com/Publications/CAT_Bonds_Demystified.pdf.

买者的保费。这一保费的支付是基于购买者认识到一旦事件发生，他将获得约定的来自销售方的对损害的支付。经典的行业损失担保协议是一种双边再保险合约，但也有衍生品或交易所可交易工具的指数型产品等。

行业损失担保开始于 20 世纪 80 年代，并由于其相对的简单化产生了巨大的牵引力。行业损失担保的赔付是基于对所有保险人在巨灾中所暴露的风险的一种相关指数，它使得投资者更多关注指数的质量而不是对特定保险人的背书标准进行尽职调查。这就使得行业损失担保能够更容易标准化。这种标准化的缺点是工具的基差风险（basis risk）[①]。一般，行业损失担保不会与保险人潜在的损失有较好的关联性，在与巨灾债券的比较中往往不怎么理想。

针对行业损失担保虽没有关于定价和容量测算的集中式数据库，但一些再保险公司和研究者已经出版了一些评估。图 11–11 显示的是行业损失担保规模和保费的估算（即保费责任比 Rate on Line，ROL）。它表明行业损

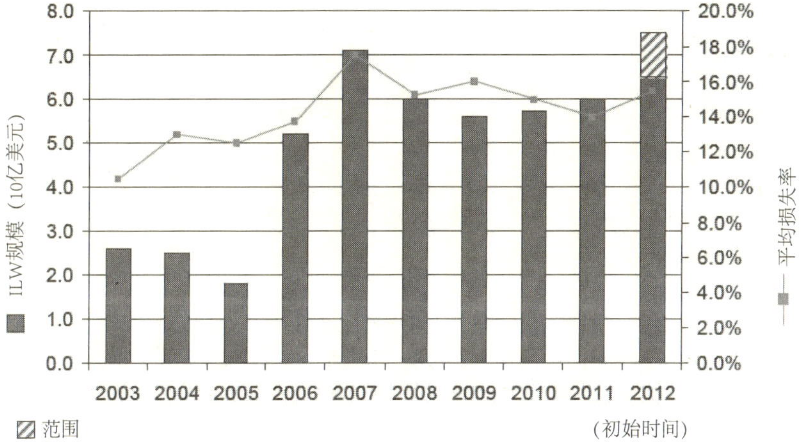

图11–11　行业损失担保（ILW）规模和保费的估算

资料来源：Willis Re。

① 美国商品期货交易委员会（CFTC）定义基差风险（basis risk）："Basis is the difference between the spot or cash price of a commodity and the price of the nearest futures contract for the same or a related commodity (typically calculated as cash minus futures). Basis is usually computed in relation to the futures contract next to expire and may reflect different time periods, product forms, grades, or locations. Basis risk refers to the risk associated with an unexpected widening or narrowing of the basis between the time a hedge position is established and the time it is lifted."

失担保市场在 2012 年达到了创纪录的高价和规模。

指数型保险（参数型保险）

如上所言，指数型保险（index insurance）产品是指那些利用天气、地理事件的指数来触发合约的支付或清算的产品。这些例子包括在预设具体的温度和降雨条件下对农产品损失的保护，在预设地震强度内对财产损失的保护。在每个案例中，指数型保险产品的保险赔付是基于指数，而非保险合约中个人的损失。这就意味着被保险人真实的损失可能不符合保险公司的实际赔付，因为指数仅仅是损失的替代物而非实际损失。这种指数损失和实际损失之间的差异就是基差风险。

指数型保险已经有 60 多年的历史，但是仅仅从 20 世纪 90 年代才开始实施起来。在近期，伦敦劳埃德保险公司（Lloyds of London）曾设立过所谓的吨位（tonners）海事保险，其基础是全球年航运损失的吨位。如果超过这个损失吨位基准，那么保险就需赔付。有趣的是，这一产品在 20 世纪 80 年代初期被禁了，原因是它似乎是一种将保费视为赌注的基于特殊事件能否发生的赌博。[①] 无论如何，指数型产品已经产生影响力。较之传统模式，指数型保险具有一些优势。首先，由于赔付的触发是基于如降雨量、风速等指数，而不是个人的实际损失，因此无需对农作物、财产等作基本的损失评估。这就使得保险公司能够以较低的成本管理指数保险产品。另外，由于保险是基于第三方核证的指数，这使得保险公司能够与再保险公司共同分担风险。通过向所有购买者提供每单位相同的赔付额和保费，指数型保险也能够解决道德风险和反向选择的问题。

除了优点，指数型保险由于也具有类似于传统保险模式的缺点，因此初期发展也较为缓慢。这些缺点包括基差风险、指数可信度，以及需要对新保险产品规模的投入和对新产品运作模式的教育投入。在一些例子中，指数型保险也具有更大的数据密集性。当与降雨、风、地震或其他风险的数据稀少时，指数型保险是很难实现的。指数型保险也需要在金融资源和

---

① Peter Green："'Tonner' Policies"，Lloyd's (June 1981)，http://www.lloyds.com/~/media/Files/The%20Market/Communications/Market%20Bulletins/Market%20bulletins%20pre%2005%202010/1990_1999/2192.pdf.

专门技术上进一步发展。为了开发一个产品，保险公司必须首先进行研发，在当地进行能力建设，提高意识，推广市场，另外要提供对数据的访问。①

虽然指数型保险产品的首次实践并非如一般的人所期望的那么快，但最近几年它的发展却是迅速的。指数型保险主要在减灾和发展目的两个领域上显示出了承诺。就减灾而言，指数型保险能够以更快速、更成本效益来回应灾害，保护人们预防灾害损失，通过救助来拯救他们的生命。就发展目的而言，指数型保险能够保护因气候或地理风险引起的对小型农场主和商人的收入波动的影响。表 11–2 回顾了以减灾或发展为目的的指数型保险在宏观、中观和微观当事人的应用。它是源自墨西哥的指数型保险产品的真实案例。

表11–2　针对减灾和发展的指数型保险以及不同的受益人

	减灾的指数型保险	发展的指数型保险
宏观		
政府	政府保护自身免受震荡：及时的流动性或第一笔减灾支出	政府再保险的保险人
减灾机构	通过基于指数的风险转移合约资助自身的运行，或者利用指数触发的或有保证来提供金融支持	
中观		
金融服务提供者	政府可以利用银行、金融服务提供者、投入品供应商、农民协作组织和非政府组织来分配对巨灾保险的保证	金融服务提供者购买与信用挂钩的投资组合保险或集团保险以销售给农民
农民协作组织		农民协作组织购买与信用挂钩的集团保险以销售给农民
投入品供应商		投入品供应商购买与投入品购买挂钩的集团保险以销售给农民
非政府组织		非政府组织购买集团保险以销售给农民
微观		
农民	农民得到准确的、可赎回的、可预测的、明确定义的保险范围，并且大部分保费由政府支付	农民购买保险作为一个整体包裹的一部分（如信用、其他金融服务、技术、农业信息）

资料来源：同上。

① International Fund for Agricultural Development and World Food Programme："The Potential for Scale and Sustainability inWeather Index Insurance for Agriculture and Rural Livelihoods" (March 2010), http://www.ifad.org/ruralfinance/pub/weather.pdf.

案例研究：墨西哥农业保险股份有限公司（Agroasemex）[①]

2002 年，墨西哥试点了一款基于气候指数的针对农场主的巨灾风险的保险产品。在这一项目之前，贫穷的农场主缺乏对农业保险的了解，之后在自然灾害下将能够减少灾害的损失。这一减灾项目来自于农业部的气候相关应急计划（Programa de Atencion a Contingencias Climatologicas，PACC）。农民传统上缺乏风险管理工具来应对灾害对农作物轮种和多样化种植的影响，只能通过向亲朋好友借钱来应对灾害。

PACC 计划由墨西哥州政府和联邦政府税收支持，被认为是金融不可持续性的。指数型保险计划的引进是一项推动向农民使用和发放资助的尝试。首次试点在位于瓜纳华托州（Guanajuato）的 7.5 万公顷玉米和高粱地上展开。该产品主要是基于降雨量指数，用来保护农民对抗干旱。墨西哥农业保险股份有限公司（Agroasemex）作为一家国有的农村保险和再保险公司，将运作该项目。2003 年，第二次试点的面积为 10.76 万公顷的玉米和高粱地，其数据由该区域的 6 个气象站收集。第二次试点的保费为 33.8 万美元，总保额达 350 万美元。

在接下来的几年当中，PACC 项目继续扩张。Agroasemex 将覆盖面扩展到大豆和大麦，也将普埃布拉州（Puebla）囊括其中。到 2008 年，即首次试点的 6 年后，该项目已经从 7.5 万公顷扩展到 190 万公顷的土地上，涉及 80 万低收入农民，保费为 2200 万美元，总保额达 1.325 亿美元（见表 11-3）。

表11-3　墨西哥指数保险的发展，2003—2008年

一年生作物	2003	2004	2005	2006	2007	2008
保险条款（美元计价）						
保险费率	10%	12%	15%	12%	13%	16%
总保额	32.8	68.2	51.8	56.1	54.3	70.2
投资组合						

① International Fund for Agricultural Development and World Food Programme："The Potential for Scale and Sustainability inWeather Index Insurance for Agriculture and Rural Livelihoods" (March 2010)，http://www.ifad.org/ruralfinance/pub/weather.pdf.

续表

一年生作物	2003	2004	2005	2006	2007	2008
总保险合约数	12	40	259	393	295	407
总覆盖农民数	47000	108000	478000	600000	650000	800000
总表面积	108000	248000	1160000	1418000	1519000	1903000
气象站	6	25	185	196	170	251
总体保费	338000	2082000	9142000	9367000	10497000	21779000
总的净保费收入	338700	1630000	5602000	7026000	4380000	13104000
总保额	3532000	16942000	60115000	79577000	82522000	132562000
再保险						
再保险的保费	–	451000	3540000	2341000	6118000	8676000
总的比例式分保（总的被保数）	–	4210000	23280000	19886000	47857000	52805000
表现状况						
索赔（支付）	–	–	9553000	1957000	3675000	7653000
损失率（索赔或毛保费）	0%	0%	104%	21%	35%	35%
机构成本	46000	220000	781000	1035000	1035000	1723000

资料来源：AGROASEMEX；International Fund for Agricultural Development and World Food Programme（2010），op. cit。

对于许多发展中国家的指数型保险产品，穷人对其的需求量是非常小的。产品经常得到来自政府、多边机构或非政府组织的补贴。墨西哥的案例中，保险产品是销售给联邦和州政府的，后者决定了前者的政策覆盖面。他们主要关注小型、低收入农村地区农民，这些人往往受到干旱和超大雨量的影响。那些拥有大量贫困农民的市县将获得保费的 90% 的补贴，那些介于低收入和中等收入的贫困农民将收到 70% 的补贴。

对农民的支付是由预定的干旱或超过雨量的条件触发的（见表 11-4）。赔付的多少取决于农作物的种类，对一年或多年生的农作物最高赔付可达 410 美元，而高价值农作物的最高赔付可达 2275 美元（见表 11-5）。

表11-4 全国干旱和超量降雨的最小和最大触发值，2008年

<table>
<tr><th></th><th>播种期</th><th>花期</th><th>收获期</th></tr>
<tr><td>干旱触发值（降雨量毫米）</td><td colspan="3"></td></tr>
<tr><td>玉米</td><td>29 ~ 66</td><td>49 ~ 239</td><td>26 ~ 180</td></tr>
<tr><td>大豆</td><td>26 ~ 58</td><td>45 ~ 107</td><td>24 ~ 128</td></tr>
<tr><td>大麦</td><td>35</td><td>97 ~ 140</td><td>39 ~ 52</td></tr>
<tr><td>高粱</td><td>36 ~ 37</td><td>54 ~ 97</td><td>29 ~ 34</td></tr>
<tr><td>超量降雨触发值（毫米）</td><td colspan="3"></td></tr>
<tr><td>玉米</td><td>N/a</td><td>280 ~ 1514</td><td>189 ~ 1095</td></tr>
<tr><td>高粱</td><td>N/a</td><td>351 ~ 924</td><td>272 ~ 738</td></tr>
</table>

注：当降雨量在这些值域以外时将触发支出。
资料来源：同上。

表11-5 PACC给予农民的支持

<table>
<tr><th>农作物种类/农民类型</th><th>支持的数量</th><th>受支持的面积</th></tr>
<tr><td>一年植物：少于20公顷的农民</td><td>82美元/公顷</td><td>每个生产者至多5公顷</td></tr>
<tr><td>多年生植物：少于5公顷的农民</td><td rowspan="2">455美元/公顷</td><td rowspan="2"></td></tr>
<tr><td>水果、咖啡、仙人掌：少于5公顷的农民</td></tr>
</table>

资料来源：PACC operational guidelines。

掉期互换产品

另一种能将巨灾风险传递到资本市场的方式是掉期产品。广泛地讲，掉期产品是现金流的交换。掉期产品允许保险公司增加投资者回报的财产组合的风险暴露，同时投资者增加了因保险公司所得保费带来收益的风险暴露。每个参与方都会周期性支付给其他方资金。保险公司的支付是基于投资者债券的资产组合，同时投资者的支付是基于被行业损失指数所预测的巨灾损失。两个保险公司亦可达成掉期产品交易。例如，瑞士再保险公司能将部分的北大西洋飓风和欧洲风暴风险与日本三井住友商事保险公司的日本台风风险进行交易。[①] 这些对于两个公司来说都是高风险事件，通过掉期互换，两个公司都能够分散它们的风险。

① J. David Cummins: "CAT Bonds and Other Risk-Linked Securities: State of the Market and Recent Developments" (19 November 2007).

气候衍生品

接下来的讨论将从那些能够在场外的金融工具转移到能够在透明的、受监管的交易所交易的产品。

巨灾保险期货和期权

第一只巨灾保险期货合约由芝加哥商品交易所（Chicago Board of Trade，CBOT）于 1992 年发行。这些期货是基于对 25 家财产和人身保险公司的损失追踪指数。这些保险公司会每季度报告一次它们的损失数据给美国保险服务公司（Insurance Services Office, Inc.），后者主要从事提供财产和人身保险风险数据的工作。由于第一只期货合约主要是用于缓释价格和利率风险，因此巨灾期货被认为在现阶段太新奇，没法符合保险公司的兴趣。芝加哥商品交易所最终将该期货转换为更为简单的现金期权，后者的优势是更像一个保险合约。在该期权鼎盛时期，巨灾期权有 2 万个开放利率的合约。然而，该期权几经起伏最终还是于 1999 年下架了。从那时开始，其他交易所，包括保险期货交易所（Insurance Futures Exchange，IFEX）、芝加哥商业交易所（Chicago Mercantile Exchange）和欧洲期货交易所（EUREX），引入了各种巨灾衍生品。然而，没有一款产品得到了巨大的市场影响力，这主要是由于基差风险，缺乏连续信息流来支持交易，缺乏教育和市场拓展的努力。

气候衍生品为对冲自然灾害或日常天气（如不稳定的降雨雪天气）带来的风险提供了另一种方式。根据美国商务部的数据，美国经济的增长与天气条件联系密切。因此，这些工具都是极其重要的。

气候衍生品始于 20 世纪 90 年代中期，而这段时期正是美国能源和公共设施公司开始逐步开放的时期。竞争的增加刺激了这些公司对冲风险暴露来稳定它们的收益。由于天气条件对能源需求的影响明显，这些公司开始在场外市场进行气候交易。但是直到 1999 年，芝加哥商业交易所才将美国 10 个城市的气温指数期货和期权列入可交易品类。[1] 1998 年，气候衍生

---

① Melanie Cao, Anlong Li and Jason Zhanshun Wei："Weather Derivatives: A New Class of Financial Instruments"，Joseph L. Rotman School of Management University of Toronto (January 2004)，http://www.yorku.ca/mcao/cao wei weather CIR.pdf.

品市场的估值在5亿美元左右。[1] 2011年，该市场已经发展到120亿美元的规模。[2] 接下来将描述一些较为普遍的气候衍生品以及它们的实践应用。

供暖日和降温日

供暖日（heating degree day，HDD）测试的是加热一栋建筑物所需要的能量。具体而言，供暖日是温度的数值，它表示当天的平均气温低于65华氏度时，此时建筑物需要供暖。降温日（cooling degree day，CDD）正好相反，是用来测试当天平均气温高于65华氏度，人们开始使用空调来降温时的温度数值。假设过去几年温度的波动不断变强（气候变化的影响），交易所就会创造这些产品用来对冲这些风险。

芝加哥商业交易所有两款该类产品，美国季节性天气供暖日（The U.S. Seasonal Strip Weather Heating Degree Day）和美国季节性天气降温日（The U.S. Seasonal Strip Weather cooling Degree Day）期货和期权。两种产品期货的价格取决于芝加哥商业交易所温度指数（CME Degree Days Index），该指数跟踪两款产品在一个月内的温度值。它们的结算价格由两款产品一个月的总价值乘以20美元所得。这些工具能够帮助那些具有气候风险的机构，如个人公司和公共设施，在温度波动时更好地管理风险暴露。

其他气候衍生品

虽然公共设施是主要的供暖日和降温日产品的最终消费者，但是也有许多其他与天气紧密相连的商业客户，包括保险、农业甚至滑雪场等。农业相关的天气风险包括降雨量、飓风、风和冰雹，而滑雪场则可能涉及雪少的情况。虽然针对这些风险的天气衍生工具已经存在，但是它们并不是所有的都作为标准化的合约（如供暖日和降温日合约）在交易所开展交易，有些是在场外进行。

天气相关的投资指数

近几年，银行已经引入了大量的产品，这些产品鼓励广大投资者对气

---

① According to a 2000 paper for the Wharton Financial Institutions Center co-authored by Francis X. Diebold, Center Co-Director.

② PricewaterhouseCoopers："Resilience: Winning with risk. A Journal of Strategy and Risk"(2013)，http://www.pwc.com/enGX/gx/governance-risk-complianceconsulting-services/resilience/issue3/assets/pwc-harnessing-financial-innovation.pdf.

候变化的影响（即二氧化碳排放和全球变暖的影响）进行交易。2007 年，瑞银集团发布全球变暖指数，之后它又发布了全球首个跟踪温室效应的综合交易投资标准。该标准包括天气资产类别（如 CME 的供暖日和降温日期货）、排放资产类别（如分别在 IE 和 Nordpool 交易的 EUA、CER 期货），同时允许市场参与者可以就温室气体排放和温室效应对天气的影响增加风险敞口。碳排放信用价格和全球温度的上升会使得指数水平的上升。零售商和机构投资者能够买空或卖空瑞银的温室气体指数，就像买卖道琼斯股指一样。[①]

气候基金

目前有一些特殊的天气基金投资于衍生品市场。一个例子就是 Cumulus Energy 基金（Cumulus Energy Fund）。通过关注对能源交易有重大影响的具体天气事件，如气温、降雪、降雨和风，这只对冲基金能为投资者提供更多在寻常基金中无法提供的天气风险的敞口。[②] 另一例子是 Nimbus 基金（Nimbus fund），它是一家注册于百慕大的由 Nephila 资本负责运营的资产在 25 亿美元以上的基金，[③] 专门投资于巨灾风险保险相关的天气衍生品。

结论

2011 年，美国评估认为自然灾害对世界造成的损害可以达到破纪录的 3800 亿美元。根据一份瑞士再保险公司的报告，2010 年，自然或其他灾害的经济损失保守估计在 1400 亿美元。仅桑迪飓风就造成了 300 亿到 500 亿美元的损失，它是美国造成损害第二多的飓风（第一是卡特里娜飓风 Hurricane Katrina，1250 亿美元）。2011 年，投保人与美国保险和再保险公

① “UBS Investment Bank Launches UBS Greenhouse Index”，Media Releases EMEA，(10 January 2008)，http://www.ubs.com/global/en/about ubs/media/global/releases/news display media global.html/en/2008/01/10/ubs investment banklaunches ubs greenhouse index.html.

② ARTEMIS：“Cumulus Weather & Energy Funds Transferred to City Financial Energy Fund Profits in 2012”，www.artemis.bm (January 2013)，http://www.artemis.bm/blog/2013/01/11/cumulus-weather-energy-funds-transferred-to-city-financialenergy-fund-profits=in-2012/.

③ Nephilia资本，http://www.nephila.com/。

司的合约投保费总价值达 5503 亿美元和 1080 亿美元，对应的，保险覆盖的财产和人身风险价值达 15.6 万亿美元。单独的一个巨灾事件就能够打击一个主要的财富中心，如加州、佛州、德州和纽约，可以清空整个美国保险和再保险资本市场。假使卡特里娜飓风给新奥尔良造成了更直接的打击，那么结果将是不可想象的。很明显，对天气相关和保险相关的资产证券化将有大量的机会使得这些风险转移到更广阔的资本市场当中去。

讨论到目前为止的大多数趋势可以被总结为近几年可持续投资的增长。公司和投资者必须密切注意诸如空气、水和食物是如何影响股票市场的表现的。接下来将提供一个这些在可持续领域中的趋势和发展的评估，因为这与资本市场，特别是股票市场密切相关。

第 12 章　可持续发展和相关的资产类别

前几章的重点是排放市场、排放权，以及其他环境衍生产品的资产类别。然后，我们讨论了这些资产类别相关的投资机会。我们采取了环境金融的自下而上的视角。本章的重点是，所谓“可持续”（sustainable）投资组合的自上而下的视角。

在美国经常被提及的可持续发展投资（Sustainability investing，SI）或社会责任投资（socially responsible investing，SRI），代表旨在考虑环境和社会因素以及经济回报的任何投资策略。作为一种投资理念，可持续发展导致了投资组合的资产类别的发展（通常是股票和债券），它们与这一理念相一致。我们特别专注于反映环境标准的投资组合。我们不提供详尽的观点，而是对这个重要的和不断增长的投资策略进行了概述。

自 1996 年以来，SI 旗下管理的资产仅在美国就已经从 1660 亿美元增长到超过 3 万亿美元（19%的年复利增长率）。[①] 外部性，特别是环境外部性，正在逐步体现在股权投资中。这一趋势被强调可持续性的管理和提高企业环境信息披露透明度所补充。未开发的“社会股票交易”，它们连接着社会项目、企业与投资者，现在有可能演变为可持续投资的金融资产类别的市场。此外，俗称“影响投资”的投资品种正在逐渐产生，它将投资回报与实际的社会的和环境的绩效标准相结合起来。投资者必须学会驾驭这种新的投资环境，并做出相应的调整。

---

① U.S. SIF：“2012 Report on Sustainable and Responsible Investing Trends in the United States”(2012)，http://www.ussif.org/trends.

可持续发展投资的概述

20世纪90年代中期以前，在投资决策中的环境和社会标准的使用几乎涵盖了全部的SRI屏幕。这些屏幕会识别投资者选择不投资的领域中——即从事投资者认为有社会危害性的活动的公司或行业。通过建立派克斯世界基金（Pax World Fund）道德性投资在越南战争期间普及，作为第一个社会筛选的共同基金。它为那些反对武器生产者提供了另一个投资选项。这个活动通过70年代的沙利文原则（Sullivan Principles）变得全球化，它很好地支持了国际合作，因而结束了南非的种族隔离制度。①

随着SI的演变，它不仅开始使用价值驱动的负的筛选，同时也在鼓励对于环境有益的企业实践并在社会负责的框架下最大限度地提高财务回报上作出了积极的投资选择。在早期和现代SI形式之间的另一个显著发展是股东积极的增长。在2000年，学者和投资者开始越来越重视良好的公司治理在公司的风险和回报概况中的重要性，趋势部分由2002年的《萨班斯 - 奥克斯利法案》（Sarbanes - Oxley Act）所驱动。

随着SI的演变，分析师对环境和社会标准的基础上的筛选公司的能力也同时改变了。早期从业者操作主要是小摊位操作员，但今天的许多大的机构投资者使用可持续发展的原则。

正如公司正在采取可持续的商业惯例，以增加它们的“三重底线”一样（或称作是对股东、其他利益相关者的人和自然环境正面的影响），投资者在他们的投资分析中为推动更大程度的一体化可持续发展的原则而努力。②他们的目标是为了增加财务回报，而不是牺牲经济回报以追求其他目标。其结果是在主流的投资市场颁布了许多环境、社会和治理（environmental, social, and governance，ESG）措施。③

---

① 沙利文原则是由美国黑人牧师列昂·沙利文（Rev. Leon Sullivan）所创立的。后来在美国的公司流行开来。新的全球沙利文原则是在1999年由沙利文和联合国秘书长科菲安南所创立的。他们主张在所有涉及人权和社会正义的企业社会责任的无国界扩张。

② “三重底线”最早是在1994年由名叫SustainAbility的英国咨询公司的创始人约翰·埃尔金顿（John Elkington）所创造。他认为，企业应该准备三条底线：利润、人（衡量公司的社会责任）和地球（衡量它是否环保）。

③ ESG表示用于测量在一个公司或企业投资的可持续性和道德影响的三个主要因素。在这三个领域是强调股权、房地产、公司和所有类型的固定收益投资的价值的越来越多的涵盖非商业因素广泛的关注集合。ESG是在SRI使用标准中的包罗万象的术语。

具体来说，有先见之明的投资者已经开始将气候变化和其他环境风险纳入投资分析，以最大限度地提高资金收益，降低财务风险。气候变化是在当今全球可持续发展中最重要的议题。气候变化的物理风险——飓风、地震、海平面上升，或是耕地数量和区位的变化——以及政治和监管的变化使得投资者把气候变化纳入其投资策略变得至关重要。

风险不是 SI 的唯一原因。等待着投资者的令人振奋的新机会例如可持续性变得越来越重要。特别是，可持续发展正在成为现有企业和初创企业之间的创新的主要驱动力。丰富的投资机会在创新的蓬勃发展中，如清洁技术行业的产业变得可能。

SI 市场的规模和主要驱动

在 2012 年，美国 SIF 基金会确定的价值 37400 亿美元的资产是在 ESG 的指导方针或者由股东决议根据 ESG 在公开交易公司的准则归档或者合作归档的投资者所管理。[①] 美国 SIF 基金会开始测算美国可持续投资市场在 1995 年的规模。到 2012 年，这个领域的资产增加了 486%。表 12-1 显示了在此期间的生长。

表12-1　美国1995—2012年可持续和责任的投资额度（亿美元）

	1995	1997	1999	2001	2003	2005	2007	2010	2012
ESG	166	533	1502	2018	2157	1704	2123	2554	3314
股东决议	473	736	922	897	448	703	739	1497	1536
重叠的资产	—	-84	-265	-592	-441	-117	-151	-981	-1106
总和	639	1185	2159	2323	2164	2290	2711	3069	3744

注："重叠的资产"中掺入了一些ESG组合（包括社区投资）和股东主张相减，以避免潜在的重复计算。重叠的策略分离的跟踪开始只有在1997年，所以在1995年没有可用的数据。2010年之前，受ESG公司约束的资产仅限于社会和环境筛选的资产。

资料来源：U.S. SIF Foundation。

① U.S. SIF — formerly the Social Investment Forum — is the U.S. membership association for professionals, firms, institutions, and organizations engaged in sustainable and responsible investing，http://ussif.org/.

据美国 SIF 基金在 2012 报告，SI 近期的增长由许多的因素所驱动：[1]

· 在投资界对气候变化和资源稀缺对资产回报有实际的影响的日益增长的认知。

· 来自机构和个人投资者不断增加的需求，再加上其管理公司的使命和价值观。这些因素给投资经理施压把 ESG 因素纳入投资分析和投资组合的构建中。据美国 SIF 2012 年调查显示，客户需求和价值是 72% 的受访经理人的动机。

· 可持续性会计准则的出现。据独立的环境研究机构 Trucost 公司报告，每年在 11 个行业的 800 家企业的“外部”环境的成本（即没有出现在公司财务报表的费用）在 2002 年到 2010 年间从 5660 亿美元涨至 8460 亿美元。[2] 因此，可持续性会计准则理事会（Sustainability Accounting Standards Board，SASB）于 2012 年被成立。理事会为在 10–K 和 20–F 形式的使用设立了特定的行业的可持续性会计准则。这些行为造成的可持续性成为了首席财政官的议题。它弥补了财务会计准则委员会，还发展了目前在美国的财务报表所采用的会计原则。

· 可持续发展正越来越多被企业高层管理者作为提高利润和获得竞争优势的一种方法而采用。例如，沃尔玛的首席执行官为他的领导团队在可持续的实践上实行了一年两次的会议。在最近的一次会议上，报告指出，沃尔玛目前通过其废物管理计划的收入为每年 2.3 亿美元。

· 从 2010 年到 2012 年，公司代理的选民在环境和社会的决议上增加了支持。在那个时期，30% 的环境和社会问题的决议获得了支持，而在 2007—2009 年其发生率为 15% ~ 18%。

建立一个可持续发展投资组合

投资者有很多方法投资具有可持续发展的股票组合。例如已被 ESG 和

① 更多信息参见“2012 Report on Sustainable and Responsible Investing Trends in the United States”，op. cit。

② 这些数据应被视为指示性的而不是绝对的。

独立针对投资者筛选的投资组合、绿色基金，以及为企业可持续发展的可投资指数。

继 2008 年金融危机和 2011 年成立的 SASB 之后，注重结合金融和可持续发展信息的综合报告已经提高。可持续发展报告涉及测算、披露，并且是对组织在实现可持续业务实践的进展绩效内部和外部利益相关者可以考虑的。“可持续发展报告”是一个广义的概念，认为等同于三重底线、企业社会责任报告，以及其他用于描述经济、环境和社会影响的术语。

评估一个公司的环境风险和可持续发展的措施的最常用的方法是评估公司的企业社会责任（corporate social responsibility，CSR）报告。企业社会责任报告提供了对公司的业绩信息（主要是在年度基础上），因为它涉及环境、社会和治理标准。典型的 CSR 报告包括对公司的人力资源信息、管理和公司治理（多元化、职业培训、健康和安全等）、环境影响（排放、水的使用、废物处理及再利用、工厂安全等）、社会意识（社区项目、敏感性训练和意识等）。企业也可以为这些措施和业绩报告设置内部目标。虽然 CSR 得分和内部目标可能揭示 ESG 概况，分析师们倾向于通过公司行动的其他方面来评估其社会和环境绩效等方面。

在过去，公司在发布 CSR 信息时设置并遵循自己的标准和报告格式。然而，近年来，规范报告标准、测量和报告格式的努力已经开始。全球报告倡议组织（The Global Reporting Initiative，GRI）制定了标准化的报告和衡量标准，使企业可持续发展报告很像财务报告。伴随着可持续发展报告和标准化的利益框架，在 GRI 允许在机构之间创建可比和可信的报告。[①] SASB，金融监管体系之外的一个独立的机构，也旨在为在系统中的公司创造新的标准。

除个体的企业报告和披露外，一些机构已率先在分析企业绩效针对于可持续性和环境责任排名。著名的例子是碳排放披露项目（Carbon Disclosure Project）和 CERES。虽然每个组织都有自己独特的方法，一般的

① 可持续发展的标准化过程是在其初始阶段。社会和环境的筛选标准和行业标准使得这一过程变得复杂。标准不能被认为是科学的、有效的统计。

方法是类似的——问卷调查，以了解公司的可持续发展性，并相应地对它们进行排名。

这些组织对体现标准化的测量和提高透明度的兴趣表现了明显的趋势。除了评估一般环境风险，有越来越多定制的分析工具已被设计来评估特定的环境风险（例如那些与水和能源相关联的风险）。

指向可持续发展的共同基金

可持续发展的方法正在日益进军共同基金的管理。在此领域最早的共同基金之一是卡尔弗特社会投资基金（Calvert Social Investment Fund，CSIF），其成立于1982年，其剥离（拒绝投资）了某些特定股票，以抗议南非种族隔离。1986年，CSIF成为第一个基金，以资助一个对社会负责任的股东会决议。

可持续发展为导向的资金可以专注于大、中、小市值公司。像其他共同基金一样，专注可持续发展的共同基金同时服务于个人和机构投资者，可能会涉及一些投资策略，并且通常投资于固定收益或股票。表12-2为专注可持续发展的共同基金提供了样本。

表12-2　专注可持续发展的共同基金例子

基金类别/名称	贴标
大型股票	
FTSE社会指数基金	VFTSX
路博迈（纽伯格·巴曼）社会责任投资基金	NBSRX
帕尔纳索斯股票收益基金	PRBLX
小到中等市值股票	
帕尔纳索斯小盘基金	PARSX
特色股票	
TIAA-CREF最佳社会选择股票	TRPSX
国际股票	
Gabelli SRI绿色基金	SRIAX
Praxis国际指数基金	MPLAX

续表

基金类别/名称	贴标
平衡股票和固定收益	
PAX全球平衡基金	PAXWX
固定收益	
CRA合格投资基金	CRAIX

通常情况下，这些资金有专门的 ESG 焦点。例如，CRA 合格投资基金（CRA Qualified Investment Fund）投资支持社区发展活动的固定收益证券，如保障性住房、环保措施，以及小企业的发展。路博迈（纽伯格·巴曼）社会责任投资基金采取的是不同的办法，该基金筛选的是已经在环境、工作实践、社区关系、供应链的可持续发展和产品的完整性等方面领先的企业。有些基金还筛选企业在公共卫生和其产品的性质记录；例如，它们可能会积极地避免投资于生产酒精、烟草、军工兵器等这些被认为有特别不佳的外部性的商品和服务公司。

当今通过旗下管理资产最大的以可持续性为主的基金，是帕尔纳索斯股票收益基金（Parnassus Equity Income Fund）。它有着接近 60 亿美元的资产。尽管它仍然比顶级的共同基金小很多，它依然是基于平均 10 年的回报表现的最佳基金之一。

当今其他可持续性为重点的基金例子是吉尼斯阿特金森替代能源和一手的替代能源，这两者都主要投资于企业参与替代能源或能源技术行业的股票。

截至 2012 年，在美国有 333 只共同基金产品在它们的持股中考虑了环境、社会，或公司治理。它们有达 6405 亿美元的资产总额。相比之下，在 1995 年只有 55 只 SRI 基金，它们总资产为 120 亿美元。可持续发展投资的论坛定期更新所有美国的绿色基金的综合数据库，并将这些信息提供给公众。[①]

① 更多关于U.S. SIF的信息参见http://www.ussif.org/about。

可持续发展股票指数

除了可持续性为主的基金，可持续性为主的股票指数也已经诞生。可持续发展为主的指数衡量满足不同ESG标准的公司的财务表现。这些指数可以代表对股东价值可持续实践的影响，并且，因此成为了公司经理和投资者的重要参考指标。在这方面，可持续发展指数发挥了类似标普500指数（S&P 500）或道琼斯工业平均指数（Dow Jones Industrial Average）的功能。

在20世纪90年代中期两个驱动因素导致可持续性投资产生指数的概念。首先，投资者认识到企业可持续发展对股东的价值有着长期的积极影响。其次，投资者对环境风险和可持续发展实践的影响可以测算和量化的想法变得越来越满意。

最近，可持续性指数的概念已经发展到包括在环境金融的其他领域。不仅有为特定的环境部门的指数，如太阳能，而且也有新商品化的环境资产的指数，如碳许可量。①

一般来说，可持续发展指数是由满足一定的可持续性标准的公司的股价构成。这样的指标是可持续发展指数的最早形式同时也是最常见的。最著名的指数是道琼斯可持续发展指数（Dow Jones Sustainability Indices，DJSI）。

第一个可持续发展指数是道琼斯可持续发展世界指数（DJSI World），由可持续资产管理公司和道琼斯公司于1999年设计。如今，DJSI被世界各地的投资者所使用来管理可持续发展为导向的投资组合，并利用公司评估其可持续性绩效。事实上，越来越多的企业已经将进入可持续性指数的样本作为企业目标之一。这一趋势不仅是在商业社会下企业可持续发展的日益增强的重要性的健康指标，它还表明了商界对企业的环境和社会的战略都与它们的市场和金融战略息息相关意识的提升。

经计算，审核和发布的DJSI的方法反映了道琼斯全球指数。在道琼斯

① 世界交易所联合会提供了可持续发展指标的一个详尽的列表，参见http://www.world-exchanges.org/sustainability/WFE-ESG.pdf。

全球整体股市指数中使用 2500 家最大的公司为起始整体，DJSI World 选择在各个领域中在可持续发展方面的前 10% 的公司——也就是企业被认为是“一流的”。这种选择是基于系统的企业可持续发展评价。

作为上市公司，其可持续发展战略正和这些公司的核心业务更加一体化，由将可持续发展报告和常规财务报告一同公开的公司的激增可以得出。此外，外部验证和内部保证系统正变得越来越普遍。

最近，在考虑到具体的环境风险时，一系列的股票指数已经被创建，如空气污染或水资源短缺有关的。例如，富时（FTSE）已发展了根据碳风险调整过的富时指数（the general FTSE index）。调整后的指数的构成公司和原富时指数的相同，但它们的权重已经根据它们相比于同类公司所暴露的碳风险的基础而改变了。这一调整有助于投资者将具体的环境风险结合纳入其整体的投资策略。同样，标普全球水资源指数（S&P Global Water Index）为来自全球的 50 家参与与水有关业务的公司提供流动和交易敞口。

有些指数专注于某一特定领域，如 WilderHill 新能源全球创新指数，其中包括专门开发的技术和服务，专注于生产和使用清洁能源的全球公司。又如德意志 Börse DAX 替代能源指数（Bloomberg：DXAEP），它由来自替代能源（如天然气、太阳能、风能、水能产生）的收入超过 50% 的公司构成。子类别还可以包括地理次级指数，如 DJSI 北美指数（DJSI North America）。

结论

显然，从定制的投资组合、可持续发展为主的共同基金和指数，以及可持续发展作为投资理念的讨论中可知，可持续发展为重点投资的资产类别是一个不断发展的领域。专注可持续发展的投资，甚至渗透进入了新兴经济体，如中国和印度，它们目前正倾向于披露企业环保活动的透明且规范的信息。鉴于美国和国外这一趋势仍在继续，可持续发展有望成为未来的一个重要的资产类别。

市场可以是一个强大的工具，以促进和实现可持续的成果，如在空气、水和食品领域。市场对环境问题的设计和应用现在已经有了成功的各种情况的跟踪记录。人们对新的领域和地域抱有很大的希望。因为他们考虑到了投资或者开启新的市场，这也为我们提供了可能对投资者、从业人员和决策者有用的课程和见解。我们将在最后与读者分享这些信息。

结语　保护环境——珍惜自然资源

美国的财富创造从 1970 年开始已经产生了剧烈改变。第二次世界大战之后，从 1945 到 1970 年，美国的财富创造主要由制造业驱动。美国制造业的优势帮助它在全球价值创造方面占据引领地位，这可以从那段时间的国民生产总值的增长看出来：按 2005 年美元实际（通货膨胀调整后的）价值来计，GDP 从 1945 年的 22.2 亿美元上升到了 1970 年的 47 亿美元。[①]

20 世纪 70 年代这十年就不一样了。通货膨胀率很高，大宗商品价格急剧上升。另外，1973 年的阿拉伯石油禁运、苏联的小麦作物歉收，以及美国的作物失败等因素导致小麦和油价都爆炸式上升。这些因素掺杂在一起，意味着 20 世纪 70 年代的财富创造主要由通胀中受益的大宗商品和其他版块带动。农业相关产业、能源公司，以及有名的大宗商品交易者是这十年的主要财富创造者。

20 世纪 80 年代，随着银行、储贷社区和大规模金融创新带来的金融改革的实现，这一情形再次改变。这十年迎来了金融期货市场的全面发展，利率和货币被全面商品化。这一现象由于利率互换的诞生而更加明显。将企业负债通过高利率债券商品化引起了进一步的财富创造。这些所谓的垃圾债券使不能参与传统资本市场的企业家可以为他们的企业融资。仅举几个例子，垃圾债券就曾为第一家有线电视公司和移动电话公司融资。这些债券也让杠杆收购成为了可能，使效率低下的公司被新的所有人收购或

① U.S. Bureau of Economic Analysis："U.S. Real GDP by Year"(2014)，http://www.multpl.com/us-gdp-inflation-adjusted/table.

改革。

20世纪90年代的财富创造驱动因素再次产生变化。这十年由科技创新驱动。个人电脑、电子通信以及软件技术创造了巨大财富。思科系统、美国网景、雅虎和后来谷歌的崛起昭示着互联网的诞生。这一趋势一直延续，诸如Facebook和Twitter这样的互联网社交平台也相继诞生。所有的这些发展都推动了数据、通信以及信息的商品化。下一个将是什么呢?

过去告诉我们，财富创造是由经济基础结构和技术变革引领的。这一历史经验让我们相信，下一个宏观趋势将会是空气和水的商品化。环境和经济的转换、政策变化、技术进步以及其他的创新将触发这一变革。人口增长、中国和印度的崛起伴随它们日益增长的收入和能源需求、资源枯竭以及愈发变暖的全球环境将从根本上影响未来世界的经济结构。

全球人口有望在2050年达到100亿人，这将对环境增加压力。对食物和能源的需求预计会成倍增长，进而驱动水资源需求。水是21世纪的石油。思考一下：中国的人均水资源是全球平均的1/4，而28个省份中的8个和中东一样干旱。水资源紧缺消耗了中国2.3%的GDP。① 印度在这方面也差得不远。由于全球持续变暖，极端天气事件的发生看起来会继续增长。

全球经济也在发生着变化。中国和印度——世界大多数人口居住的地方，正快速让其人口脱离贫困。在一代之内，中国的中产阶级人口将有潜力达到美国中产阶级的四倍。到2030年，中国应该会有14亿的中产阶级消费者。印度的中产阶级会在20年以内达到10亿人。② 随着收入和生活水平的提高，人们对商品质量也会有更高要求，而生活质量的提高就包括对更好的环境质量的需求。全球的政府和企业都不得不面对这一问题。我们已经在本书中指出，环境管理已经不仅仅局限在慈善活动的范畴，而是

① 根据2009年世界银行报告《关注中国的水资源枯竭》（Addressing China's Water Scarcity），在2.3%中，1.3%归因于水资源的枯竭，另外1%直接由于水污染引起。然而这一估计可能低于真实的总成本，因为它不包括无法估计的成本效应。这些效应可能包括湖泊和河流的枯竭相关的生态影响和中国水域大面积污染带来的舒适性损失。http://www-wds.worldbank.org/external/default/WDSContentServer/WDSP/IB/2009/01/14/000333037_20090114011126/Rendered/PDF/471110PUB0CHA0101OFFICIAL0USE0ONLY1.pdf.

② Kenneth Rapoza："Within A Generation, China Middle Class Four Times Larger Than America's"，*Forbes* (5 September 2011)，www.forbes.com/sites/kenrapoza/2011/09/05/within-a-generation-china-middle-class-four-times-larger-than-americas/.

变成了一项重要的商业和公共政策事件。

技术提升也将对这一改变起到促进作用。清洁能源系统的破坏性技术创新、“大数据”（海量复杂的数据难以沿用传统的数据处理方式）在环境方面的运用、清洁运输，以及房屋建造创新已经塑造了这一改革。[①] 在一些区域，风能已经实现了和传统发电同样的成本，而太阳能发电也有同样的趋势。2012—2030 年，大约 70% 的全球新能源产量将会得益于可再生技术中。我们也见证到能源效率各种不同运用下的改进。这些技术创新包括智能电网、电池以及储存设施——所有在电力需求方面可以提升效率的技术。

过去运用市场机制解决环境问题的经验正激励着这些经济工具更大范围内的试验。比如说，市场通过许可证或额度工具在管理鱼类资源可持续发展中扮演更重要的角色。美国的区域性市场已经存在。美国每个主要的沿海地区都试验了可持续性捕鱼。这是一个鲜为人知的事实，意味着未来市场的发展前景看涨。尽管至今为止区域型市场的经验只局限于少数品种，但可以为未来的设计和技术问题提供宝贵的信息。作者相信，可持续性渔业管理在捕鱼、加工和分销链方面的拓展有潜力为阿拉斯加到墨西哥之间的沿海区域提供价值连城的提议。

我们也见证了政策变化。密切支持这些尝试的是金融和银行界的改革，特别是过去封闭经济体内的改革。举例而言，国家交易所已经开放，大宗商品衍生工具的交易在全球很多地方也已经开启，包括印度和中国。尽管还处在起步阶段，这些变化将帮助定义财产权、将新的环境商品标准化和商品化，最重要的是，促进价格发现和增加透明度。所有这些因素将共同推动全球经济增长向绿色经济通道进行结构性的转型变化。

本书已经向读者介绍了一类新型资产的诞生——环境资产。环境资产的商品化有潜力在不远的未来成为财富创造的主要推动力，并且这一改变已经开始。事实上，正如已经讨论的，环境不是未来的商品而是当下的

---

① “破坏性创新”是指帮助建立新的市场和价值链的创新 ，最终破坏已有的市场和价值链条（经过几年或是数十年），取代先前的科技。

商品。

硫氧化物的商品化帮助美国有效地解决酸雨问题。同样的，二氧化碳排放权正帮助全球解决气候变化问题。气候已经被商品化，以试图应对灾难性事件，气候相关的期货和期权市场以及固定收益证券已经产生。纽约大都会运输署（Metropolitan Transportation Authority，MTA）2013 年宣布它将开始使用价值 2 亿美元的灾难债券来保险，以防类似桑迪的飓风造成的损失。作者也在教育当地政府中介中发挥着作用，这一概念正引起其他受到同样气候影响的城市的兴趣。

对环境更深的忧虑也已经影响到权益类市场。可持续发展指数和资产组合已经产生。它们利用投资者和资产管理者的需求来应对环境、社会和治理方面的挑战。

贯穿本书的重点在于对各种负外部性定价并建立使用权。如果公共商品的财产权得以建立，交易成本被最小化，价格则可以引导私人和公共领域以最低成本实现环境和社会目标。总量控制和交易模型以及排放权交易被用来诠释市场机制和经济工具在管理环境问题方面的优势。

成功的总量控制和交易项目在解决空气污染的过程中都遵循 12 条简单的步骤——“环保 12 步”。

（1）定义商品——排放一单位污染物的权利，叫作“排放权”。

（2）定义清晰、明确的产权。提供法律基础设施，确保商品的所有者有明确的所有权。

（3）找出空气污染项目中的相关排放者。

（4）建立一个基准——作为减排的基准水平。

（5）为排放物建立减排时间表。

（6）建立注册登记表，启动排放权的所有权，便于它们的交易转移。

（7）使用注册登记表，根据减排时间表将所有权分配给相关排放者。

（8）监控和核查相关排放者制造的污染物。

（9）定义合规性，如果排放者排放的污染物和账户内的排放权相等，则排放者是合规的。这一步骤允许排放者为了合规买入或卖出排放权。

（10）创造定期的拍卖以帮助价格发现和提升透明性。

（11）除了交易所以外，促进场外现货和远期市场。

（12）启动期货和期权的上市和交易从而使排放者能够低廉高效地最小化当前和未来的风险。

成功使用环保 12 步而获得成功的市场包括美国抵御酸雨的二氧化硫排放权市场、新泽西刺激太阳能发展的可再生能源证书、欧盟解决全球变暖的欧盟排放权交易机制的二氧化碳排放权市场、澳大利亚抗击干旱的水权市场，以及阿拉斯加防止过度捕捞的捕鱼权市场。

吸取的教训

除了环保 12 步以外，政策制定者和投资者从成功的项目中获得了大量的经验教训。

1. 保持简洁

过去项目的经验教会我们，完美不应该是优秀的敌人。这些项目提供了私人激励来实现特定的环境目标。重要的是，它们的目标被纳入清晰、明确的法律法规框架中。规则并不是越多越好。目标是减排而不是惩罚排污者。这一项目的参与者明白规则限定了什么、谁是监管者，以及达不到目标的后果。这些目标都在促进市场成长的法律法规中予以体现。这些项目成果共同表明，从过去靠污染获利的模式可以改变为不污染也获利的模式。

2. 简洁不意味着简单

简洁地列明目标只是第一步。过去的成功项目促进了机构建立，实现了交易成本的最小化目标。人们也创建了项目成功所需要的技术基础设施。基础设施包括堆积排放权监测，来监测酸雨项目中的二氧化硫排放和 EU

ETS 项目中的电子注册登记系统以及其他项目。建立这些项目需要训练和使用大量的人力资源，包括排放审核者、会计、律师、交易员等。历史告诉我们，这些项目的成功执行需要软件（人力、治理结构）和硬件（技术和法律执行基础设施）的结合。

3. 一切都是关于价格

价格教给我们三个经验启示：价格可以改变行为；低价不意味着失败；政策制定者必须集中精力在项目的设计和结果，而不是它的价格。

价格改变行为

一旦一种资源被合理定价，它的效用就达到最优化。最优化设计帮助项目以最经济高效的方式实现环境目标。过去，预测者低估了价格在改变行为和促进创新方面的作用。酸雨项目、EU ETS 以及其他项目已经证明，预测者运用现有或是已知技术的污染控制成本作为排放权定价基础的做法一直都是错的。价格促使个人和企业审慎地优化和使用资源。因此，这一机制引导着向低污染化石燃料的转换和效率提升。它也引导着在能源使用和效率提升方面使用更好的会计准则。价格信号也同时激发技术创新和释放资源。历史教会我们，通常小看人类创造和适应的能力并不是一个好主意。政策制定者和投资者明白要借鉴排放权交易项目提供的经验。

低价不意味着失败

排放权的价格不标志着一个项目的成功或失败。实现环境目标才是。价格形成仅仅是减排目标的一个功能：如果大米和小麦的高价导致食物充足，我们为之高兴。然而，考虑到污染权，我们认识到这一商品并不同于食物，因为这些权利的稀缺是由于政府监管造成的。当排放价格跌到减排成本之下时，不同政治诉求的人都会发出尖锐的批评。在酸雨项目中，批判持续了超过十年，但减排效果显著，尤其是因为“总量控制和交易”带来的灵活性。燃料转换也可靠地阐述了价格信号的力量。EU ETS 也起到了同样的效果。

不干扰价格

价格仅仅是项目设计和影响因素下的自然产出。试图“修正”项目不能将精力集中在提升价格，而应该是修改潜在根本的机制设计。比如说，当前 EU ETS 的低价可以通过制定更高的环境目标来提升，而不是人为干预价格。当改变减排目标在政治上不可行的时候，其他政策工具就会产生，比如最低限价（加利福尼亚就是如此）。

4. 价格可以成就或破坏一个项目

本书中所述的很多市场都是在政府政策下建立并发挥作用。立法创造了这些市场并推动了环境治理。同样的，环境政策和监管中的不确定性通常宣告了项目的死亡。酸雨项目和 EU ETS 都被这一现象威胁。尽管命令和控制政策已经不受欢迎（它的应用已经充分证明，它会带来经济、环境甚至是安全方面的扭曲 ①），政策制定者为了政治私利运用这一简便方式的诱惑仍然存在。

5. 有缺陷的市场架构阻碍成功

错误设计会导致项目的损害和投资者的损失。石油燃料运输市场的可再生识别号码就是很好的例子。缺少注册机制、不遵守环保 12 步的基本原则（第 6 条），导致伪造证书的产生。政策制定者和投资者应该始终小心这些设计缺陷。它们通常是由于选举官员的变化导致缺乏制度的延续性。或者，这些问题会出现是由于政府内缺乏建立市场经验的部门。

深入思考和主要趋势

环境市场的历史、已有的经验，以及正塑造着未来世界的结构性变化给我们提供了很多机会。

页岩气革命已经在改变美国的能源形态。水力压裂和水平钻孔提高了开采天然气和石油资产的性价比，使美国成为全球最大的能源生产国。便宜的天然气正全方位影响着经济，从生产到电力制造再到运输。天然气可

① 正如第10章中所讨论的，在渔业管理的案例中，命令和控制政策被公认导致了更低的安全级别和更多的死亡。

以以更低的成本获得，将通过国内生产和出口带给全球其他地区，特别是亚洲和欧洲。页岩气可以根本上改变能源和全球的环境平衡。

更便宜的天然气对可再生能源及其在混合能源中的竞争力意味着什么？很多环保人士认为，页岩气革命可能会宣告可再生能源行业的死亡。历史告诉我们，技术和创新可以成为主要的经济换挡器。可再生能源方面的技术进步能不能使它成为石油燃料的有力替代品？在微观层面，太阳能仍然是一种充满希望的可再生能源。能源储藏方面的发展可以带来风能和运输方面更多的机会。生物燃料可以在可再生能源方面提供额外的机会。智能电网也可以提供投资机会。价格有望刺激节能，但由于现有的电费支付结构（根据事实，而不是我们的假设），电价未对环境保护发挥应有的作用。

当我们考虑排放权、节能和本书中讨论的其他问题时，运输问题不容忽视。运输目前需要高度集中、轻型、可以被安全存放于运输工具中的能量来源。碳氢燃料刚好满足要求。至今，运输的外部性尚未在任何项目中被连贯地提出。想象一下价格信号和刺激可以在运输领域实现什么——电动汽车、航空（尽管这一领域已经被欧盟覆盖），以及生物燃料。

我们认为主要趋势如下：

（1）水资源是全球最重要的自然资源，一旦被商品化，将成为21世纪最大的商品市场。也许最严重的问题，同时最大的机遇都蕴藏在水资源中。沙漠化可能是比气候变化更急迫的问题。仅有三大洲有充足的水资源——北美、南美和欧洲。到2014年撰写本书为止，这一问题变得愈发严重，在加利福尼亚和巴西等地已经发生了严重的干旱。因此我们可以看出，水资源是能源和工业制造的重要投入。它的经济影响是清晰的，随之有更多的人呼吁采取更有效的措施解决缺水问题。水交易依据粮食交易而存在，但这不足以满足非洲、印度和中国的需求，就此而言，应避免美国和加拿大的地域性缺水。淡水数量只是这个等式中的一部分。水质量是第二个部分。澳大利亚和宾夕法尼亚水市场的成功可以解决数量和质量问题。定价应该起到激励基础设施发展、制造能源保护（就如同碳市场中的能源效率）和

促进创新的作用 。在相关发展中，投资者必须关注节能高效地运输水资源和设定水力压裂过程中水资源使用标准方面的机会。这样的标准化是促进限制水力压裂引起污染的第一步。

（2）环境市场将继续成长。全球环境市场生机勃勃。不同于全球将有一个统一市场的看法，我们见证了一个多边的（plurilateral）系统，包括区域、洲际和国家市场。[①] 在美国，加利福尼亚起到了示范作用。加州在一个多世纪的时间里都是变革的先驱者——在电影、高科技、社交媒体以及环境方面。加州已经和全国及全球的其他碳市场加强合作。同时，由于严重的干旱已经影响到加州及其天气，加州也很有可能引领水市场。政策制定者和投资者应该紧密跟踪加利福尼亚的趋势。在美国，环境方案常常从州水平开始，再渗透到联邦水平。

当发达国家避开市场方案解决环境问题时，新兴国家并没有这样做。中国已经带头建立了七个独立的“总量控制和交易”市场。在写作本书时，青岛的第八个项目也已宣布。由于这些试点项目被当作未来全国性方案的蓝本，后续项目也会随之跟上。它们也将推动二氧化硫、氮氧化物和其他中国大都市主要颗粒污染物的区域性市场的培育。中国的政策从关注能源效率的提升开始（正如第 5 章所描述），该项目正演变成总量控制和交易市场。印度也有一个能源效率交易市场。巴西、韩国、墨西哥、越南和哈萨克斯坦也正在考虑建立“总量控制和交易”市场。最近一项覆盖约 66 个国家的调研显示，61 个国家已经通过了气候和清洁能源法律，这一趋势也开始影响其他的国家采取同样的措施。[②] 即使在国家层面，在美国我们也许也能考虑“总量控制和交易”作为一种政策工具重新兴起。新的温室气体立法正在讨论中，清洁气体工作小组（Clean Air Task Force）的报告提倡，

---

① 多边（plurilateral）指的是包含一系列中等规模国家在内的温室气体排放框架的发展。多边机制的概念由理查德·桑德尔在20世纪90年代创造，但它的内涵直到理查德·桑德尔的《环境金融》（Richard Sandor: “The Case for Plurilateral Environmental Markets”， *Environmental Finance*，September 2001）出版才被完整诠释。

② Michal Nachmany, Sam Fankhauser, Terry Townshend, Murray Collins, Tucker Landesman, Adam Matthews, Carolina Pavese, Katharina Riefig, Philip Schleifer and Joana Setzer：“The GLOBE Climate Legislation Study: A Review of Climate Change Legislation in 66 Countries.Fourth Edition” (London: GLOBE International and the Grantham Research Institute,London School of Economics, 2014).

交易是降低公共领域温室气体排放最具性价比的方式。[①]

在衡量总量控制和交易的未来发展时，投资者们最好更多地紧密关注萨克拉门托、加利福尼亚、北京，而不是华盛顿和布鲁塞尔。新型市场开始发展环境政策时就将能源效率目标设定在正确的轨道上，而投资者们就应该关注采用了这些目标的国家，它们代表了总量控制和交易市场的发展方向。

市场化项目的增长预期也可以通过比较不为人知的可持续发展渔业管理和水资源的数目来衡量。比如说，美国 21 个独立水质量项目的存在就表明为机构进一步发展提供了肥沃土壤。这些实际的示范项目为管理、检测、核证都提供了宝贵经验。这些经验也告诉我们，最初认为不可逾越的挑战并非无法克服。

（3）灾难性事件的成本将会提高。十起最为昂贵的气候事件中的八起都是 2003 年以后发生的，并且它们给美国带来了数十亿美元的损失。我们认为这一趋势将持续和加强，带来更多受保和未受保的损失。飓风桑迪没有登陆纽约，但它对美国这一主要的金融、运输和住宅中心造成了巨大冲击。其他相似或者更为严重的事件也会造成巨大的金融和物理上的影响。这一趋势对于这个金融行业而言有巨大的意义。管理这样的灾难可以改变私人保险行业、政府紧急救援以及个人保险的生态。保险行业或者政府有足够的资金来承担未来灾难的损失程度吗？另外，大型地震对核能制造的影响也很清晰。福岛核电站的事故造成了全球核电厂的关闭。这样的关闭对于建立新型的核能源具有怎样的影响，特别是在能源需求快速增长的印度和中国？

从一个相关的角度来说，对基于灾害的风险管理产品感兴趣的专业人士在全球受到自然灾害侵袭但尚未发展资本市场的国家也可以发挥作用，比如中美和东南亚地区。同样的，创新的潜力巨大。

---

① Clean Air Task Force：“Power Switch: An Effective, Affordable Approach to Reducing Carbon Pollution from Existing Fossil-Fueled Power Plants”(February 2014)，http://catf.us/resources/publications/files/Power Switch.pdf.

本书中一直在阐述，排放权和使用权市场解决了环境问题，也创造了巨大的投资机会。它们实现这些目标是通过商品化外部性然后为之定价。同样的概念已经被运用到气候事件和灾难事件上。只要有正面和负面外部性的存在，金融创新和市场在其他情形和领域中也将发挥重要的作用，比如医药、教育、生物多样性方面。

环境和金融的融合在此停留，而本书中所介绍的市场机制也才刚刚开始发挥作用。新的环境资产产品正在孕育并焕发勃勃生机。

附录

附录Ⅰ　总量控制和交易

假定两排放源在基准期（一种为确定具体排放量的参考情况）内各排放了100吨。若政策要求将总排放量消减20%，实现的方式之一是向两排放源各发放80吨的可交易排放权配额（总计160吨）。根据要求，每一个排放源应监测并报告（采用指定方法学）其排放量，并每年向主管者提交与其年度排放量等量的排放权配额，以完成履约。图Ⅰ-1展示了这一总量控制和交易的排放权交易体系的本质。

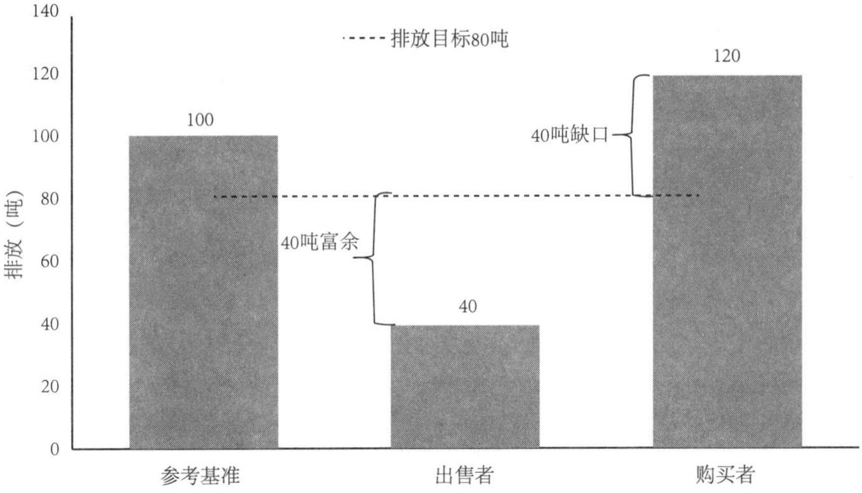

图Ⅰ-1　总量控制和交易排放权交易体系

尽管各排放源均有 80 吨（低于其基准期 20 吨）的名义排放目标，图中居中柱体所代表的排放源消减了 40 吨的自身排放量，从而可将其富余的 40 吨排放权配额出售给其他排放源（或在多数项目中，可储备以供后期的使用或出售）。图中右侧柱体所代表的排放源则未进行减排，实际上其排放量升至了 120 吨。由于必须向主管部门上交 120 吨排放量的排放权配额，它必须从其他实现了超额减排的排放源处获取另外的 40 吨排放权配额。在这一简单案例中，其中一个排放源刚好有足够的多余配额，可出售给另一排放量增加的排放源。两个排放源共同将总排放量降低到期望的数额，即 160 吨（40+120）。

假定一个排放源由于其产品或服务的需求增长、缺乏低成本减排机会或需要满足其他监管要求等原因，同时发现购买他人的富余配额并非易事，则它可能会提高配额的价格以吸引配额卖方。若这一排放源未能获取配额，它将不得不衡量其他途径的优劣，如消减产出、以高成本减排或接受罚款（在多数项目中未能履约的处罚，并可能仍被要求在之后获取并注销相应排放权配额）。

相比指令和控制体系，总量控制和交易体系的成本更低。假定有两个导致空气污染的排放工厂，工厂 A 和工厂 B。经工程分析发现，工厂 A 可采用升级其设备，安装排放控制装置，更换燃料或其他管理手段，以每吨 0.5 美元的成本消减一定量的气体排放。对工厂 B 采用类似的工程分析，则发现即使采用最低成本的方式减排，也需每吨 2 美元。

图I –2 展示了减排的成本。假定新的环保部门要求工厂 A 和工厂 B 的持有者采取行动，以将两者的总排放量一共减少 40 吨。第三和第四个柱体展示了在采用和不采用排放权交易的灵活机制情况下，为达到 40 吨的减排效果所需的总社会成本。若不允许进行排放权交易，则工厂 A 需减排 20 吨（成本为 10 美元）且工厂 B 需减排 20 吨（成本为 40 美元）。社会的总减排成本将为 50 美元。若允许排放权交易，工厂 A 和工厂 B 可采取协商的方式，减排成本较低的工厂 A 减排 40 吨，工厂 B 同样可满足其减排 20 吨的义务——工厂 B 可通过排放权交易，雇工厂 A 进行自身的额外减排。工厂 A 可以通过可交易的减排信用额度的形式，向工厂 B 提供环保服务，工厂 B 则可向环保部门出具该减排信用额度，作为其完成了减排承诺、实现实际减排的证明。

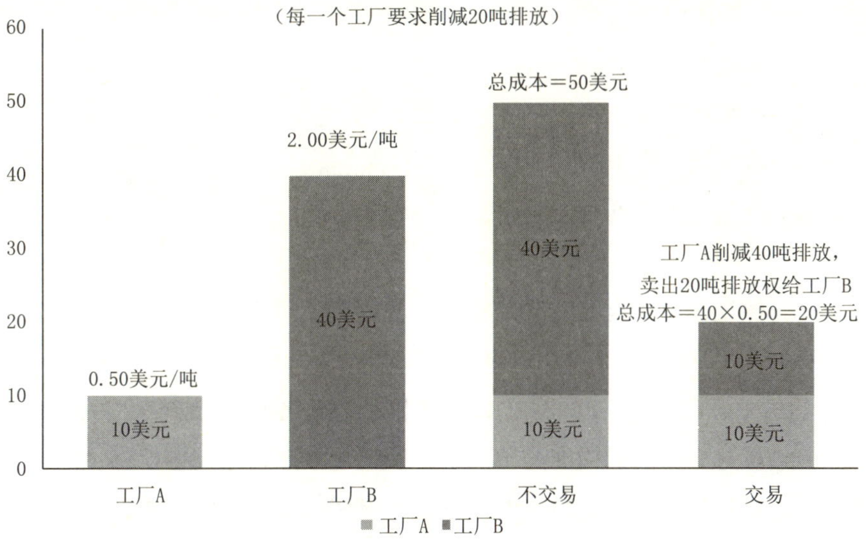

图Ⅰ-2 减排成本

只要工厂 A 愿意以低于每吨 2 美元的价格，将减排信用额度出售给工厂 B，（在没有交易费用的情况下）工厂 B 就无需削减自身排放，而是可以通过较低的金额购入信用额度，完成主管部门的履约要求。（一般而言，环保部门会同时对工厂 B 实施所有可能影响当地及周边空气质量的法规。）在该例中，我们假定污染物并无对健康的特定危害，类似交通工具的氮氧化物排放。

在可交易的情景下，社会的总成本为 20 美元（工厂 A 投入总计 40×0.50 美元 =20 美元，以削减 40 吨的自身排放）。工厂 B 向工厂 A 支付的金额，对于一方而言是成本，但对另一方而言是收益，于是对社会未产生额外的净成本。

附录Ⅱ 使温室气体排放标准化[①]

《京都议定书》需求控制 6 种导致全球变暖的温室气体。这些气体包括以下罗列的几种：

（1）二氧化碳（CO_2）

（2）甲烷（CH_4）

（3）氧化亚氮（N_2O）

（4）六氟化硫（SF_6）

（5）氢氟碳化物（HFCs）

（6）全氟化碳（PFCs）

每一种气体对于全球变暖的贡献不尽相同。科学家使用全球升温潜力值（Global Warming Potential，GWP）来测量这一相对差异。一种气体的 GWP 指的是在一个标准时间内，该气体相对二氧化碳而言能储存多少热量。国际上测量这一时间的标准是 100 年，参照气体二氧化碳的 GWP 为 1。举例而言，甲烷的 GWP 为 25，也就意味着甲烷在 100 年内留住的大气热量是二氧化碳的 25 倍。从排放核算的角度来看，排放一吨甲烷就相当于排放 25 吨二氧化碳。这通常叫作“二氧化碳当量”或者是 CO_2e，它和 GWP 是 1:1 的关系。所有温室气体的 GWP 在表Ⅱ-1 中给出，同时给出了以 CO_2e 表达的等价数量。

从交易的角度看，通常全球排放信用或者温室气体的排放权交易项目的核算单位是 1 吨 CO_2e。因此，在甲烷的例子中，排放 1 吨甲烷需要 25 CO_2e 或 25 个碳排放权配额来抵消。如果这一抵消以 2013 年 2 月 26 日用欧盟排放权市场价格来执行，则它会花费（25EUA × 4.3 欧元 /EUA）=107.50 欧元。这一案例使用了 2013 年 ICE 挂牌的 EUA 期货合约的收盘价格。

① Intergovernmental Panel on Climate Change：“IPCC 4th Assessment Report on Climate Change 2007”(2007)，www.ipcc.ch/publications and data/ar4/wg1/en/ ch2s2-10-2.html.

表Ⅱ-1 温室气体的GWP

气体	GWP	CO_2e（吨）
甲烷	25	25
氮氧化物（N_2O）	310	310
六氟化硫（SF_6）	23900	23900
氢氟碳化物	140 ~ 11170	140 ~ 11170
全氟化碳	0.10 ~ 0.57	0.10 ~ 0.57[1]

注：［1］氢氟碳化物、全氟化碳描述了化合物的大致类别，并且在这些类别中的各类气体有不同的GWP。因此，我们提供它们的GWP范围。